RAOUL ARNAUD

LA DÉBÂCLE FINANCIÈRE DE LA RÉVOLUTION

CAMBON

1756-1820

d'après des documents inédits

DEUXIEME ÉDITION

Librairie académique *PERRIN et Cie.*

CAMBON

DU MÊME AUTEUR

L'Égérie de Louis-Philippe : **Adélaïde d'Orléans** (1777-1847) d'après des documents inédits. 1 volume in-8° écu orné de portraits.

Journaliste, sans-culotte et thermidorien : **Le Fils de Fréron** (1754-1802), d'après des documents inédits. 1 volume in-8° écu, ouvrage orné de portraits.

La Princesse de Lamballe (1749-1792) d'après des documents inédits. Turin, l'Épouse, l'Amie, Dans la tourmente, Septembre. 1 volume in-8° écu orné de 7 gravures.

Études d'Histoire révolutionnaire : **Sous la Rafale.** — *Une héroïne de la piété conjugale :* **Madame de la Fayette.** — *La fin tragique d'un mariage d'amour :* **Madame de Bellescize.** — *La Terreur à Nîmes :* **Mademoiselle Chabaud de Latour.** 1 volume in-8° écu orné de gravures.

RAOUL ARNAUD

LA DÉBÂCLE FINANCIÈRE DE LA RÉVOLUTION

CAMBON

1756-1820

d'après des documents inédits

PARIS

LIBRAIRIE ACADÉMIQUE

PERRIN ET Cᶦᵉ, LIBRAIRES-ÉDITEURS

35, QUAI DES GRANDS-AUGUSTINS, 35

1926

CAMBON

PREMIÈRE PARTIE

L'ÉCLOSION

CHAPITRE PREMIER

UNE VILLE D'ÉTAT AU XVIIIe SIÈCLE

Avant la Révolution, qui la fit déchoir de son rang primitif, et, lui permettant de s'agrandir, la rendit plus vulgaire et bruyante, Montpellier était « une capitale plutôt qu'une ville de province [1] », « véritable métropole du Languedoc [2] », avec sa Cour souveraine, son Intendance, sa Prévôté, son bureau des Finances, ses Archives, « en un mot, tout ce qui constituait le corps du pays [3]. » Les prési-

1. Young, *Travels in France* 1792
2. *Description de la ville de Montpellier* par l'auteur du nobiliaire du Languedoc, 1764.
3. *Montpellier en 1768*, d'après des manuscrits inédits, par J. Berthelé.

dents et les conseillers de sa Chambre des Comptes, ses trésoriers, ses officiers royaux, occupaient le premier rang dans l'attention publique et, tous les ans, la réunion des États valait honneur et profit à la cité discrète et peu peuplée, mais qui, par son importance administrative, était « l'une des plus considérables du royaume [1] » et des plus belles, en dépit de sa maussade apparence.

Les églises du moyen âge, détruites au temps des guerres, n'avaient pas été remplacées ; aucun clocher n'émergeait, nul monument ne se dressait au-dessus des toits. La ville en était basse et plate, semblable, de loin, à un tas de tuiles écrasées. Lacée trop drue dans le justaucorps de ses inutiles remparts, elle n'avait ni place, ni jardin ; c'était une « carrière de pierres taillées [2] » en un lacis de ruelles baroques, sans jour et à ce point étroites que les voitures y pouvaient à peine circuler.

Tout le long de ces voies montantes et tortueuses, du palais des Guilhem à la porte de Lattes, avait été récemment édifié, sur d'anciennes assises, « un magasin mal rangé de belles maisons [3] », monotones demeures, présentant toutes un uniforme aspect de simplicité voulue et de tristesse. Aussi bien que ses habitants, « peu sociables aux étrangers [4] », la ville ne se livrait pas au premier venu, réservant, à ceux qui l'aimaient assez pour les aller découvrir au fond des cours, les splendeurs qu'elle y cachait. Ses hô-

---

1. SERRES, *Histoire de la Cour des comptes, aides et finances de Montpellier.*
2. JOUY, *L'Ermite en province.*
3. BUFFON.
4. *Montpellier en 1768, loc. cit.*

tels les plus beaux « paraissent peu au dehors [1] » ;
leur façade est sombre, unie, sans caractère et
comme renfrognée. Passé le porche d'entrée, c'est la
révélation d'une cour lumineuse, bordée de porti-
ques à colonnes, entourée de murailles ouvragées.
Le contraste est singulier entre la rudesse de l'extérieur et le raffinement de la décoration intérieure :
des moulures délicatement fouillées ornent l'enca-
drement des fenêtres ; là, des frises à volutes, des
corniches à consoles sculptées couronnent l'édifice ;
ici, le dernier étage est formé par une attique que
surmontent des vases à feu, des statues, une balus-
trade ajourée ; presque partout, sur le plus beau
côté de la façade, de grandes baies superposées dé-
couvrent les rampes et les paliers d'un escalier à
jour, majestueux et du jet le plus noble.

Ces « palais modernes [2] », de fière et discrète
allure, appartenaient à de grands personnages, officiers, pour la plupart, du roi ou de la province.
Les plus fameux, encore qu'ils ne fissent souche de
noblesse qu'à la troisième génération, étaient les
treize présidents, les soixante-cinq conseillers
maîtres, les dix-huit correcteurs et les vingt-six
auditeurs de la Cour des Aydes [3]. Ils tiraient vanité
de former une compagnie que Louis XI avait fondée
et qui, réunie, en 1629, à la Chambre des Comptes,

1. BASVILLE (intendant du Languedoc), *Mémoires pour servir à
l'histoire du Languedoc.*
2. STROBELBERGER, *Historia montpeliensis* 1626.
3. La charge du premier président coûtait 200.000 livres et en
rapportait 12.000 ; celles de président coûtaient 110.000 livres et
rapportaient 6.000 livres ; le rapport d'une charge de conseiller
était annuellement de 4.000 livres, son prix de 60.000 livres.

exerçait sa souveraine compétence sur les questions d'impôt, aussi bien que sur les privilèges nobiliaires et la comptabilité publique.

Dans une ville où il n'y a pas de véritable noblesse, où « les biens, les aysances, les situations, tiennent lieu de tout [1] », ils se placent au premier rang. Très attachés à leur charge qu'ils achètent ou dont ils se transmettent les fonctions comme un bien de famille, ils remplissent leur devoir avec zèle, vaquent seulement aux jours de fête et se garderaient de sortir sans les attributs vestimentaires de leur dignité : une robe écarlate et un chaperon fourré d'hermine que, très bas, saluent les passants dans la rue [2].

Comme ils ne peuvent être destitués que « par mort, résignation ou forfaiture [3] », ils savent soutenir, avec une hautaine indépendance, contre le roi lui-même, leurs séculaires prérogatives, et, « durs aux autres » comme à eux-mêmes, ils refusent d'admettre à leur prétoire ceux qu'ils en jugent indignes, exercent sur leurs collègues une surveillance qui ne se lasse point [4]. Au demeurant, leur

1. *Montpellier en 1768, loc. cit.*

2. Cf. Serres, *loc. cit.* ; Lamothe-Langon, *Les après-diners de Cambacérès* ; Soulier, *Recherches historiques et chronologiques pour servir à l'histoire de Montpellier* (Mss. de la Bibl. de Montpellier).

3. Imbart de la Tour, *Les origines de la Réforme.*

4. La Cour des Comptes refusa, en 1783, d'accepter comme conseiller un avocat qui avait payé sa charge, parce que son grand-père était boucher. Cf. Louvet, *Remarques sur l'Histoire du Languedoc.*

En 1773, Bonier d'Alco était interdit de sa fonction de président pour s'être absenté sans autorisation (cf. *mss.* Soulier, *loc. cit.*)

politesse est exquise, leur équité, hors d'atteinte, leur esprit, d'une grande finesse. Ils sont riches, instruits. Ils aiment les arts et les fêtes. Ils se reçoivent entre eux, accueillent les trésoriers de France, le juge-mage, les officiers de finances et de justice, mais leur mépris est grand pour les avocats, procureurs, négociants, auxquels ils barrent la route impitoyablement. Toutefois, pour avoir lu Rousseau et d'Alembert, Diderot et Voltaire, leur intelligence a été conquise à la nouveauté ; ils sont imprégnés de sensibilité et adeptes de la vertu, et, s'ils dédaignent la bourgeoisie marchande, ils compatissent, par mode, aux misères du petit peuple qui vit auprès d'eux.

Car, tout à côté des hautaines demeures construites depuis le xviie siècle, sont restées, telles qu'elles étaient au moyen âge, de pauvres masures s'étayant les unes contre les autres, disloquées, patinées par le temps, calcinées par le soleil du midi. De père en fils, *trabailladous* ou *ménagers* se transmettent ces logis misérables, semblablement composés, au rez-de-chaussée, d'une écurie minuscule, à l'unique étage, de deux pièces où l'on accède par un étroit escalier à vis. Paysans plutôt que citadins, ils partent, dès l'aube, pour les champs avec leur âne et ne s'en reviennent qu'à la nuit. Ils aiment la terre qu'ils cultivent, tiennent à la petite maison qu'ils habitent, et, contents de peu, faits à leur existence monotone et dure, ils n'ont même pas l'ambition de se libérer des lourds impôts qui les frappent. Ils sont considérés par ceux qui les emploient à cause de leur résignation laborieuse, par les prêtres pour leur piété naïve, par tous pour leur fidélité au clocher, parce qu'ils vivent comme ont vécu leurs pères, nés dans la ville et y demeurant attachés. Aussi ont-ils une place dans les conseils de la cité où les bourgeois n'ont pas leur influence [1].

En dépit des richesses, des talents, des mérites personnels, les hommes du second état, comme on les nomme, étaient exclus de tous les emplois importants dans l'armée, dans l'administration, dans la magistrature et ce n'était qu'après plusieurs générations oisives, quand était perdu le souvenir de la boutique originelle, que se pouvait acquérir cette « savonnette à vilains » qu'était une charge héréditaire.

Pourtant, dans cette bourgeoisie dédaignée, il y a des avocats de talent, Verny, Bérard, d'éminents juristes, comme Albisson, des professeurs en droit, des médecins « dont la haute réputation ne connaît plus de bornes [2] », il y a surtout des négociants dont les affaires « sont une source de richesse pour le pays [3] ». Jamais le commerce et l'industrie n'ont été si prospères. Depuis un siècle, les exportations ont plus que triplé en Languedoc [4]. Bazille, qui est commissaire de commerce et de marine pour les Républiques bataves à Cette, expédie ses eaux-de-

1. Cf. *Code Rebou*l 1760 ; Trouvé, *Histoire des États du Languedoc*.

2. *Lettres des professeurs en droit et des professeurs en médecine au Garde des Sceaux* (décembre 1788). *Arch. nat.* BIII 62.

3. *Délibération des Communes* (21 décembre 1788). *Lettre au Garde des Sceaux* (22 déc. 1788). *Arch. nat.* même dossier.

4. Cf. A. Cornu, *Le règne de Louis XVI* ; Babeau, *La ville et le village sous l'Ancien Régime*.

vie dans tous les ports du monde, François Fajon importe des épices, des cafés, des thés, qu'il envoie sur les principales places du royaume ; Chaptal fabrique des produits chimiques ; les frères Cambon occupent « quatre mille personnes » dans leur filature de Boutonnet, possèdent succursale à Cholet et comptoir d'exportation à Bordeaux ; Varnier, Poutingon, Haguenot, Luchaire, Vidal, Sabatier, Tisson, bien d'autres sont à la tête de florissantes entreprises [1]. Tous sentent leur supériorité et s'irritent de demeurer les inférieurs de nobles ou d'anoblis qu'ils ont conscience de dépasser en fortune et en activité laborieuse.

C'est qu'à Montpellier, bien plus que dans les autres parties de la province, la bourgeoisie était dénuée d'autorité et de prestige. Cette situation de fait résultait de ce que, pour le plus grand nombre, les hommes du second état étaient, ou des protestants, à qui l'édit de 1787 n'avait octroyé que le droit naturel, ou, comme on disait, des *étrangers*, trop nouveaux venus dans la cité coutumière pour y être admis à jouer un rôle proportionné à leur importance. Il était difficile au *trabailladou* montpelliérain, insouciant du reste et sans ambition, d'amasser l'argent nécessaire au plus modeste établissement. Boutiques, comptoirs et manufactures appartenaient à des familles « arrivées depuis peu des Cévennes [2] » ou des villages environnants avec

1. Cf. Contribution patriotique. (*Arch. départementales de l'Hérault*) ; Souscription patriotique en 1789 (*Arch.* de M. le capitaine de vaisseau Camille Cambon, arrière-neveu de Joseph Cambon).
2. Cf. *Montpellier en 1768, op. cit.*

un petit pécule. Elles s'étaient enrichies par la force
de leur travail et leurs membres, à cause de ces
richesses mêmes, étaient enviés par les officiers de
justice et de finances qui les méprisaient, jalousés
par le peuple dont ils étaient sortis. Leur position
en était malaisée et restait subalterne, si bien que
dans la municipalité de Montpellier, parmi les six
consuls qui avaient le pouvoir exécutif, un seul
exerçait la profession de marchand et, sur les vingt-
deux membres du conseil politique, il y avait seulement deux négociants en gros [1]. D'autre part,
comme ces négociants avaient leurs capitaux en-
gagés dans les affaires, il était rare qu'ils fussent
possesseurs de terres ou de domaines qui donnaient
la notabilité rurale, et, sans action dans la ville,
s'étant fait oublier dans les campagnes qu'ils
avaient quittées, ils n'avaient même pas de représentants parmi les députés du Tiers aux États du
Languedoc.

Or ces États étaient l'organe essentiel du gouvernement dans la province. Composés de trois ar-
chevêques, de vingt évêques, de vingt-trois barons
et de soixante-huit députés des villes, ils se réunissaient, chaque année, à Montpellier, sous la présidence de l'archevêque de Narbonne [2]. Ils se partageaient les affaires, enquêtaient, rapportaient, déci-
daient sans contrôle. Ils levaient les impôts et ré-
glaient les dépenses. L'administration du pays était
en leurs mains par les trois syndics généraux [3] des

---

1. Cf. *Code Reboul*, *loc. cit.*
2. Mgr. de Dillon, depuis 1764.
3. C'étaient, en 1788, MM. de Montferrier, de La Fage, Joubert.

sénéchaussées et les vingt-quatre syndics des diocèses civils. Ces syndics, comme tous les autres officiers de la province, le trésorier de la Bourse, le directeur des Travaux publics, ne dépendaient ni de l'intendant, ni du roi lui-même, ne devant de comptes qu'aux États [1]. On a souvent parlé du pouvoir absolu du roi. Le roi était sans autorité contre les grandes institutions armées de leurs privilèges [2]. L'intendant avait un rôle très réduit dans les généralités réunies de Montpellier et de Toulouse [3]. Les habitants étaient gouvernés par les hommes du pays, jugés par des magistrats du pays, actifs, désintéressés, indépendants du pouvoir central. Le Languedoc n'était pas « une province du royaume, mais une province dans le royaume [4] » et qui formait « une véritable enceinte de libertés publiques [5] ».

Les syndics étaient, en fait, héréditaires, ils devaient être nés en Languedoc et y demeurer.

1. Cf. d'ANTRAYGUES, *Mémoires sur la Constitution des États du Languedoc*, GASTELLIER DE LATOUR, écuyer : *Armorial des États du Languedoc*, 1767, etc.

2 Cf. Comte DE SÉGUR, *Souvenirs*, t. I. SÉNAC DE MEILLAN, *Du Gouvernement*.

3. Il était surtout ministère public et suppléant général. Il renseignait le pouvoir central et cherchait des débouchés : « Trouver les communautés où il y a le plus d'avoine pour les bourriques, voilà les principales occupations des intendants et des subdélégués. Ce sont des documents de cette nature qui remplissent aux Archives nationales les séries C relatives à l'administration provinciale. » [IRÉNÉE LAMEIRE, *Théorie et pratique de la conquête de l'ancien droit. Introduction.*]

En 1788 l'intendant des généralités de Toulouse et de Montpellier était Bernard de Balainvilliers. Il avait été nommé le 31 mars 1781. [*Arch. nat.* O¹ 1581.]

Cf. ROUZAUD, *L'autonomie du Languedoc à la veille de la Révolution.* (*Revue catholique des institutions et du droit.*)

4. MONTLOSIER, *Monarchie française.*

5. IMBART DE LA TOUR, *Les Origines de la Réforme*, t. I.

Sous ce régime, de si grandes choses purent être entreprises, menées à bonne fin, qu'il semble que, depuis, presque rien n'ait été fait dans cette partie de la France où les principales routes, les canaux, les ports, les monuments, sont l'œuvre des États. Aussi, quand on voit reprocher un manque de « volonté » au Clergé, de « lumière » à la Noblesse, de « liberté » au Tiers [1], on se demande si, pour administrer une province avec une ferme sagesse, pour aider avec discernement à sa prospérité et en défendre sans crainte les franchises, les trois ordres réunis ne possédaient pas au plus haut degré les aptitudes qui furent étourdiment déniées à chacun d'eux.

Toutefois, si, en dépit des critiques, les États du Languedoc avaient « bien mérité dans tous les temps » [2] et continuaient de « rendre des services », leur composition, jadis justifiable, ne répondait plus aux situations. « C'était une assemblée de prélats, de nobles titrés, de consuls de ville, de syndics de diocèses, mais le clergé, la noblesse, le peuple n'y étaient pas représentés [3] » avec exactitude. Les évêques, « normands, bretons, champenois et autres [4] », y entraient « en vertu d'une dignité » qui leur était conférée par le pouvoir central ; les ba-

---

1. Cf. AUDIBERT, *Le dernier président des États du Languedoc.*

2. *Projet d'arrêt du Conseil du roi pour casser les arrêtés de la Cour des Aydes des 22 déc. 1788 et 9 janvier 1789. Arch. nat.* B^{III} 92.

3. *Arrêt de la Cour des Aydes du 22 déc. 1788. Arch. nat.* Même dossier.

4. Bonier d'Alco, président de la Cour des Aydes, *Procès-verbal de l'Assemblée des trois ordres réunie le 9 janv. 1789 dans la salle de l'Hôtel de Ville. (Arch. nat. Même dossier.)*

rons étaient de grands seigneurs [1], vivant auprès du roi, à Versailles, et se désintéressant des propriétés lointaines [2] qu'ils avaient abandonnées ; les députés du Tiers étaient, pour une part, « des personnes nobles ou prêtes à le devenir et revêtues de charges municipales [3] » qu'elles avaient achetées.

Ces « vices et ces abus », que la force des choses aurait fini par faire disparaître, ne laissaient pas que d'exciter des jalousies secrètes et des ambitions impatientes. Et lorsque, chaque année, après que le gouverneur de la province en avait proclamé l'ouverture, l'assemblée des États se réunissait à Montpellier [4], « les galas et les bals », qui se donnaient dans la ville en fête, n'apportaient qu'une trève apparente aux « petites cabales » qui se tramaient. On mangeait chez Mgr l'archevêque, on mangeait chez M. le commandant, on mangeait chez M. le trésorier de la Bourse, on mangeait chez M. le premier président de la Chambre des Comptes, on mangeait partout [5]. Mais le premier président

1. Le prince de Conti, le duc de Crussol, le duc d'Uzès, Roquelaure, Castries, Lévis-Mirepoix, etc...

2. *Motifs pour que les États du Languedoc aient des députés de leur corps aux États généraux du royaume.* Janv. 1789. [Arch. nat. II 943.]

3. *Arrêt de la Cour des Aydes,* 22 déc. 1788.

Il y avait aux États du Languedoc soixante-huit représentants du Tiers. Chacune des vingt-trois villes maîtresses, comme Toulouse, Montpellier, Carcassonne, envoyait deux députés, en général un consul et un délégué choisi. En plus de cette députation, certaines petites villes et villages avaient droit à un député à tour ; par exemple, comme sept lieux « entraient à Montpellier » chacun de ces lieux avait un député aux États tous les sept ans.

4. Régulièrement chaque année depuis 1787.

5. Cf. Chateaubriand, *Mémoires d'Outre-Tombe.* A propos des États de Bretagne.

comme les conseillers de la Cour souveraine, en dépit d'une soumission bienséante, menaient une lutte sourde contre l'assemblée dont ils étaient exclus. S'ils tenaient secrète leur ambition traditionnelle d'accéder à la puissance politique et n'osaient encore « disputer aux États leur existence [1] », ils ne se cachaient pas pour critiquer « l'énormité des dépenses » et pour trouver « insolite et mistérieuse [2] » une comptabilité sur laquelle ils n'avaient aucun droit de regard.

Mgr de Dillon, l'éloquent archevêque de Narbonne, qui, par son crédit et ses talents, avait concentré dans sa personne le pouvoir des États [3], semblait dédaigner les intrigues ourdies par « cette canaille de la Cour des Aydes », se contentant de faire ressortir, dans les discours d'ouverture, qu'il appelait ses bavardages [4], « combien l'autorité royale trouvait des appuis et des bornes [5] » dans les antiques prérogatives des députés de la province. « L'archevêque avait 800.000 livres de rentes de biens du clergé. Il présidait les États à Montpellier pendant six semaines. Tout ce temps-là il avait une grande existence très épiscopale et déployait assez de capacités administratives dans la présidence des États. Mais le jour où il finissait, il remettait ses papiers

---

1. *Lettre* de Dillon à Necker, 1er février 1789. [*Arch. nat.* H 943.]

2. *Arrêt de la Cour des Aydes* du 12 déc. 1788.

3. Cf. *Procès-verbaux de l'Assemblée de NN. SS. des États généraux de la province du Languedoc ;* AUDIBERT, *Le dernier président des États du Languedoc,* etc.

4. *Lettre* de Dillon à Necker, 4 mars 1789 ; *Discours de l'archevêque, président des États. Arch. nat.* H 942 2.

5. DE SÉGUR, *Souvenirs,* t. I.

dans ses portefeuilles pour n'y plus penser jusqu'aux États suivants, non plus qu'aux soins de son diocèse [1] ». Toutefois, quand, le 5 juillet 1788, un arrêt du Conseil du roi [2] décida la convocation des États-Généraux du royaume, il n'hésita pas à quitter le château de Haute-Fontaine, sa résidence accoutumée dans l'Ile-de-France, pour se rendre à Montpellier, d'où il adressa au roi un mémoire demandant que les députés du Languedoc fussent choisis, par cooptation, dans chacun des trois ordres, parmi les membres des États qui étaient déjà les représentants élus de la province.

Quand ces prétentions furent connues dans le pays, l'enthousiasme et l'espérance provoqués par ce seul mot de convocation firent place au découragement. De tous côtés, des protestations s'élevèrent ; des doléances furent adressées au directeur général des Finances et au garde des Sceaux. Les médecins demandaient à être représentés aux États généraux du royaume et, avec eux, les professeurs en droit ; les protestants réclamaient, comme contribuables, leur inscription sur les listes électorales ; le clergé suppliait qu'on lui permît d'élire directement ses délégués [3]. On discutait sur les places publiques « avec la vivacité naturelle aux peuples » du Languedoc. « Chacun raisonnait sui-

---

1. Madame DE BOIGNE, *Mémoires*, t. I.

2. *Arch. nat.* A D[1] 8.

3. Cf. *Collection générale des procès-verbaux, lettres et autres pièces concernant les députations de l'Assemblée nationale de 1789. Lettres* de Brousson et René, professeurs de médecine, de Carton et Bénézech, professeurs en droit ; *lettres* de Rabaut-Saint-Étienne, pasteur, de Lenfant, curé de Montels, etc... *Arch. nat.* B[III] 87 à 93.

vant son intérêt et son amour-propre » ; tous montraient « une grande inquiétude [1] ».

À Montpellier, les magistrats de la Cour des Aydes résolurent de profiter des « vives alarmes qui s'étaient accrues parmi le peuple ». Ils étaient les premiers intéressés à ce que soit repoussé l'exclusif point de vue de l'archevêque de Narbonne. Aussi changent-ils, tout d'un coup, d'attitude envers ceux pour lesquels ils n'avaient eu jusque-là que mépris. Le temps n'est plus où les bourgeois étaient traités à l'office par les présidents hautains et les conseillers dédaigneux. On les reçoit sur un pied d'égalité ; on les consulte et on les loue ; ils sont flattés dans leur vanité, encouragés à la résistance. Et, quand elle est sûre d'avoir leur appui, la Cour des Aydes, « témoin du mouvement général répandu dans la province », prend hardiment un arrêté « réclamant pour les habitants du Languedoc une représentation réelle aux États généraux du royaume et suppliant Sa Majesté d'ordonner que les députés seront élus dans l'assemblée des trois ordres convoqués par baillages et sénéchaussées [2] ».

C'était, comme on voit, demander que tous les contribuables fussent électeurs dans l'ordre auxquels ils appartenaient. L'arrêté fut applaudi dans les classes bourgeoises qui aspiraient au pouvoir et,

---

1. Cf. *Lettre* du comte de Périgord à M. de Villedeuil, ministre de la maison du roi ; *Arrêt de la Cour des Aydes*. 22 déc. 1788. *Arch. nat.* B¹¹¹ 92.

2. *Extrait des registres de la Cour des Comptes, Aydes et Finances de Montpellier* envoyé au directeur général des Finances par lettre du 7 nov. 1788.

comme la rétrograde municipalité de Montpellier
venait d'adresser au roi un vœu pour que fût ré-
servé aux seuls propriétaires fonciers le droit d'être
électeurs, les magistrats les plus « philosophes »,
les présidents Bonier et Durand, les conseillers
Perdrix, Fesquet, Thoiras, Coulomb, s'entremirent
auprès des riches négociants que fascinait le mi-
rage des fonctions publiques et qui, ne possédant
pas de biens-fonds, allaient encore être exclus de
la cité. Ils les poussèrent à une campagne de protestations qui semblait dirigée contre le Bureau de
la ville, mais qu'au vrai la Cour souveraine avait
sourdement fomentée contre les États du Languedoc, sans pressentir que, partiellement ébranlé par
elle, l'édifice social se pourrait bien écrouler, entraînant dans sa chute toutes les institutions dont il
était formé.

CHAPITRE II

LES ÉLECTIONS AUX ÉTATS GÉNÉRAUX

Le dimanche 21 décembre 1788 était le jour fixé pour la réunion qu'« à l'appui d'une trentaine de garçons de boutique, quelques marchands et bour-geois », les plus importants de la ville, avaient organisée à Montpellier « pour défendre les droits imprescriptibles du Tiers état [1] ». La méridienne de l'hôtel Saint-Côme ne marquait pas deux heures que des groupes, déjà, stationnaient devant le Jeu de Paume. C'était, en dehors des remparts, entre la Saunerie et la Merci, une salle plus longue que large, édifiée au milieu de petits jardins que sépa-raient des haies vives de grenadiers sauvages [2]. L'affluence augmentait sans cesse. Elle était uni-quement composée d'hommes. Ils attendaient de-

---

1. *Lettre* de Vialars de Sarnely au directeur général des Fi-nances, 28 déc. 1788. *Lettre* du même au même, 7 janv. 1792. *Arch. nat.* B III 92 et *Copie de la délibération des Communes de Montpellier* adressée au garde des Sceaux le 22 déc. 1788. *Arch. nat.* Même dossier.

2. Cf. *Bib. nat. Cartes : Registre* C 1930. Plan de Montpellier, par Chalmaudier, 1774.

vant la porte, marchant de long en large et battant la semelle ou se chauffant à l'abri du vent, dans le chemin bas des *Miougraniers* que le soleil baignait d'une lumière éclatante, par cette froide et claire journée d'hiver [1]. On parlait haut, on discutait, on interpellait les arrivants ; il en venait de tous côtés, il s'en dégageait des ruelles voisines ; cela ne finissait pas et toujours recommençait.

Parmi les vestes de bure, les blouses bleues, les casquettes de soie et les grands chapeaux de feutre, l'on voyait passer et repasser des bourgeois en frac noir des dimanches et en perruque poudrée. Ils saluaient avec une expansive bonhomie, donnaient des poignées de mains, encourageant à la résistance une « foule composée surtout, dit un malicieux témoin [2], de curieux, d'étudiants étrangers, de domestiques et de gens sans aveu ».

Quand tourna sur ses gonds le lourd portail qui fermait la salle, il y eut une poussée instinctive pour se tasser tant bien que mal, entre les quatre murailles nues. Mais Reynard, un négociant, homme respectable par son âge et sa situation, était monté sur une table :

« Nommons un président, disait-il, et un greffier pour que notre délibération soit légale. »

A peine était-il porté à la présidence et lui avait-on adjoint, comme secrétaire, Devès, le notaire de la rue de l'Aiguillerie, que Reynard sortait de sa

---

1. Cf. Notes de météorologie agricole extraites des archives de Saint-Georges-d'Orques. (*Bulletin de la Société d'agriculture de l'Hérault.*)

2. Vialars de Sarnely, *Lettre* du 28 déc. 1788, *loc. cit.*

poche quelques feuillets et commençait à lire un discours préparé. Il protestait d'abord, selon les bienséances, de son dévouement à la monarchie, mais, bientôt, sa voix s'élevait d'un ton extraordinaire :

« Nos espérances n'ont pas été remplies... La délibération du Conseil municipal est contraire à nos droits... Elle est vague, incertaine, équivoque, d'une obscurité alarmante... C'est nous qui sommes les véritables interprètes des sentiments de la Commune... Nous avons cru nécessaire de réclamer et de présenter au roi un vœu plus conforme à nos véritables intérêts[1]. »

Il y a des applaudissements, mais aussi des murmures. « Des hommes se présentent comme opposans. » Ils s'étonnent que, dans cette réunion, soidisant du Tiers état, sur 1.500 assistants environ, « il n'y ait pas un quart de taillables », c'est-à-dire de roturiers payant l'impôt foncier. « On reconnaît ces interrupteurs pour des propriétaires. » On les contraint au silence. On les force à se retirer et quand, parmi les huées, ils sont sortis de la salle, la séance interrompue peut être reprise dans le calme, entre gens qui sont de même avis[2].

Dix commissaires sont désignés. Deux agriculteurs, Rabau et Fabre, deux avocats, Verny et Bérard, deux négociants, Cambon père et Grand, deux artisans, le serrurier Guichard et le sellier

---

1. *Lettre* des commissaires des communes au directeur général des finances. *Lettre* de l'intendant Balainvilliers au garde des Sceaux. *Arch. nat.* B^{III} 92

2. *Lettre* de Vialars de Sarnely, *loc. cit.*

Naudin. Ils rédigent et font signer une réclamation à « Sa Majesté, La priant qu'il suffise d'être citoyen contribuant aux impositions sous quelque forme que ce soit pour être électeur ou éligible aux États généraux du royaume [1] ».

Aussitôt que fut connu le résultat escompté de cette délibération, la Cour des Aydes, forte d'un appui populaire qu'elle avait habilement « provoqué et favorisé [2] », osa s'attaquer de front aux États du Languedoc, d'abord en adressant au roi de « très humbles et très respectueuses remontrances à l'effet d'exposer les vices et les abus de la forme et de l'administration de ces États [3] », ensuite en arrêtant « unanimement que Sa Majesté soit suppliée de limiter leur pouvoir et de les faire élire désormais par les trois ordres de la province [4] ».

La portée de ces remontrances fut renforcée par l'approbation unanime et solennelle que lui donnèrent, le 9 janvier 1789, les représentants des trois ordres du diocèse, réunis à l'Hôtel-de-Ville, sans avoir été régulièrement convoqués [5]. Dillon, l'archevêque de Narbonne, était arrivé à Montpellier sur ces entrefaites. Il n'était pas homme à savoir dévorer l'affront qui était fait aux États qu'il prési-

1. Réclamation lue et adoptée par les Communes le 21 déc. 1788. *Arch. nat.* B^{III} 92.

2. *Mémoire pour les États...* *loc. cit.*

3. *Arrêt de la Cour des Comptes, Aydes et Finances*, 23 déc. 1788 *Arch. nat.* B^{III} 92.

4. Extrait des registres de la même Cour, 9 janv. 1789. Cf. aussi : de SOLAS, *Réflexions sur l'administration des États du Languedoc,* et AUDIBERT, *Le dernier président des États du Languedoc.*

5. *Procès-verbal de l'Assemblée des trois ordres* et *Lettre des commissaires au directeur général des finances. Arch. nat.* B^{III} 92.

dait ou seulement à laisser porter atteinte à leurs droits antiques. Il se plaignit à son ami, M. de Villedeuil, ministre de la maison du roi, et écrivit au directeur général des Finances : « Il est indispensable, Monsieur, que vous veniez à notre secours. On nous discute notre existence [1] ». Et, dans l'exposé des motifs qu'il joignait à sa lettre personnelle demandant la cassation des arrêtés de la Cour, il ajoutait : « Avec quelques habitants se qualifiant de nobles et quelques ecclésiastiques, les magistrats de la cour des Aydes ont formé une coalition sous le titre pompeux d'Assemblée des trois ordres du diocèse et oubliant leurs serments d'obéir aux lois et leur devoir, ils n'ont pas hésité à y prendre place [2]. »

Ils firent davantage et vinrent, en corps, à l'Hôtel-de-Ville, sous la conduite du président de Serres, remercier les commissaires élus par les représentants des trois ordres, d'avoir approuvé leurs remontrances et protesté « contre toutes députations qui pourraient être faites aux États généraux du royaume par l'assemblée séante à Montpellier sous le nom d'États du Languedoc en quelque forme et manière que ce soit [3] ».

Cet empressement à attaquer les États, les « expressions offensantes » dont s'étaient servis les officiers de la Cour des Aydes, « décelaient une

---

1. 1er février 1789. *Arch. nat.* II. 943.
2. *Motifs pour que les États du Languedoc ayent des députés de leur corps aux États généraux du royaume. Arch. nat.* II. 943.
3. *Procès-verbal* du 14 janv. et *Protestation* du 22 janv. 1789, signé Saint-Victor, abbé de Gaston, d'Aigrefeuille, Allut, Cambon, etc...

animosité personnelle [1] » et un esprit de révolte, contre lesquels Dillon ne laissait pas de protester avec véhémence : « Nous pouvons, sans doute, être dépouillés, écrivait-il fièrement à Necker, mais nous n'avons pas mérité d'être humiliés et il n'est au pouvoir de qui que ce soit de nous avilir [2]. »

Ni le roi, ni le ministre, ne tenaient à l'humiliation et moins encore à l'avilissement d'une institution qui avait « bien mérité dans tous les temps » et venait de donner une preuve de son dévouement au trône en contractant, dans la province, un emprunt de 1.200.000 livres pour le Trésor royal. Cela valait bien, dans une période de gêne, qu'on s'ingéniât, en dépit de l'opinion, à donner satisfaction aux États. C'est pourquoi « Sa Majesté, s'étant fait rendre compte des arrêtés du 22 décembre et du 9 janvier, les cassa et annula, en son conseil du 13 février, sous prétexte que leur objet était totalement étranger aux fonctions de la Cour des Aydes [3] ».

Mais, en même temps que cet arrêt de cassation parvenait au comte de Périgord [4], commandant en chef dans la province, on apprenait, par le *Règlement* du 26 janvier, que le *Résultat du Conseil du roi* aurait son application dans les généralités de Montpellier et de Toulouse. « C'est après une mûre

---

1. *Lettre* de Dillon, 9 mai 1789, *Arch. nat.* II 942 [2] et *Lettre* de Villedeuil à Necker, 22 janvier 1789. *Arch. nat.* BIII 92.

2. 8 février 1789.

3. 13 février 1789.

4. Le gouverneur de la province, duc de Biron, venait de mourir sans postérité. Il était suppléé par Gabriel-Marie de Talleyrand-Périgord, commandant en chef.

délibération dans son Conseil des dépêches que le
roi a ordonné que ses sujets du Languedoc fussent
convoqués par sénéchaussée, de la même manière
que les habitants du royaume... [1] », avait écrit Necker à Dillon. Et cette décision qu'il avait combattue
et fait combattre par tous ses amis, était, pour l'archevêque de Narbonne, une déception que le « coup
de fouet » donné à « cette canaille de la Cour des
Aydes » ne pouvait compenser. Il ne cacha pas au
ministre son dépit : « Nous voilà donc exclus des
États généraux du royaume ! répondit-il, non sans
amertume. Il sera assez singulier qu'une aussi
vaste province n'envoie ni prélat, ni aucun des
grands seigneurs du pays [2]. »

Au vrai, personne n'était exclu, si les privilèges
étaient supprimés : « Plusieurs membres des États
seront, sans doute, élus, » avait écrit Necker, ce qui
était exact, mais ils n'étaient plus les seuls à pouvoir l'être. La nation tout entière était appelée à
voter et tout électeur était éligible dans l'ordre
auquel il appartenait : « Rien de plus libéral que
l'attitude du gouvernement, rien de plus loyal [3] » :
la Noblesse choisirait son député par l'élection di-
recte à deux degrés ; il en serait de même du
Clergé ; le Tiers obtenait la double représentation
qu'il avait demandée et recevait à peu près le suf-
frage universel [4].

1. Cf. *Arch. nat.* B 1 a et *Arch. nat.* II 942 [2] : *Lettre* de
Necker à Dillon (copie), 14 février 1789.
2. Dillon à Necker, *loc. cit.*
3. MADELIN, *La Révolution.*
4. Pour le Clergé, les ecclésiastiques qui ne possédaient pas
de bénéfice nommèrent un électeur du deuxième degré pour

Ces heureuses nouvelles furent connues, dans le diocèse de Montpellier, au milieu de février. La lettre de convocation [1], que le roi avait adressée, le 27 janvier, à tous les gouverneurs de province, fut affichée par les soins du juge-mage Barthez, lieutenant général de la sénéchaussée et du présidial, aux portes des églises, des mairies, des monuments publics. Il y eut, jusque dans les bourgades les plus éloignées, un grand enthousiasme, des acclamations attendries. On se pressait, dans l'allégresse et la gratitude, autour des affiches de convocation. Les fidèles accouraient plus nombreux dans les églises, où les curés, à tous les offices, lisaient la lettre royale. Des sections de vote partout s'organisèrent pour désigner les électeurs du second degré convoqués pour le 16 mars [2].

vingt (article 14). Les chanoines du chapitre nommèrent un électeur pour dix (article 10). Chaque communauté mâle ou femelle nommait un mâle (article 11).

Pour la Noblesse, tout noble possédant fief et âgé de vingt-cinq ans était électeur dans chaque baillage où il avait un fief (articles 12, 16 et 17), et il pouvait désigner un mandataire dans chacun de ces baillages. Les femmes ou filles possédant fief avaient droit à un mandataire. Tout noble ne possédant pas un fief, mais ayant la noblesse transmissible, était électeur personnellement.

Pour le Tiers, l'élection devait se faire à deux, trois et quatre degrés. Tous les habitants de paroisse âgés de vingt-cinq ans et payant contributions directes nomment deux électeurs pour 200 feux, quatre au-dessus de 300 feux et ainsi de suite (articles 25 et 31).

Les députés du Tiers pouvaient être choisis dans les trois ordres. Cf. BRETTE, *Recueil des actes relatifs à la convocation des États généraux.* MALOUET, *Mémoires.* FERRIÈRES, *Mémoires.* MALLET DU PAN, *Mémoires,* etc...

1. La lettre autographe du roi est conservée au *Musée des Archives nationales,* n° 1062.

2. Cf. *Arch. nat.* BIII 92 : *Collection générale des procès-verbaux, mémoires, lettres et autres pièces concernant les députations à l'Assemblée nationale de 1789.*

La réunion eut lieu à Montpellier, dans l'église
du collège royal, sous la présidence de M. de Barthez. Cette fois, le Clergé, la Noblesse, le Tiers,
étaient réellement et légalement représentés. Chacun prêta le serment « de procéder en honneur et
sans prévention au choix des députés ». Le défilé
fut long. L'évêque de Montpellier, Mgr de Malide,
passa d'abord, suivi par l'abbé de Loys et par les
autres représentants du Clergé, qui jurèrent les
deux mains croisées sur la poitrine. Ce fut ensuite
au tour de la Noblesse : les possesseurs des grands
fiefs avaient, pour la plupart, envoyé un mandataire qui les représentait ; il y avait surtout les officiers de justice et de finances, Messire de Solas, Cambacérès, Boussairoles et quelques gentilshommes
des campagnes voisines, le comte de Cadole, M. de
Margueritte, le chevalier d'Albénas. Pour le Tiers,
c'est la députation de Montpellier qui fut appelée la
première. A part le maire, Massillian, et les consuls
de la ville, elle était composée surtout de ceux qui
avaient pris l'initiative de protester contre les prétentions des États et organisé la résistance. C'étaient
Cambon père, Cambon fils aîné, Verny, Allut, Granier, Poutingon, Barrau, Bazille, Albisson, d'autres
moins connus, mais dévoués aux meneurs [1].

Après la cérémonie du serment, les trois ordres
se séparèrent pour délibérer à part et, les jours qui
suivirent, il y eut de nombreuses réunions. Les
députés du Tiers s'assemblaient dans l'église, ceux
de la Noblesse, dans une salle du collège royal. De

1 Cf. *Arch. nat. Même dossier*, et Duval-Jouve, *Montpellier
pendant la Révolution.*

semaine en semaine, s'atténuait la prépondérance qu'avaient prise les magistrats de la Cour des Aydes. Ceux d'entre eux qui faisaient partie de la Noblesse étaient trop nouveaux venus dans cet ordre pour y avoir quelque influence et les députés du Tiers se libéraient maintenant d'une tutelle qui, n'ayant plus d'objet, leur devenait importune.

Le roi, par le *Règlement* du 24 janvier, avait appelé tous ses sujets à se plaindre. Ils n'y manquèrent point. Chaque ordre prépara ses cahiers de doléances. Ceux du Tiers furent, pour la partie la plus importante, rédigés par Cambon père, auquel une activité inlassable avait acquis une grande influence. Il s'imposait par son âge[1], son expérience des affaires, son esprit de justice et une autorité qui ne transigeait pas. Il se dévouait sans compter, exigeant, en revanche, qu'on lui témoignât « une confiance entière[2] », mais cette confiance était méritée, ce dévouement, reconnu, cette autorité, acceptée par tous. Il parla dans les diverses réunions de son ordre, le 13 mars, le 30, le 31, le 1ᵉʳ avril. Il en présida plusieurs, il les dirigea toutes. En outre, il était nommé « rapporteur de l'assemblée générale du corps de la fabrique des mouchoirs de toile et de coton » qui eut lieu à Montpellier le 12 mars[3]. Il s'occupait de l'organisation des milices, « assurait l'abondance des grains » par une souscription patriotique dont il avait pris l'initiative. « Simple

1. Il avait cinquante-huit ans.
2. *Lettre* de Cambon père à sa fille, madame Theule, 23 pluviôse, an VIII (*Arch.* de M. le capitaine de vaisseau Camille Cambon).
3. D'AIGREFEUILLE, *Histoire de Montpellier*, tome IV.

citoyen ayant conçu quelques idées sur l'administration, » il ne se contentait pas de rédiger les cahiers de doléances, mais « brûlant du désir de si-
gnaler son amour pour le meilleur des rois », il faisait éditer et adressait au monarque son *Projet d'un
citoyen dédié au Tiers état*, mémoire précurseur
où les plus audacieuses réformes et les plus dési-
rées par le peuple étaient hardiment réclamées [1].

C'est une figure bien peu connue, mais origi-
nale et de premier plan dans sa province, que celle
de Cambon père. Il était né à Montpeyroux, un
pauvre village situé dans le diocèse de Lodève entre
les escarpements rocheux d'Arboras et la plaine de
l'Hérault. Sa famille, obscure et courbée sur la
glèbe, avait commencé à s'enrichir dans une modeste entreprise de tissage.

D'une prospérité qui avait été exceptionnelle au
moyen âge, Montpellier avait gardé des relations
sur les marchés d'Extrême-Orient ; au commerce
des épices, resté important, s'était ajouté celui des
cotons qui, arrivés en laine de Smyrne et de Chypre,
étaient battus, cardés et tissés par des artisans dis-
séminés dans les campagnes. Un Cambon, tisse-
rand sans doute, eut l'idée de centraliser une partie
de cette main-d'œuvre, groupant des ouvriers qu'il
fit travailler d'abord pour le compte des fabricants
puis pour lui-même. L'entreprise ne prit pas grand
essor, mais réussit assez pour que les fils de son
créateur pussent franchir une étape d'élévation en
achetant l'un, Laurent, une petite charge de pro-

---

1. Cf. *Lettre de Cambon père à Necker*, 20 mars 1789. *Arch. nat.*
II 942 [2].

cureur au présidial de Montpellier [1], l'autre, celle de payeur des officiers de gabelle [2]. Leur frère aîné avait étendu l'entreprise paternelle et en avait transporté le siège de Montpeyroux à Montpellier, au commencement du xviiie siècle. Il eut deux fils, Pierre et Joseph-Gaspard, qui lui succédèrent en 1766. Joseph-Gaspard était celui-là même qui, connu sous le nom de Cambon père, devait prendre la place que l'on sait, parmi les représentants du Tiers, dans les réunions préparatoires aux élections des États généraux. C'est lui qui était, en fait, à la tête de la maison de commerce fondée par son grand-père. Il était actif, industrieux ; son ambition était sans limite et sa hardiesse, extrême. Il écarta les obstacles que la routine a coutume de susciter à l'innovation et, profitant des inventions anglaises, il ouvrit des ateliers où les navettes volantes et les Jeanne-la-fileuse remplacèrent le fuseau individuel et le rouet domestique. On battait toujours le coton avec de longues baguettes, mais, la machine fabriquant de nombreux fils à la fois, la production devint plus importante et moins coûteuse. Puis, quand les Grecs d'Andrinople eurent apporté en France le secret de teindre les étoffes en rouge incarnat, Cambon fit cultiver des champs de garance et ajouta à son industrie celle de la teinture des cotonnades [3].

---

1. *Archives* de M. Henri Fajon : Laurent Cambon fit enregistrer ses armes au bureau de Montpellier en 1699. Il porta « fascé d'or et d'azur de six pièces ».

2. *Archives municipales* de Montpellier. G. G. n° 194, folio 186.

3. Cf. Richard Lewis, *Le Trésor du commerce*, 1641, et *Papiers* de Cambon. *Arch.* de M. le capitaine de vaisseau Cambon.

Les audacieux essais de l'industriel réussissaient au delà de toute espérance. Sa fortune s'accroissait et, comme les chances humaines vont toujours de compagnie, il avait épousé une femme d'ordre et de tête, sa cousine, Marguerite Fajon, dont les économies fortifièrent le foyer. Par quels miracles de vigilance arrivait-elle, dans les premières années de son mariage, à soutenir la dépense du ménage, très lourde avec ses charges accrues par la naissance de cinq garçons et de quatre filles [1] ? Elle l'ignorait elle-même et la fortune ne lui fit jamais changer sa manière d'être ou de vivre. Elle se confinait dans la besogne journalière, l'accomplissait simplement, s'occupant de tout, donnant à ses enfants l'exemple d'une humilité charmante, les élevant dans la crainte de Dieu et l'amour du travail.

Cambon, tout à son industrie, se reposait sur sa femme de ce qui concernait l'intérieur de la maison et c'était une joie pour lui de trouver, dans le rayonnement de paix qu'elle entretenait autour d'elle, un délassement à ses fatigues, une détente à ses soucis [2]. Car, si les affaires du fabricant étaient

1. Pierre-Joseph, né le 10 juin 1756. *Arch. municipales de Montpellier*, G.G. 188, folio 32 ; Pierre, né le 5 mars 1758, G.G. 188, folio 37. Jean, né le 5 septembre 1759, G.G. 189, folio 17 ; Marie-Marguerite, née le 21 février 1762, G.G. 190, folio 47 ; Marie-Adélaïde, née le 15 juin 1763, G.G. 190, folio 89 ; Pierre-François-Augustin, né le 19 août 1766, G.G. 193 folio 7 ; Catherine-Victoire, née le 10 juin 1768, G.G. 193, folio 65 ; Marguerite-Rosalie, née le 15 juin 1769, G.G. 194, folio 7 ; Pierre-François-César, né le 18 janvier 1775, G.G. 285, folio 123.

2. Cf. *Lettres* de Cambon père à sa fille, madame Theule, et de Cambon fils aîné à la même (*Archives* de M. le capitaine de vaisseau Camille Cambon), et *Lettres* de Denormandie à Cambon fils aîné (*Archives* de M. Poutingon).

prospères, puisque, en 1785, il avait gagné plus de 300.000 livres [1], l'extension qu'il leur avait donnée était parfois une cause de gêne. Il avait fondé, à Cholet, une manufacture de mouchoirs et, pour les débouchés qu'il s'était ouverts dans les colonies, où madras et andrinoples étaient de mode, il avait créé un comptoir d'exportation à Bordeaux, rue des Faussets n° 13. De si fortes entreprises dépassaient ses moyens, et sa témérité rendait souvent malaisées les échéances. Aussi, quand la mort de son frère, en 1784 [2], réduisit de moitié le capital social, Cambon chercha un commanditaire. Quand il l'eut trouvé, comme quatre de ses fils, employés dans la maison, étaient aptes à la diriger, il donna à chacun d'eux 50.000 livres en avancement d'hoirie et se retira virtuellement des affaires. Une société, les frères Cambon et Cⁱᵉ, fut formée, le 10 août 1785, au capital de 500.000 livres. Il y avait vingt parts de 25.000 livres chacune. A leurs deux cent mille livres d'apport, les deux frères aînés avaient ajouté cent mille livres qu'ils avaient empruntées à leur père au denier trente et Roche, le commanditaire, avait versé 200.000 livres, 100.000 pour les quatre parts qui lui étaient réservées et 100.000 qu'il prêtait aux deux plus jeunes frères, Jean et Auguste [3].

---

1. Cf. *Papiers de Cambon* (*Archives de M. le capitaine de vaisseau Camille Cambon*), et *Compte que le citoyen Cambon fils aîné rend de l'état de sa fortune.* (*Bibl. de Montpellier, Mss. 11921*).

2. *Arch. municipales de Montpellier*, G. G. n° 196, folio 111 Sainte-Anne : « L'an que dessus (1784) et le 9 du mois de may, décès de Pierre Cambon, âgé de quarante-cinq ans, inhumé aux Récollets. »

3. Acte passé chez Mᵉ Bonfils, notaire, le 10 août 1785 (*Archives de M. le capitaine de vaisseau Camille Cambon*).

Joseph, Pierre et Jean, âgés de 29, de 26 et de 25 ans, avaient la signature sociale. Ils se partageaient les trois quarts des bénéfices, l'autre part étant pour Roche, et ils prélevaient chacun 2.500 livres d'appointements. Auguste, d'abord employé à 1.500 livres, fut, après qu'il eut atteint 21 ans, en 1788, associé à ses trois frères, en même temps que Roche était remboursé de sa commandite et de ses avances [1].

La vie continuait dans le même ordre, sous la discipline traditionnelle. Cambon père demeurait le chef respecté et obéi de la famille. Ses enfants restèrent groupés autour de lui, vivant en commun, sans payer pension, ne quittant la maison que lorsque leurs affaires les y obligeaient [2].

En dépit d'une autorité qu'il n'avait pas abdiquée, Cambon père, sans se désintéresser de la fabrique, en laissait peu à peu la direction à son fils aîné, Joseph, qui demeurait à Montpellier, tandis que le cadet, Pierre, gérait la maison de Bordeaux et Jean, celle de Cholet [3].

---

1. Le 11 avril 1788, Joseph, l'aîné, cède à Auguste la part qui revient à ce dernier dans la maison de commerce. En 1790, une société nouvelle fut fondée au capital de 400.000 livres par les quatre frères, en quatre parts de 100.000 livres chacune (minute des actes passés chez Mᵉ Bonfils, notaire). (*Archives* de M. le capitaine de vaisseau Camille Cambon.)

2. Explications données par Joseph Cambon, messidor, an VIII (*Archives* de M. le capitaine de vaisseau Camille Cambon.)

3. Deux filles étaient mortes en bas âge, Catherine et Rosalie. Des deux qui restaient, l'une, Adélaïde, était religieuse à Apt ; l'autre, même après son mariage (1787) avec Jean Theule, de Narbonne, et encore qu'elle eût reçu 50.000 livres de dot, continuait de vivre dans la maison paternelle. *Correspondance* de Cambon fils aîné avec sa sœur, pluviôse, an VIII (*Archives* de M. le capitaine de vaisseau Camille Cambon).

« La famille était citée pour son union [1]. » Les affaires marchaient à souhait, conduites avec beaucoup de prudence et d'habileté par Joseph Cambon. Dans ce garçon un peu lourd et paraissant timide, poussé dans l'usine et toujours au travail, il y avait un peu de la hardiesse paternelle et aussi toute la réserve scrupuleuse [2] de la mère. Il apportait dans les affaires une « grande pureté d'âme », une minutie extrême [3]. C'est lui qui tenait tous les comptes et, de son écriture fine et régulière, rédigeait les contrats où il ne laissait rien à l'imprévu, supputant les pertes, les bénéfices, une liquidation possible, prévoyant tout, même la part des pauvres.

Dans cette famille de saine et forte bourgeoisie, Joseph Cambon est vraiment l'aîné, comme on le nomme. Son père le consulte toujours, sa mère a pour lui des attentions spéciales, ses frères et ses sœurs reconnaissent son autorité : « Vous serez toujours notre maître, lui écrit sa sœur Adélaïde, comment pourrais-je mieux placer mes intérêts qu'en vous les confiant [4] ? »

Cette considération dont jouissait Joseph Cambon parmi les siens et dans la fabrique avait sa répercussion dans la ville où on ne le voyait jamais, comme les autres jeunes gens, flâner sur le Cours

1. *Lettre* de Jean Theule à Bouchet, défenseur officieux, à Montpellier, pluviôse an VIII, *même dossier.*

2. *Lettre* de Joseph Cambon à sa sœur, madame Theule, 10 pluviôse an VIII, *même dossier.*

3. *Lettre* de Joseph Cambon à Pons (*de l'Hérault*), 15 février 1807. *Archives* de M. le capitaine de vaisseau Camille Cambon.

4. Adélaïde Cambon à son frère, 29 janvier 1800, *même dossier.*

ou rire, sur l'Esplanade, avec des *grisettes*. Il en avait acquis, malgré son âge, ce qu'on appelle, en province, de la dignité. Aussi, quand les hommes du second état, poussés par les magistrats de la Cour des Aydes, résolurent de réclamer le droit de vote aux élections, personne ne s'étonna de le voir au premier rang, dans toutes les assemblées du Tiers, à côté de son père qui, jouissant d'un grand ascendant sur ses enfants, les avait entraînés dans la lutte. Ils étaient, comme lui, « d'ardents patriotes, d'un civisme ardent et éclairé [1] ». Jean demeurait maintenant à Bordeaux et, tout de même qu'Auguste, à Cholet, il s'était mis à la tête de ceux qui avaient au cœur « la haine du privilège ». Pierre présidait les réunions de la section de Boutonnet à Montpellier, et, empêché jusqu'alors d'entrer dans la carrière des armes, il se réjouissait de pouvoir porter l'épée comme commandant en chef du 9ᵉ bataillon des gardes nationales [2].

Pour l'aîné, Joseph, il n'était « heureux que par $a + b$ [3] » ; c'est surtout aux questions de finances qu'il s'intéressa. Il avait, avec son père, travaillé à la rédaction des *Cahiers* et au *Projet d'un citoyen*. Il avait étudié, avec le soin qu'il mettait à toutes choses, le système compliqué des impôts existants et, passant déjà de la critique à l'innovation, il avait demandé l'affranchissement de la terre, la

---

1. Certificat de civisme, 28 mars 1793, *même dossier*.

2. *Papiers* de Pierre Cambon (*Archives* de M. le capitaine de vaisseau Camille Cambon).

3. *Lettre* de Cambon à Azéma, 17 octobre 1810, citée par F. Bornarel, dans sa thèse sur *Cambon et la Révolution française*.

suppression des aides et gabelles, proposé un plan pour l'extinction de la dette.

C'est lui qui fut chargé de mener à bien la souscription patriotique imaginée par son père pour « assurer l'abondance des grains ». Il s'agissait de recueillir 500.000 livres pour acheter du blé et éviter ainsi, « en un hiver qui faisait crever le pauvre peuple », une disette menaçante. Les actions étaient de 2.000 livres chacune. Les pertes sur les ventes devaient être supportées par les porteurs de titres et les bénéfices, distribués aux pauvres. Joseph Cambon réussit à faire souscrire, non seulement ses parents et les amis de sa famille, mais encore le commandant en chef de la province, l'intendant et jusqu'au trésorier des États du Languedoc, messire de Joubert. Les résultats heureux de l'opération, tant au point de vue charitable que financier, rendirent Joseph Cambon populaire à ceux qu'elle sauva de la famine et consolidèrent le crédit dont il jouissait parmi les souscripteurs satisfaits de n'avoir pas placé leur argent à fonds perdu.

Aussi bien, très confiant en soi et poussé par son père, le jeune homme prenait, dans les réunions électorales, une part chaque jour plus grande aux discussions. Il n'était pas éloquent et n'avait pas une instruction étendue, mais il ne redoutait pas la tribune et savait discourir avec discernement des choses sur lesquelles il avait patiemment médité.

Les élections du second degré avaient commencé. Le 31 mars le comte de Barbeyrac Saint-Maurice avait été choisi dans l'ordre de la Noblesse et l'évêque de Montpellier, Mgr de Malide, dans celui du

Clergé [1]. Joseph Cambon, en dépit d'une notoriété réelle et méritée, était trop jeune encore pour se pouvoir présenter avec la certitude du succès. Cambon père l'avait bien compris qui, ayant refusé pour lui-même un mandat que son âge lui eût empêché de remplir, se garda bien de prononcer le nom de son fils. Il répondit à ceux qui étaient venus le solliciter qu'il voterait pour Jac et Verny. Et Jac et Verny, tous les deux avocats, l'un de Quissac, l'autre de Clermont, avaient été élus [2].

Toutefois, dès le 3 mars, les trois ordres avaient demandé que, comme les circonscriptions voisines, la sénéchaussée de Montpellier eût une deuxième députation aux États généraux, c'est-à-dire un représentant de plus pour la Noblesse, un pour le Clergé et deux pour le Tiers : « Qu'il en soit fait selon le bon plaisir de Sa Majesté, avait écrit le procureur Fargeon, s'il permet cette double députation, elle aura lieu, s'il s'y refuse, il ne restera aux députés que l'honneur d'avoir été nommés. »

Ainsi, en attendant la réponse du roi, fut-il procédé à de nouvelles élections. Mais leur validation paraissait si incertaine qu'aucun homme marquant ne voulut tenter l'aventure de se présenter. C'est pour un simple conseiller à la Cour des Aydes, Régis de Cambacérès, que vota la Noblesse ; un prêtre obscur du diocèse d'Alais, l'abbé Delmas, fut l'élu du Clergé [3].

Cambon père trouva le moment choisi pour

---

1. *Arch. nat.*, B^{III} 92.
2. *Arch. nat., même dossier.*
3. *Arch. nat.*, B^{III} 422.

mettre en avant la candidature de son fils. Il ne laissa pas de montrer combien il fallait compter peu sur l'acceptation du roi et fit habilement comprendre que, seul, un jeune homme pouvait n'être pas blessé dans son amour-propre par un inévitable refus. Ce n'était pas tout. Il savait que les protestants, par leur nombre et leur richesse, avaient une grande influence dans la sénéchaussée. Il négocia avec eux une entente et réussit à ce que l'un d'eux, un jeune homme aussi, possesseur d'une grande fortune, Allut, fut candidat. Allut et Cambon fils aîné furent élus l'un et l'autre, mais, quelques jours après leur élection, arrivait à Montpellier une lettre du garde des Sceaux faisant connaître que Louis XVI « après avoir examiné la demande de la deuxième députation l'avait rejetée [1] ».

Cambacérès et l'abbé Delmas se soumirent. Mais Cambon et Allut eurent la ténacité de partir pour Versailles où, s'insurgeant déjà contre le pouvoir, ils comptaient bien obtenir des députés aux États généraux la validation qui leur avait été refusée par le roi.

1. *Arch. nat.*, B^{III} 629.

CHAPITRE III

LA DISSOLUTION D'UN PAYS

Le matin du 22 juillet 1789, un courrier extraordinaire apporta à Cambon père une lettre de son fils racontant la journée du 14 [1]. « La Bastille est prise. » Ces mots triomphants, écrits de Paris par le député suppléant aux États généraux, firent éprouver une joie indicible au vieux patriote qui avait, le premier, demandé qu'à Montpellier fût rasée la Citadelle. Pour lui, les prisons d'État représentaient les lettres de cachet, les tortures ; elles étaient le menaçant symbole d'un régime qu'il voulait renverser. Il contint son désir de propager l'heureuse nouvelle et, ne voulant pas qu'elle fût officiellement annoncée par d'autres que par lui, il se rendit en hâte auprès du commandant en chef de la province. Le comte de Périgord avait-il été avisé de son côté et n'ignorait-il pas que la présence du roi à l'Hôtel de Ville, le 17 juillet, avait, en une certaine mesure, légalisé l'émeute ? Toujours est-

1. D'AIGREFEUILLE, *Histoire de Montpellier, op. cit.*

il qu' « un événement si heureux pour la France le détermina à rendre publique la lettre de Cambon fils aîné [1] ». Il contribua ainsi, dans la province éloignée qu'il gouvernait, à forger la légende qui fit, d'un acte de « brigandage », une victoire du peuple contre le despotisme et, des « plus grands drôles de Paris [2] », les héroïques « vainqueurs de la Bastille ».

A Montpellier, comme dans toute la France, la nouvelle se répandit avec une rapidité qui tient du prodige. Les cloches des églises sonnaient, les tambours battaient le rappel. On s'arrêtait dans les rues, on s'interpellait. Le 22 juillet était un mercredi. En même temps et comme sur un mot d'ordre, chacun avait abandonné l'ouvrage commencé ; les boutiques s'étaient fermées, les ateliers étaient vides. Une rumeur de fête grondait sur la cité tout à l'heure au travail et une foule endimanchée se portait vers la cathédrale, où l'on savait qu'un *Te Deum* allait être chanté.

Devant les lourds piliers du portique, un service d'ordre avait été organisé. Il était assuré par les sergents du guet et les gardes bourgeoises. A l'Hôtel de Ville, se formait le cortège de la municipalité. Madame de Massillian étant morte quelques jours auparavant [3], le maire n'était pas là, mais, précédés du trompette avec drapeau aux armes,

---

1. D'AIGREFFUILLE, *op. cit.* Cf. aussi DUVAL-JOUVE, *op. cit.* ; SOULIER, *Recherches historiques et chronologiques pour servir à l'histoire de Montpellier.* (*Mss.* de la Bib. municipale de Montpellier) ; DESMAZES, *Le petit Thalamus.*

2. MIRABEAU, *Correspondance avec le comte de la Marck.*

3. Le 1er juillet (D'AIGREFEUILLE, *op. cit.*).

des tambours en habit vert, de six écuyers portant
masse d'argent, les consuls, Clément, Baron, Ré-
dier et Bongues, défilent en robe de casimir écarlate. Derrière eux, marchent les membres du conseil politique entourés des valets de ville avec la
hallebarde.

Le corps municipal est reçu sur la place Saint-
Pierre par des vivats. On crie : « Vivent les consuls ! vive le roi ! Vive Necker ! » et aussi : « Vive
Cambon ! » car Cambon père, accompagné de son
second fils, Pierre, est à la tête des « différentes
compagnies des troupes bourgeoises » qui arrivent
en groupe à la cathédrale et se massent dans la nef.

Les stalles basses du chœur ont été réservées au
Bureau de la ville, tandis que, dans les stalles
hautes, viennent, en grand costume, se placer les
présidents et les conseillers de la souveraine Cour
des Aydes et les trésoriers de France. Il y a aussi
le comte de Périgord et son adjoint, M. de Cam-
bis. Il y a tous les officiers de justice, de police et
d'administration, l'État-major de la Citadelle, le
syndic général de la province, le syndic du diocèse,
le trésorier de la Bourse, le grand voyer. On lit,
en chaire, la lettre de Cambon fils aîné, puis, dans
l'allégresse, un *Te Deum* est chanté suivi du
psaume *Exaudiat* [1].

Le soir de ce jour, tandis qu'on jouait au théâtre
une pièce de circonstance, l'*Impromptu du Patriotisme*, on vit, dans la nuit joyeuse, s'allumer aux
fenêtres, comme pour la fête de Notre-Dame des

---

1. Cf. D'AIGREFEUILLE, *op. cit.*

Tables, de petites chandelles entourées de collerettes en papier versicolore.

Le dimanche suivant, il y eut des réjouissances nouvelles. On porta sur l'Esplanade les bustes du roi et de Necker, on alla féliciter, devant son hôtel, madame de Saint-Priest, dont le mari avait refusé de faire partie d'un ministère rétrograde et la dévote compagnie des pénitents bleus se rendit en procession à la Merci, avec un détachement des gardes bourgeoises.

Personne, jamais, n'avait été aussi populaire dans la cité que l'était, depuis quelques jours, Cambon père. Au cours d'une réunion dans l'église du collège, M. de Gévaudan avait fait voter que « le portrait d'un homme qui savait si bien recevoir les nouvelles serait fait aux frais de la ville et placé à la Mairie ». Et chacun de féliciter et d'acclamer un patriote si dévoué au peuple. On le louait en prose et en mauvais vers :

> « Sois toujours notre appui malgré les factieux,
> Tu préviens la famine et les audacieux[1]. »

Le 26 juillet, il marchait en avant du cortège, « décoré d'une grande cocarde blanche et armé d'une épée rouillée[2] ». Il saluait, donnait des poignées de main, parlait à tout le monde : « Soyez tranquilles, disait-il, nous voulons votre bien... bientôt on aura la viande à deux sous la livre ! » Et comme, en approchant de l'église de la Merci, il rencontra un prêtre qui cherchait à se dérober : « Venez chan-

---

1. *Journal de la généralité de Montpellier*, 29 juillet 1789.
2. Soulier, *Recherches historiques, loc. cit.*

ter avec nous, lui dit-il. — Je ne suis pas chanoine.
— Eh bien ! je vous fais chanoine ![1] »

Il se croyait toute puissance et, de vrai, s'il avait
osé, il aurait pu soulever la populace et, comme
Bailly, à Paris, se faire acclamer par elle. Il tempo-
risa, non sans doute par crainte, mais parce que,
s'il songeait à écarter les magistrats de l'ordre ancien, hostiles aux idées nouvelles, il hésitait à employer des moyens qu'il croyait, plus que d'autres,
contraires à la légalité. Au lieu d'un mouvement
insurrectionnel, il préféra provoquer une irrégu-
lière assemblée des trois ordres qui se réunit le
26 août. Il était si sûr de lui que, le matin de ce
jour, il dit à plusieurs personnes : « Ce soir, je
serai maire de Montpellier[2]. » Mais les populations
méridionales, promptes à s'exalter, se lassent vite
et si, à Montpellier, la Révolution avait trouvé ses
chefs, le peuple, content de son sort et dont l'enthousiasme était tombé, mettait de la lenteur à les
suivre. Les trois ordres n'élirent ni maire, ni conseillers municipaux, ils décidèrent seulement d'appeler les sixains, c'est-à-dire les divers quartiers, à
choisir « librement des commissaires pour préparer
la réorganisation du corps municipal, de l'administration et de la police[3] ».

Un comité révolutionnaire fut ainsi constitué par
des électeurs sans mandat. Il devait « surveiller aux
intérêts de la ville et travailler sans retard à la

---

1. Cf. Soulier, *Recherches historiques*, et Bornarel, *op. cit.*
2. Cf. Vialles, *Cambacérès*.
3. *Procès-verbaux de l'assemblée des trois ordres de Montpellier*,
26 août 1789. (Société archéologique de l'Hérault.)

formation d'un plan de régénération pour la composition du corps représentatif de la Commune ». A partir du 2 septembre, ce comité, dont Cambon père faisait partie, se réunit plusieurs fois par semaine et prit le nom d'assemblée générale des représentants de la Commune [1]. Dès lors, le maire et les consuls en exercice n'eurent plus qu'un rôle secondaire et le gouvernement de la cité passa illégalement entre les mains des commissaires qui venaient d'être élus.

« Anarchie spontanée », a écrit Taine [2] ; « anarchie encouragée, parfois provoquée » ajoute M. Madelin [3]. C'était l'époque où « les ennemis de la nation avaient, presque le même jour, fait semer de fausses alarmes dans les différentes provinces... et donné lieu à des excès et à des crimes... méritant les peines les plus sévères [4] ». Et personne déjà n'avait plus le courage ou seulement les moyens de sévir contre les fauteurs de désordre. Les agents du pouvoir, sachant qu'ils vont être écartés, s'effacent. La justice chôme. « Il n'y a plus d'armée, plus de police [5]. » Rien ne reste pour maîtriser les passions déchaînées, réprimer les convoitises, décider entre les intérêts opposés. Chacun fait ce qu'il veut et ne pense qu'à soi. « Tout le monde sait commander et personne obéir [6]. » On offre généreusement

---

1. *Recherches historiques, loc. cit.*
2. *La Révolution*, tome I (*Les origines de la France contemporaine*).
3. *La Révolution.*
4. *Décret du 10 août 1789 pour le rétablissement de l'ordre et de la tranquillité dans le royaume.*
5. Barnave, *Lettres.*
6. Bailly, *Mémoires.*

en sacrifice le bien d'autrui, mais on se garde de se dessaisir du sien ou seulement de payer l'impôt. On réclame la liberté pour tous, mais, pour l'obtenir plus sûrement pour soi, on se libère de toute obligation et, si chacun revendique hautement les droits, personne ne songe à proclamer les devoirs du citoyen.

A Montpellier, le nouveau comité avait assez de modération et d'autorité pour contenir une effervescence qui, aussi bien, dans la ville même, n'était que superficielle. Mais des gens sans aveu terrorisent les campagnes. Si l'on ne brûle encore les châteaux, on dévaste les bois ; on s'approprie les récoltes. On pille et maraude avec impunité. Chaque jour a son émeute. Le syndic du diocèse est insulté à Bédarieux ; on moleste, à Mèze, les collecteurs d'impôts et, à Agde, l'évêque, Mgr de Saudricourt, âgé de soixante et un ans, est traîné dans la rue et obligé de signer l'acte de renoncement à son moulin [1].

Les délibérations de l'Assemblée nationale sur le morcellement des provinces n'étaient pas pour ramener le calme. L'armature sociale allait être brisée par le démembrement des diverses circonscriptions et la suppression des organes qui les régissaient. Quel plus efficace moyen d'encourager, de « provoquer » l'anarchie ? Les constituants avaient juré de tout détruire, de tout changer, de tout refaire à neuf, comme si, jusque-là, rien n'avait existé. La France allait être divisée en quatre-vingt-trois dé-

---

1. Cf. Duval-Jouve ; Soulier ; d'Aigrefeuille, *loc. cit.*

partements, les départements en districts, les districts en cantons, les cantons en communes [1]. Dans ces délimitations nouvelles, il n'était volontairement tenu aucun compte des anciennes « fixées par la géographie et par l'histoire [2] », ni, partant, des mœurs, des coutumes, de ce qui, depuis des siècles, constituait les *pays*. Aussi, quand il fallut tracer, comme sur un damier, d'arbitraires lignes de démarcation et désigner les chefs-lieux de chaque division géométrique, y eut-il de grandes querelles. Chaque député voulait que fût agrandi, aux dépens du voisin, le département auquel il allait appartenir et réclamait, pour la cité qu'il représentait, ou le maintien contesté d'antiques prérogatives ou l'obtention d'une suprématie depuis longtemps convoitée.

La députation de la sénéchaussée de Montpellier avait été chargée de demander que la capitale de la province devînt, au moins, le chef-lieu du département en formation. Mais « il était dans les principes de l'Assemblée nationale de proscrire l'aristocratie des villes, comme celle des individus [3] » et l'on pouvait craindre que le choix des constituants, en réaction contre une séculaire prépondérance, se fixât sur Béziers, ville plébéienne, remuante et presque aussi peuplée. La question fut

---

1. Décrets des 11 et 12 novembre, du 22 décembre 1789 et du 20 février 1790.

2. EDM. BURKE, *Réflexions sur la Révolution française.*

3. *Lettres de Cambon et autres envoyés de la Ville de Montpellier*, publiées par Daniel Grand et de la Pijardière : *Lettre* de Coulomb, Albisson, Estore et Cambon fils aîné aux commissaires de l'assemblée générale des représentants de la Commune, 10 déc. 1789.

portée devant l'assemblée générale des représentants de la Commune. Encore que leur jugement
fût troublé aussi par un désir immodéré de nivel-
lement, le patriotisme de ces représentants ne pouvait aller jusqu'à ne pas essayer de sauver de la
ruine la ville qu'ils étaient chargés de « régénérer ».

Cambon père était, comme on sait, l'un des ré-
générateurs de la Commune. Il profita de la discussion pour faire donner à son fils aîné, dont l'élection aux États généraux venait, comme on s'y pouvait attendre, d'être annulée par les députés de
l'Assemblée [1], une mission qui justifiât la présence
à Paris du jeune homme si mortifié de son échec
qu'il n'osait revenir à Montpellier. Défendant, avec
sa véhémence habituelle, la ville qu'il aimait, Cambon père montra que, si l'on ne voulait être dépossédé, il fallait, usant de tous les moyens dont
on pouvait disposer, ne pas compter seulement sur
les députés de la sénéchaussée, mais encore envoyer à Paris des délégués spécialement chargés
de soutenir « les intérêts de la cité [2] ». Il fit adopter
cette proposition par les représentants de la Commune qui choisirent, comme délégués, avec Cambon fils aîné, l'avocat Albisson, le président Coulomb et Estorc, le commandant en chef des gardes
bourgeoises [3]. Mais il semble qu'Albisson, Estorc
et Coulomb ne séjournèrent pas longtemps à Paris

1. Le 25 juillet.
2. *Lettre de Cambon*, 10 décembre 1789. (*Lettres de Cambon
et autres, op. cit.*)
3. Cf. D'AIGREFEUILLE, *Histoire de la ville de Montpellier.*

et que ce fut surtout Joseph Cambon qui mena les négociations.

La tâche était difficile : « un excès de zèle pouvait tout perdre » ; « des démarches trop saillantes, décider une lutte dont le résultat serait incertain ». Fort ardent, mais non sans prudence et sans adresse, Cambon fils, qui avait une revanche à prendre, remplit sa mission avec « beaucoup de ménagement et d'assiduité [1] ». Il eût été naturel que, venant sur leurs brisées, il indisposât contre lui les députés de la sénéchaussée. Sa réserve, son effacement, la déférence qu'il leur témoigna, le firent favorablement accueillir. Il s'amoindrissait, répétait que « sa mission ne pouvait être que celle de suppliant auprès des représentants de la nation », mais il les tenait en haleine. Il les voyait à l'Assemblée, allait avec eux dans les clubs. Il rendait visite à Jac et à Verny, malade, dans l'hôtel meublé qu'habitaient, rue de Richelieu, les deux députés du Tiers, se faisait inscrire à la porte de Mgr de Malide et chez M. de Barbeyrac, faubourg Poissonnière. Il usait de patience, comprenant que « des démarches trop hâtées pouvaient être nuisibles », mais il ne perdait pas de vue le but de sa mission, n'hésitait devant aucune requête, ne se laissait pas rebuter par la difficulté ou le mauvais accueil [2].

« Il existe des préventions contre notre ville, à raison de ses jouissances » avait-il écrit à Montpel-

---

1. *Lettre* de Cambon, 10 décembre 1789, *loc. cit.*

2. Cf *Lettres* de Cambon du 30 novembre et du 10 décembre 1789 (*Lettres de Cambon et autres, op. cit.*).

lier. Il fut si tenace et habile qu'il parvint à faire tomber ces préventions, si bien qu'après avoir obtenu le concours des députés de Nîmes, par l'abandon du territoire du Vigan qu'ils revendiquaient, il fut à même d'annoncer aux représentants de la Commune que Montpellier serait choisie pour le chef-lieu du département qui se formait [1].

Il put alors revenir dans la fierté d'un succès qui le fit favorablement accueillir. Mais il trouva la ville dans un état de tranquillité auquel il ne s'attendait guère et il s'étonna de la tiédeur que montraient ses concitoyens pour les idées nouvelles. Ce n'était pas, comme à Paris, la sédition bruyante d'un peuple affamé. La souscription patriotique avait évité la disette des grains et, contre le chômage, des ateliers de charité avaient été organisés [2]. Ainsi, n'y avait-il aucune raison de révolte, mais les Montpelliérains pouvaient paraître plus résignés que satisfaits. On était en janvier, l'époque où, d'ordinaire, la réunion des États amenait dans la ville, avec un cortège de divertissements, la brillante affluence dont chacun profitait. Or, depuis le 5 novembre, l'Assemblée a supprimé les États. Sur la cité maussade ne gronde pas un joyeux air de fête, mais régulier, continuel et importun, le bruit des *piémontaises* et des *sapes* qui s'attaquent aux vieilles pierres des remparts. On comble les fossés de la commune clôture. Déjà,

1. Cf. *Lettre* de Cambon du 3 déc. 1789.

Une carte officielle du département de l'Hérault fut déposée aux archives de ce département où elle est encore.

2. Ces ateliers furent établis le 7 novembre 1789, à la demande d'Albisson.

commence de s'écrouler la porte de Lattes et, du côté du Pila Saint-Gély, le faubourg a pénétré dans la ville enlaidie. Beaucoup de boutiques sont fermées ; les enseignes ont changé de nom ; nombre de vieux hôtels ont leurs fenêtres closes. Les carrosses n'embarrassent plus les rues ; les porteurs de chaises ne crient plus pour qu'on leur fasse place. Tout le monde va à pied. Il n'y a plus d'équipages ni de livrées, plus d'habits brodés d'or, de grandes robes à paniers. Toutes les distinctions du costume sont supprimées. Il ne reste que l'uniforme, le plumet, les épaulettes, la cocarde des troupes bourgeoises, si populaires que, malgré un effectif de près de trois mille hommes, partout, encore, on forme des bataillons. Les conseillers à la Cour des Aydes ne se montrent plus dans leur manteau rouge doublé d'hermine, ni, sous leur soutane noire, les trésoriers de France, et, le 24 janvier, environ le jour que Cambon fils aîné arrivait à Montpellier, sortirent, pour la dernière fois, dans l'antique appareil, avec les compagnons du guet, les massiers, les écuyers, trompettes sonnant et tambour battant, le maire et les consuls que l'Assemblée venait de destituer [1].

Le même jour, avait lieu la dernière séance de la commission des représentants de la Commune. Par application du décret du 22 décembre 1790, il venait d'être procédé à l'élection des citoyens qui devaient faire partie de la nouvelle municipalité. C'est à Durand, président à la Cour des Aydes,

---

1. Cf. Duval-Jouve. D'Aigrefeuille, *op. cit.*

qu'avait été dévolue l'écharpe tricolore à franges
d'or du maire ; l'avocat Albisson devenait procureur de la Commune ; Cambon fils aîné était l'un
des officiers composant le corps municipal [1]. Il devait sa nomination à la réussite de ses démarches
pour la désignation de Montpellier comme chef-
lieu du département, au succès de la souscription
qui avait évité la disette des grains, au prestige
qu'il avait apporté de son séjour à Paris ; enfin,
beaucoup d'électeurs avaient voté pour lui, parce
qu'il passait pour avoir des principes et une conduite ferme.

Et, en vérité, il était bien, de tous les conseillers, celui dont les opinions étaient le plus mar-
quées dans la ligne révolutionnaire. Beaucoup de
magistrats de l'ancien régime avaient été élus ;
s'ils faisaient étalage de patriotisme, ils étaient des
hommes d'ordre, enclins à la modération.

Le conseil municipal avait été divisé en trois
sections. Cambon fit partie de celle des finances
et procès [2]. Il apporta, dans ses fonctions nouvelles,
ses habitudes exactes de travail et ses scrupules
d'honnête commerçant. En outre, avec une souplesse qui pouvait faire bien augurer de sa destinée, il s'assimila au milieu, cacha, pour un temps,
les idées factieuses dont il était imbu et, usant de
tempérament, se montra sage à souhait et mesuré
dans ses propos.

Si, « à l'instar de Paris », il fonda, à Montpellier,

---

1. *Journal de la généralité de Montpellier.*
2. Avec Massillian, l'ancien maire, Durand, Albisson, Allut et
Montels.

le club des Amis de l'Égalité dont il rédigea le règlement [1], il ne fut admis à ce club, au moins dans les premiers mois, que d'anciens nobles ou de riches bourgeois aux idées libérales [2], mais sans exaltation et, si c'est Cambon qui poussa le conseil municipal à voter une adresse contre les vœux monastiques [3], puis à proposer la vente des biens d'église [4], il n'empêcha pas l'envoi à Nîmes des troupes bourgeoises qui entravèrent de sanglantes échauffourées entre protestants et catholiques [5].

Il est vrai que, dans la nuit du 1ᵉʳ au 2 mars, trente jeunes gens s'étant fait livrer la Citadelle par le régiment de Bresse qui y tenait garnison, Cambon défendit les agresseurs parmi lesquels se trouvait son frère, Pierre, et les fit féliciter par le conseil général de la Commune [6]. Mais la Citadelle rappelait aux Montpelliérains le souvenir d'une défaite et elle leur paraissait une telle menace de servitude que, dans tous les *Cahiers* de doléances, il avait été unanimement demandé que fût rasée « l'inutile et dangereuse forteresse ». Aussi, et encore que la municipalité eût été blâmée par un

1. Ce club fut fondé le 5 février ; il se réunit d'abord chez M. Delon ; ensuite, ses membres louèrent, pour 1.800 francs par an, un appartement chez M. de Flaugergues, rue du Cardinal.

2. Cambacérès, Albisson, Chaptal, Durand, Bonier d'Alco, Poutingon. (*Registre de la société des Amis de la Légalité. Archives départementales de l'Hérault*, cité par Vialles, *Cambacérès*.)

3. 13 février.

4. 14 avril.

5. En juin 1790. Cf. Rouvière, *Histoire de la Révolution française dans le Gard*.

6. *Procès-verbaux du conseil général de la Commune*, cités par Duval-Jouve, *op. cit.*

décret de l'Assemblée [1], Cambon avait-il été généralement approuvé.

On le savait, du reste, doux et modéré de caractère et lui-même, soit qu'il craignît d'alarmer ses
concitoyens, soit que ses opinions fussent encore indécises, affectait une grande réserve, montrait une
grande habileté à se servir des conjonctures. C'est
ainsi que, chargé, le 4 juin, de présider, dans l'église
de la Merci, l'assemblée électorale qui devait désigner les membres du Directoire et du Conseil du département, Cambon, après avoir « renouvelé son
dévouement parfait aux ordres des électeurs et une
assiduité sans bornes à leurs travaux », fit voter une
respectueuse adresse de fidélité au « roi le meilleur
ou pour mieux dire le seul roi de la terre [2] ».

Après ces élections qui portèrent son père au
Conseil du département, Cambon fils aîné fut envoyé à Paris, « à l'effet d'obtenir que Montpellier
conservât la Cour souveraine et les autres Cours
qui y étaient de toute antiquité établies [3] ». Arrivé
le 23 juillet, il fut reçu par Bailly qui l'accompagna
à l'Assemblée. Il s'occupa de l'affaire Chalier, un
entrepreneur des salles de spectacle en désaccord
avec la ville, du procès intenté par madame de
Bissy à propos du Manège, de l'aliénation des remparts et de la Citadelle [4], mais, s'il revint avec une

---

1. 9 juin 1790 (*Arch. nat.* AD^{xvi} (40).

2. Adresse signée par Cambon et Maffre de Gageau. *Procès-
verbaux des séances de l'Assemblée administrative du département
de l'Hérault*, publiés par de la Pijardière, 19 juin 1790.

3. *Lettre de Cambon*, 23 juillet 1790.

4. *Lettres* de Cambon des 2, 7, 9, 23 et 25 août, des 23, 24 et
29 septembre, et du 5 octobre 1790. (*Lettres de Cambon et autres,
op. cit.*)

bannière qu'il avait fait broder à Paris pour les troupes bourgeoises [1], il dut bien avouer l'échec de sa mission. Dès le 9 août, il avait écrit :
« Il paraît un plan qui n'admet qu'une Cour de cassation à Paris et qui est fort goûté... L'ordre judiciaire n'offre plus aucun espoir pour nous [2]. » Trois semaines après, en effet, le 6 septembre, l'Assemblée avait liquidé les offices de judicature et, sans que pût être même « sollicité un dédommagement pour la cité » spoliée, la Cour des Aydes qui, pendant plus de trois cents ans, avait tenu à Montpellier, ses assises, était supprimée. Depuis plusieurs mois, aussi bien, n'existait-elle plus que de nom. Il n'y avait eu que de rares audiences, de plus rares arrêts avaient été rendus. Le 17 janvier, pour flatter l'opinion, la Cour avait homologué la prohibition des vœux monastiques, puis elle avait seulement siégé le 17 mars et le 1ᵉʳ juillet. Enfin, à la séance du 3 novembre, qui fut la dernière, le nombre des magistrats présents ne suffisant pas, un procès-verbal de carence avait été dressé. Ainsi, les présidents et les conseillers, qui pouvaient justement souffrir leur part des malheurs qu'ils avaient contribué à déchaîner, présumaient de leur destitution prochaine, puisque, le 17 novembre, la municipalité dont Cambon, de retour à Montpellier, faisait partie, venait, en corps, mettre les scellés sur le greffe du tribunal souverain [3].

---

1. *Lettre de Cambon du 27 juillet 1790 (Séances de l'assemblée administrative du département de l'Hérault)*.
2. *Lettre de Cambon (13 août)*.
3. Cf. *Histoire de la Cour des Aydes et Finances de Montpellier,*

Avec la Cour des Aydes, disparurent le Sénéchal, la Connétablie, la Prévôté, l'Officialité, la Monnaie, l'Intendance. D'un trait de plume, la Constituante avait dépouillé de ses jouissances séculaires la capitale du plus riche et du plus beau des pays d'État. Et la déchéance était définitive. Montpellier pourrait devenir une cité commerçante et populeuse, étendre ses limites au delà de ses remparts démolis, jamais elle ne retrouverait la suprématie dont elle a été dépossédée et, de son abaissement, elle est sortie si dénaturée qu'il est difficile de se figurer, même dans ses rues les plus dédaignées par la foule indifférente, parmi les vestiges d'un glorieux passé, ce qu'était, sous l'ancien régime, la noble ville et à quel point connurent, ceux qui l'habitaient, la douceur de vivre.

Les Montpelliérains assistaient, sans trop se plaindre, à la dissolution qu'ils ne pouvaient empêcher. Dans un pays où l'on ne cultive guère que la vigne et l'olivier, où les fruits de la terre peuvent être anéantis dans une matinée, un fatalisme aveugle persiste dans l'âme du peuple. Personne ne songeait à se révolter ; on attendait, dans l'espérance de jours meilleurs, que le mauvais temps fût passé.

Par une faveur exceptionnelle et qu'avaient méritée à la cité la modération naturelle et le bon sens de ses habitants, les anciens officiers de justice et

par Pierre Serres ; *Journal du Conseiller Ducrm*, manuscrit publié par A. Germain ; Soulier, La Pijardière, *loc. cit.*

Cambon, désigné par le sort comme sortant, avait été réélu le 14 novembre membre de la municipalité et faisait partie du bureau.

de finances, leurs charges abolies, avaient accepté de remplir les fonctions électives que venait de créer la Constituante et auxquelles les avaient sagement appelés leurs concitoyens. Le maire, Durand, avait siégé à la Cour des Aydes ; le procureur de la Commune, seul représentant du pouvoir exécutif, était maintenant Fargeon, ci-devant procureur des Finances et, lorsque fut créé le tribunal du district, c'est Perdrix, un conseiller à la Chambre des Comptes, qui en fut le président, avec, comme assesseurs, ses collègues Fesquet et Thoiras [1].

Ces hommes, choisis à cause de leur situation et de leur expérience, apportèrent, dans la conduite des affaires locales, une mesure, un esprit de justice, qui atténuèrent les vices du « monument fragile et mal ordonné [2] » qu'avait voulu élever la Constituante. Administré avec sagesse, en dépit des factieux qui, comme Cambon lui-même, avaient été contraints de dissimuler l'exaltation de leur patriotisme, le pays était resté calme dans une période troublée. Nulle passion ne l'agitait quand, ainsi que se déchaîne, sur la mer paisible, une bourrasque subite, éclata, tout d'un coup, la grande querelle.

Le 12 juillet 1790, l'Assemblée avait remplacé les anciennes circonscriptions ecclésiastiques par de nouvelles, calquées sur la délimitation du territoire en départements, et décrété que, comme aux temps évangéliques, le peuple désormais élirait ses

---

1. Cf. Duval-Jouve, *op. cit.* La Pijardière, Soulier, etc...
2. Frédéric Masson, *Jadis*, t. III : *L'organisation de l'Administration par la Constituante.*

pasteurs. Le droit de réformer la religion avait été, du même coup, proclamé et, aboli le Concordat de 1515 : « Il est temps, avait dit Camus, que l'Église de France soit délivrée de sa servitude. » En octobre, les chapitres furent dissous, on ouvrit les portes des couvents. Enfin, du serment civique « retardé, remis, ajourné », l'obligation avait été votée le 27 novembre. Pour monter en chaire et pour ne pas « être réputés avoir renoncé à leur office », les « évêques, les curés... devaient jurer... d'être fidèles à la nation, à la loi et au roi et de maintenir de tout leur pouvoir la Constitution décrétée par l'Assemblée nationale ». C'était se lier, accepter la religion nouvelle. Quelques prêtres s'engagèrent, la plupart, du reste, s'étant aperçus qu'ils « avaient été dupes [1] » pour se rétracter peu après. Mais, soutenue par les fidèles, la majorité du clergé refusa de signer ce qu'elle considérait comme une formule d'abjuration [2].

Dans le pays tout entier, il y eut une insurrection des consciences. A Montpellier, les luttes d'autrefois avaient chevillé aux âmes la foi catholique. Un frémissement de colère secoua une partie de la ville et la résistance s'organisa. Déjà, quand avait été adjugé, à la bougie éteinte, le premier bien d'église [3], le chanoine Gigot avait donné sa démis-

---

1. *Lettre de l'évêque d'Embrun à Mgr. de Bernis. (Le cardinal de Bernis, depuis son ministère.)*

2. Cf. SALAMON, *Mémoires et Correspondance* ; GRÉGOIRE, *Mémoires* (dans la *Revue de l'Histoire Moderne*) ; SAGNAC, *l'Église de France* ; DE LA GORCE, *Histoire religieuse de la Révolution française*, etc...

3. Arboras, qui appartenait à la Congrégation de Sainte Marie. L'adjudication eut lieu le 4 novembre.

sion de membre de la municipalité [1] et, pour résister aux décrets de l'Assemblée, une société, la *Con-
fraternité des prêtres du diocèse de Montpellier*,
avait été fondée. Ses membres se réunissaient,
presque chaque soir, dans la chapelle des pénitents bleus. C'est là que se fomentait la rebellion
et de là que partirent les femmes en furie qui, le
13 janvier, dans l'église des carmes, où avait été
transporté le siège de la paroisse Sainte-Anne, empêchèrent le curé de prêter serment « à l'issue de
la messe [2] ». Partout les fidèles soutenaient les prêtres réfractaires. Les jureurs étaient insultés ; on
leur interdisait, par la force, d'entrer dans les
églises, de prêcher et d'officier. Il y eut des troubles à Poussan, au Triadou. Et quand, le 23 janvier,
à Montpellier, tandis que les cloches à volée annon-
çaient son élection, l'évêque constitutionnel, Pouderous, un vieillard de soixante-dix ans, sortit de
la cathédrale, il fut salué par des huées, souffleté
par le refrain populaire :

> « Pouderous, Pouderous
> Aben eun ebesque
> N'en voulen pas dous ! »

que la foule chantait en chœur devant l'église où
le malheureux prélat dut se réfugier avec Cambon
fils aîné et les autres officiers municipaux qui l'ac-
compagnaient [3].

1. *Procès-verbaux du conseil général de la Commune*.
2. D°, 24 janvier.
3. Cf. SAUREL, *Histoire religieuse du département de l'Hérault* ;
cf. aussi, *Vie de l'abbé Couston*.
Pouderous était curé de Saint-Pons, son élection eut lieu à

Cambon avait pris si nettement parti qu'il ne pouvait quitter sa maison ou la fabrique sans être injurié. Dans la nuit du 31 janvier, une potence avait été placée devant sa porte. On le rendait responsable de tout ce qui arrivait. Je ne sais qui lui avait enseigné l'athéisme et comment, fils d'une mère dévote et d'un père respectueux de la religion, il était devenu un disciple d'Holbach et d'Helvetius. Parmi les aristocrates élevés à l'école de la philosophie, les incroyants étaient « plus nombreux et redoutables qu'on ne le pense communément [1] », mais les classes moyennes demeuraient, comme le peuple, courbées devant les autels. Ce n'est pas que Cambon se fût laissé convaincre au naturisme sentimental de Rousseau ; il ne reconnaissait pas davantage l'Être suprême ou l'Auteur de la Nature, qu'il n'admettait l'existence d'une « Providence qui gouverne le monde, permet et ordonne tout ce que nous voyons [2] ». Son intelligence se raidissait contre toute croyance ; son orgueil lui faisait repousser tout appui surnaturel et il pensait être assez fort pour trouver en lui-même les sources de la justice et les règles d'une vie vertueuse. Il n'avait confiance qu'en soi, ne voulut jamais croire qu'au témoignage de ses sens et mourut captif sous la formule de négation définitive [3].

Montpellier, mais le siège épiscopal avait été transféré à **Béziers**. Pouderous mourut en 1799. Il fut remplacé par Rouanet.

1. *Notes* de Baudot.

2. Denormandie à Cambon, 21 pluviôse an VII (*Archives de* **M.** Poutingon).

3. Cf. *Dispositions du testament de M. Cambon inscrites sur les*

Mais cet incrédule manquait prodigieusement de scepticisme ; sur les ruines de ses croyances perdues, il avait dressé un autre autel. La Révolution était son dieu et, pour lui, les réformes qu'elle avait accomplies devaient apparaître à tous comme la réalité d'un beau rêve. Ainsi, malgré sa haine du christianisme, peut-être à cause d'elle, montrait-il à la constitution civile du clergé, un attachement opiniâtre et, encore qu'il fût hostile à toute religion, il se fit le champion de celle que la Constituante venait d'édicter. Agissait-il ainsi par respect pour l'Assemblée ou parce qu'il pensait, avec l'appui des lois, plus facilement abattre le catholicisme triomphant ? Toujours est-il qu'avec des mœurs privées pleines de douceur et de bienveillance naturelle, sa parole, lorsqu'il s'agit de questions religieuses, devient âpre et venimeuse. Il poursuit comme des rebelles les prêtres réfractaires, rompt avec ses parents non jureurs, comme son oncle, l'abbé Cambon, dénonce aux représailles ceux qui, comme son cousin, l'abbé Fajon, se sont rétractés. Aux propos inciviques, il oppose sa foi révolutionnaire. Les prières de sa mère ne l'arrêtent point et il est si persuasif qu'il amène son père à faire reconnaître par quelques pénitents blancs, rivaux, il est vrai, des fidèles pénitents bleus, l'évêque Pouderous [1].

registres de M° Barat, notaire à Paris, en date du 8 janvier 1816 : « Je désire qu'il ne soit fait aucune cérémonie religieuse relative à mon inhumation ou à ma mémoire. » (Archives de M. le capitaine de vaisseau Camille Cambon.)

1. Cf. SAUREL, Vie de l'abbé Coustou, op. cit., et Papiers de Cambon, même dossier.

C'était l'époque du carême. Non seulement, il fit défendre d'aborder la chaire aux prédicateurs qui avaient refusé le serment, mais encore, il s'épuisa en efforts touchants pour trouver des prêtres constitutionnels qui les pourraient remplacer [1].

Quand, dans ses brefs de mars et d'avril 1791, Pie VI eut condamné la constitution civile et que, par sa déclaration du 15 avril, l'évêque réfractaire, Mgr de Malide, eut fait frapper d'excommunication son successeur Pouderous et les prêtres du diocèse qui avaient prêté serment [2], la rebellion des fidèles se fit plus violente. Les haines, vieilles de trois cents ans, entre protestants et catholiques, se ravivaient. La ville était divisée **en deux camps.** Des pamphlets, des caricatures étaient distribués dans les rues ; des cris hostiles s'entre-croisaient : « Vive la Croix ! à mort les noirs ! Tue, tue les papistes ! » On se disputait dans les églises. Les prêtres réfractaires étaient insultés par les hérétiques, empêchés de monter en chaire, tandis que, dans les rues et jusque dans leurs demeures, les jureurs étaient poursuivis, voyaient leurs habits déchirés, leurs carreaux assaillis de pierres. Le plus souvent, les catholiques, plus nombreux, avaient eu le dessus. Aussi pour protéger le clergé constitutionnel, qui avait été forcé de se terrer, et pour le défendre, une association se forma qui, du bâton noueux que portaient ses membres en signe emblé-

---

1. Cf. DE LA PIJARDIÈRE, *Continuation de l'histoire de Montpellier*, *op. cit.*

2. Cf. *Procès-verbaux du conseil général de la commune*, *loc. cit.*

matique de ralliement, prit le nom de *Pouvoir exécutif*. A la tête de cette association où l'on pouvait officiellement s'inscrire sur un registre ouvert à la Mairie, étaient deux protestants : Ollivier, le graveur, et un négociant, Durcy [1], « qui peut-être choisissaient le moment pour assouvir des vengeances périmées ». Pendant quelque temps, ils furent les plus forts, donnèrent le ton, firent la loi. Mais ils ne tardèrent pas à trouver devant eux un groupement d'adversaires aussi fanatiques dans un sens opposé : ce fut le *Contre Pouvoir* que vint renforcer une compagnie très catholique des gardes nationales, celle du Plan de l'Olivier [2].

La guerre religieuse était déchaînée. Aux altercations et aux disputes, succédaient des rixes journalières, des luttes à main armée. On se battait en plein jour dans les rues ; des embuscades étaient dressées dans les carrefours. La ville entière était frappée de terreur ; le travail chômait ; l'industrie était anémiée, le commerce, expirant.

Cambon dont, aussi bien, les affaires personnelles périclitaient, tenait surtout à ce que fussent exécutés les décrets de l'Assemblée. Épouvanter lui avait semblé d'abord un acte nécessaire de politique ; pour un peu, il eût donné, aux prêtres réfractaires, le choix entre le serment ou la mort. Quand il vit que s'allumait une véritable guerre civile, il fut pris de scrupules. Il avait juré d'étouffer en son âme toute animosité personnelle et il

---

1. *Mémoire historique sur la horde des brigands de Montpellier qui se fait sacrilègement appeler le Pouvoir exécutif.*

2. Cf. DE LA PIJARDIÈRE ; DUVAL-JOUVE, *op. cit.*

était, du reste, aussi hostile aux protestants qu'aux catholiques. Pour se montrer équitable et faire accorder ses actes avec ses principes, il fit destituer le *Pouvoir exécutif* d'une part, dissoudre, d'autre part, la compagnie du Plan de l'Olivier [1].

Et le calme semblait revenu dans la ville apaisée par ces sages mesures, quand on apprit la fuite du roi et son arrestation à Varennes [2]. A ces nouvelles, Cambon était entré dans une fureur indignée. Cet homme étonnant, bon et humain de cœur, ignorait l'indulgence en matière politique. Il se laissait emporter à « des exagérations invraisemblables » contre tous ceux dont il suspectait le patriotisme. Il se drapait fièrement dans l'imposant manteau des principes. Il voyait la « sainte Constitution » bafouée par celui qui avait mission de la faire respecter. Il était persuadé que le roi devait être satisfait du rôle inefficace qui lui avait été assigné et il se fût révolté si on avait insinué que le malheureux monarque avait voulu, en brisant de véritables fers, se soustraire, avec les siens, à des vexations journalières et à des périls prochains.

Le matin du 27 juin 1791, Cambon se rendit en hâte à l'Intendance. C'est là que, depuis un an, siégeait le Bureau de la ville. Il demanda la réunion immédiate des officiers municipaux. Son éloquence fut si persuasive, qu'il leur fit partager ses alarmes et qu'ils votèrent la déchéance du roi. Il obtint ensuite, du Directoire du district, que fût interdite désormais la distribution des journaux royalistes

1. 21 juin 1791.
2. 27 juin 1791.

et le Directoire du département, sur sa demande, donna l'ordre de retenir dans le port de Cette, où elle appareillait, la frégate la *Baleine*, dont le commandant pouvait être soupçonné d'incivisme. Cambon n'avait pas oublié de faire appeler, au siège de leur club, les Amis de la Constitution et de l'Égalité. La société, depuis sa fondation, avait évolué, accepté dans son sein un grand nombre de sans-culottes. Elle aspirait à être la directrice de l'opinion et la gardienne jalouse du dogme révolutionnaire. Il ne fut pas difficile à Cambon, qui était son président, de faire acclamer et signer une pétition pour que la République, à qui personne ne songeait encore en France, fût tout de suite proclamée et pour flageller de ce dédaigneux outrage le roi, hier encore « le meilleur de la terre » : « Nous ne dirons rien de Louis ; il est trop avili et nous le méprisons trop pour le haïr ou le craindre [1]. »

Cambon fils aîné avait écrit de sa main et revêtu de sa signature compliquée la pétition qu'il envoya aux Jacobins de Paris. A partir de ce moment, s'il l'avait fait jusque-là, il ne chercha plus à se contraindre. L'événement de Varennes l'avait jeté dans une sorte de délire démagogique. Il s'avançait chaque jour plus avant dans la voie révolutionnaire. Il trouvait incomplètes les réformes de la Constituante. Il reniait une assemblée devenue indigne d'un peuple libre dans son incapacité de secouer le joug odieux d'une monarchie ridicule.

1. Cf. DUVAL-JOUVE, *op. cit.*

Enragé patriote, il exaltait toutes les têtes et, comme il était vaniteux et crédule, il se laissa entraîner lui-même à approuver toutes les destructions, à justifier tous les coups de force, s'imaginant, de bonne foi, que se préparaient ainsi le règne de la justice et le bonheur universel.

Comme on peut bien penser, le *Pouvoir Exécutif* n'avait pas tardé à se réorganiser avec l'appui de ceux qui venaient de le dissoudre. Les « solides mâtins » qui le composaient, devenus les amis de Cambon, pouvaient à nouveau

« ... dans Montpellier répandre leurs fureurs ».

Ils n'y manquèrent point, redoublant de zèle et d'audace. Poujol, curé de Saint-Pierre, saisi et ligoté par les brigands, fut amené de force à la maison commune ; le curé de Saint-Denis fut frappé et celui de Sainte-Anne, malade de peur, se cacha dans une armoire dont il ne sortit que pour aller mourir au Grau d'Agde. Les femmes n'étaient pas épargnées : madame Fonvielle reçut une blessure à la jambe, mesdames d'Olympie, Gimel, Borie, Gelly, Arnaud, éprouvèrent de mauvais traitements. Un vieillard de soixante-dix ans, Vergnet, fut tué à coups de nerf de bœuf. Messires de Gallières et Muret, ci-devant conseillers à la Cour des Aydes, furent brutalisés et, comme Dupin, l'agent national, et Crassous, membre du Directoire du département, avaient essayé de prêcher le calme, ils manquèrent d'être assommés [1].

1. Cf. *Mémoire historique... loc. cit.*

Cambon laissait aller. Les bandits qui faisaient partie du Pouvoir exécutif, terrorisant la ville, étaient ses meilleurs partisans. Il les protégeait,

> « Ecartant par cette adresse heureuse,
> De tous les gens de bien l'influence fâcheuse ».

Les gens de bien se cachaient, craignant les coups de trique. Ils ne cherchaient qu'à se soustraire aux charges publiques et à vivre ignorés. Ils ne votaient même plus. A cause des violences exercées sur les opinions, la moitié des Français avait été forcée de déserter les assemblées primaires abandonnées aux hommes qui avaient le moins d'intérêt à l'ordre public, le moins de part aux contributions. Les personnes occupées ne se dérangeaient plus, fatiguées par l'abus, rebutées par l'inanité des élections [2].

C'est à ce moment que, l'Assemblée constituante ayant résolu de se séparer, Cambon fut candidat à la Législative. Avec lui, se présentèrent Brun, maire de Pézenas, « modèle d'exactitude et de sévérité », Bonier d'Alco, Viennet, de Béziers, Sérane, de Cette, Bouguet, d'Agde, Curée, de Saint-André, « un Romain, un Brutus », enfin le maire de Béziers, Rouyer, si exalté qu'on le trouvait « trop ardent dans son zèle et son patriotisme ». Comme on voit, il n'y avait pas d'indifférents, de tièdes, de raisonneurs, de gens qu'aucune passion n'animait. Tous les candidats, Cambon à leur tête,

---

1. Cf. *Mémoire historique, loc. cit.*
2. Cf. *Mercure de France*, 3 sept. 1791.

étaient des sans-culottes, remarquables par leurs opinions incendiaires.

Les citoyens actifs se réunirent à Montpellier, dans l'église des Augustins, le 1ᵉʳ septembre. Tous avaient dû jurer fidélité à la Constitution. Ainsi était-on sûr du résultat des élections. Les voix étaient comptées. Le 4 septembre, Cambon avait été nommé. « Et, comme tout le monde se précipitait sur des chaises pour l'acclamer, le président le pria de ne pas oublier qu'il était le représentant d'un peuple libre [1]. »

Il y avait deux ans seulement que Cambon avait été timidement désigné comme député suppléant aux États généraux. Combien cette époque paraissait lointaine ! Cambon maintenant triomphait. Il était élu le premier de la liste, investi, par son droit de vote dans l'assemblée unique et souveraine, d'un pouvoir sans borne. Comment allait-il en user ? Ne serait-il pas grisé par une puissance à laquelle rien ne l'avait préparé et, dans son impatience de remplacer et de détruire, à quoi allait-il s'attaquer quand on songe, comme a écrit Malouet, « qu'il n'y avait plus rien de grand à abattre que le trône ? »

---

1. *Journal hebdomadaire de l'Hérault.*

DEUXIÈME PARTIE

L'ESSOR

CHAPITRE PREMIER

CONTRE LE ROI

Les nouveaux élus se réunirent, le 1ᵉʳ octobre, dans la salle du Manège, aux Feuillants. C'est là qu'après Versailles et un court séjour à l'Archevêché, avait, pendant près de deux ans, siégé la Constituante. Mais si, à la même place, ce sont, entre les mêmes murs nus, les mêmes banquettes vertes en amphithéâtre, l'aspect de l'Assemblée a bien changé. Mille rumeurs s'élèvent de la salle, des bouffées de bruit arrivent du dehors ; dans les tribunes, encombrées d'une foule bruyante, on parle à haute voix, on rit, on boit force rasades. Il va être trois heures et la séance, annoncée pour deux heures, n'a pu commencer encore.

« En place, messieurs, en place ! » crient les huissiers qui ont remplacé les hérauts d'armes. Les députés ont l'air de ne pas entendre. Ils vont, viennent, discutent, gesticulent. Ils n'ont rien dans l'attitude et dans la mise qui rappelle ceux qui les ont précédés. Plus de prélats en riche costume, ni de noblesse fière chamarrée de dorures. Par une résolution funeste, la Constituante avait décidé, avant de se séparer, qu'aucun de ses membres ne pourrait être réélu. On ne voit ni la « longue lévite » de Barnave, ni le manteau court de Bailly ; Robespierre n'est plus là, ni La Fayette dans son brillant uniforme, ni les deux Lameth « en leur frac bien pincés ». A peine distingue-t-on quelques habits noirs et quelques cravates blanches, comme en portaient à Versailles, dans la grande salle à colonnes, les timides représentants du Tiers [1]. Il n'y a plus de Clergé, plus de Noblesse, plus de Tiers état ; il n'y a plus de grandes fortunes et plus de grands noms. Il y a les députés nouveaux. Ils ne semblent pas être « les Aristides et les Catons [2] » qu'on attendait, mais, plutôt, de « redoutables extravagants [3] ». Inconnus, pour la plupart, ils sont sans situation personnelle et sans éclat, puis, si jeunes en général que, dans la salle, les perruques bannies, on ne voit presque pas de cheveux blancs.

« Petites gens, petits avocats de baillage, petits

1 Cf. *Moniteur*, 2, 3 4 et 15 octobre 1791. Moore, *Journal d'un voyageur en France ; Lettre de Rabelais aux quatre-vingt-quatre rédacteurs des « Actes des Apôtres » ; Louis XIV au manège ; l'Observateur*, etc...

2. Madame Jullien, *Journal d'une bourgeoise.*

3. Thomas Lindet, *Correspondance.*

officiers municipaux et procureurs de district [1] »,
ils ont pu se faire élire sans posséder même le bien
qui permettait d'être électeur. Aussi « a-t-on calculé que tous ces nouveaux députés ensemble n'ont
pas 300.000 livres de revenus ». Et si, en vérité,
presque tous sont arrivés « sans autre équipage que
des galoches et un parapluie [2] », beaucoup exa-
gérant à dessein les marques extérieures de la pau-
vreté, sont venus siéger « en pantalon de coutil »,
« en carmagnole » ou même « en chemise dé-
braillée, les jambes demi-nues [3] ». L'incorrection
voulue des costumes et leur diversité concordent
avec la turbulente confusion de cette séance d'ouverture qui étale bien plutôt le laisser-aller d'un
club populaire qu'elle ne rappelle « l'ordre et la
décence [4] » de la précédente assemblée.

« En place ! messieurs, en place ! » Il y a comme
un remous dans l'enceinte. « Aux extrémités de la
salle, sur des bancs séparés par des barrières, vont
s'asseoir » d'anciens constituants que les tribunes
applaudissent. Enfin, pour un moment, « le silence
s'établit ». Camus, l'archiviste, lit le décret de réunion. Un vieillard, Battault, monte au fauteuil
comme président d'âge. Il a de la peine à se faire
entendre : « A l'ordre ! » répète-t-il, de sa voix
un peu grêle et, avant un appel nominal qui devait être long et tourmenté, comme il demande des

1. HUA, *Mémoires d'un avocat au Parlement de Paris.*
2. *Lettre* du comte de La Marck au comte de Mercy-Argenteau.
10 oct. 1791. *Correspondance de Mirabeau avec le comte de La
Marck.*
3. *La Vérité tout entière.*
4. *Journal de Gouverneur Morris*, 7 oct. 1791.

secrétaires n'ayant pas encore vingt-six ans, soixante députés se pressent autour de son bureau [1].

Il s'agit maintenant de se placer. Tout de même que les âges et les costumes, les opinions ont changé. Les anciens partis n'existent plus. A la droite de la nouvelle Assemblée, ont dû prendre place les amis de La Fayette et de Barnave qui formaient la gauche de l'autre. Ils en sont comme honteux et dépaysés.

Cambon siège à gauche, non pas encore avec Bazire et Chabot, « cordeliers niveleurs », dont il appréhende les excès de tenue et de langage, mais dans le groupe ardent des députés de Bordeaux. Ce sont, comme lui, « des enragés [2] ». Il est avec eux « contre la Cour, contre l'aristocratie, contre le clergé [3] » et si même, personne encore n'ose faire allusion à un changement de régime, lui, il a déjà attesté publiquement ses préférences en faisant signer, à Montpellier, dès le 27 juin, par les Amis de la Constitution et de l'Égalité, une pétition pour que la République soit proclamée.

Le député de l'Hérault n'était pas, du premier coup, venu à cette opinion alors si audacieuse que les Jacobins de Paris s'étaient indignés qu'on la leur présentât [4]. Il s'était laissé entraîner par les événements, exalter par les circonstances. Pourtant, il avait été, moins que d'autres, nourri de

<hr>

1. *Moniteur*, 2 et 3 octobre 1791.
2. *Lettre* de Cambon à Dupin. *Arch.* de l'Hérault (citée par BORNAREL, *loc. cit.*).
3. MALOUET, *Mémoires*, tome II
4. AULARD, *La Société des Jacobins. Recueil de documents.*

phrases creuses, enivré de théories vagues. Tout jeune, il avait eu sa place à la fabrique et y avait connu les réalités de l'existence. Il sait combien le travail, la patience et l'effort sont nécessaires. Il n'ignore pas ce qu'est un compte ou une échéance; il a appris à calculer le prix des choses et à préférer, à la magie des mots, la réalité des actes. Mais, passé trop vite de son comptoir à la vie politique, il s'imagine que l'on peut diriger une nation comme une maison de commerce et qu'il est facile à un homme d'affaires de s'improviser homme d'État. Il s'est trop uniquement et trop tôt confiné dans son métier pour avoir pu acquérir des connaissances générales et, s'il a quelque expérience, la culture de son esprit est rudimentaire. Il n'en est que persuadé davantage qu'il va concourir au perfectionnement de l'humanité. Il ne voit pas que son jugement est troublé par la haine et son bon sens, obscurci par l'orgueil. Il croit posséder la vérité et ne négligera rien pour en assurer le triomphe. Avec le désir de se distinguer par un grand coup, il a l'ambition d'ébranler, dès les premiers jours, l'édifice qu'il s'est donné à tâche de détruire. L'habitude d'assister, comme suppléant, aux débats de la Constituante a fortifié sa naturelle assurance. Il laisse passer la séance du 2 et celle du 3 octobre qui furent consacrées à l'élection du président et à la vérification des pouvoirs, mais, le 5, sachant bien qu'en s'attaquant aux mots, on discrédite les institutions qu'ils représentent :

« Je demande, dit-il, que l'Assemblée législative prenne le nom d'Assemblée nationale. »

Le manque d'à-propos apparent de cette motion, l'accent rude avec lequel elle a été formulée, déchaînent le rire parmi les députés qui ne comprennent pas que c'est l'œuvre entière de leurs prédécesseurs qui est mise en question. Mais Cambon n'est pas homme à se sentir atteint par le ridicule ou mortifié par un échec : le jour même, il prend sa revanche.

Le roi avait annoncé qu'il viendrait en personne prêter serment à la Constitution. Un membre de l'Assemblée, Ducastel, qui avait, avec quelques autres députés, été délégué, la veille, aux Tuileries, occupait la tribune pour rendre compte de sa mission :

« Nous avons hésité, disait-il, sur les formes de langage à employer. Nous avons craint de blesser ou la dignité royale ou la dignité nationale. Nous sommes convenus à dire : « Sire, l'Assemblée est constituée, elle nous a députés pour en informer Votre Majesté... »

Cambon avait écouté jusque-là, dissimulant sa désillusion et contenant sa colère. Mais, violent et calme à la façon des volcans éteints qui gardent des menaces et des réserves d'éruption, avant que l'orateur ait achevé son discours, il se lève tout d'une pièce et, de sa voix forte et tranchante :

« Et moi, interrompt-il, je demande que l'Assemblée décrète qu'on ne se servira plus, dans le sein du Corps législatif, de ce titre, Votre Majesté. Le seul titre de Louis XVI est roi des Français. »

Cinq ou six membres applaudissent. Les autres dévisagent avec étonnement leur audacieux

collègue. Une agitation sourde secoue la salle. C'est
la première fois qu'un député ose ouvertement attenter à la majesté royale. Mais, après quelques
instants de surprise, les cent trente membres de
l'Assemblée inscrits au club des jacobins se ressai-
sissent. Ils approuvent Grangeneuve qui, de sa
place, soutient la proposition de Cambon, tandis
que, appuyé sur des béquilles, Couthon, député
du Cantal, est monté à la tribune pour déclarer :

« Moi aussi, je demande qu'on supprime ces
titres de Sire et de Majesté... Il n'y a pas d'autre Majesté que celle de la loi et du peuple... Faites retirer
ce fauteuil scandaleux qu'on apportait quand le roi
venait dans cette salle. Restons debout et découverts
quand il sera découvert et debout, restons couverts
et assis quand il s'assoira et se couvrira. »

Pour le coup, les acclamations, jaillies des tribunes, gagnent une grande partie de la salle et,
dans un élan, la gauche fait décréter que « chacun
pourra s'asseoir et se couvrir devant le roi, qu'il
y aura deux fauteuils au bureau, l'un pour le roi,
l'autre pour le président, enfin qu'on ne donnera
plus au roi qu'un titre, celui de roi des Français [1] ».

Ce décret humilia la Cour et agita le peuple.
C'était, pour le formaliste descendant de Louis XIV,
une déchéance et un abaissement. Dans Paris, qui
restait encore attaché au monarque, il y eut une
indignation générale. « En sortant de la Chambre,
les députés furent insultés, menacés » et la garde

---

1. *Moniteur ; Révolutions de Paris*, etc... Cf. encore Soubrany,
Lettres.

nationale protesta contre les « va-nu-pieds » qui avaient outragé la personne du roi [1].

Louis XVI avait fait dire au Manège que, si les décisions qu'il jugeait injurieuses étaient maintenues, il ne viendrait pas à l'Assemblée. Aussi, à la séance du 6 octobre, un membre de la droite, Hérault de Séchelles, qui devait bientôt changer de face, monta à la tribune pour demander la révocation d'un décret « qui, dit-il, blesse toutes les convenances ». Cambon, Bazire, Vergniaud, s'opposent à un retour si subit et scandaleux de l'opinion. Pour eux, le vote est acquis, légitime et, aussi bien, le roi n'est, dans le fait, que « l'expéditionnaire de l'Assemblée » ; il doit être toujours et partout aux ordres de la nation dont il est « la créature et le salarié héréditaire [2] ». Hérault insiste. Les jacobins essayent de couvrir sa voix en demandant : « L'ordre du jour ! l'ordre du jour ! la question préalable ! » Ducastel veut parler ; on l'en empêche. « Il y a une heure que nous crions inutilement, dit une voix. » La gauche ne cesse d'interrompre, tandis qu'Hérault de Séchelles, soutenu par la majorité de l'Assemblée, arrive à dominer le vacarme et finit par obtenir gain de cause.

Il y eut, au club des jacobins, où Cambon avait été admis le 3 octobre, de stériles indignations. Pourtant, lorsque, le 7 octobre, « l'exécuteur salarié de la volonté populaire » se présenta devant l'Assemblée, comme il l'avait promis, si grand en-

---

1. Cf. La Marck à Mercy, 10 oct. 1791 ; *Correspondance de Mirabeau, op. cit. ; Relations des ambassadeurs vénitiens.*
2. *Révolutions de Paris,* n° 135, 4-11 février 1792.

core était son prestige que tous les députés, tous, sans exception, Chabot et Bazire, Couthon, Grangeneuve et Cambon, tous se levèrent et la majeure partie de la salle applaudit. On cria : « Vive le roi ! » et même : « Vive Sa Majesté ! » Louis XVI resta découvert et parla debout. Son discours avait l'accent de la bonne foi : « Il faut entre nous une confiance inaltérable... Que l'amour de la patrie nous rallie, que l'intérêt public nous rende inséparables ! »

Le président Pastoret répondit en employant les mots qu'on avait voulu proscrire : « Votre amour pour la Constitution placera Votre Majesté au rang des rois les plus chéris... Epurer la législation, ranimer le crédit public, comprimer l'anarchie, tel est notre devoir, tels sont nos vœux, tels sont les vôtres, Sire : les bénédictions des Français en seront le prix ! »

Ainsi l'Assemblée était retournée. Les souvenirs de Varennes paraissaient ensevelis et, dans la soirée, quand, au théâtre Italien, où l'on jouait *Les deux Chasseurs et la Laitière*, le roi et sa famille arrivèrent dans leur loge, la salle entière retentit d'applaudissements.

Cambon n'allait pas au spectacle. Il était, au plus haut point, dénué de frivolité et si, parce qu'il le fallait, il mangeait et dormait comme les autres hommes, il se fût fait un scrupule de chercher à se divertir. Il travaillait, le soir, dans sa chambre d'hôtel de la place des Victoires, à un rapport dont il avait été chargé sur les finances. Quand il apprit que le roi avait été acclamé au théâtre, il fut aussi désappointé que surpris. Il ne pouvait arriver à comprendre la popularité dont semblait encore jouir, à Paris, le monarque « avili » qu'il « méprisait ». Il avait eu une première déception à l'Assemblée. Exalté aux rayons de son soleil méridional, il s'était imaginé, un peu tôt, que toute la France désirait, comme lui, l'institution immédiate de la République — « un mot ôté de la Constitution, ce n'était pas difficile [1] » — et voilà que l'ancien cérémonial reparaissait, était voté, malgré lui, sous la pression d'un peuple oublieux qui, de nouveau, s'agenouillait devant un pouvoir périmé! Cambon, lui, se souvenait. Parce qu'il était probe, il se croyait équitable. Il reprochait au roi d'avoir, en quittant Paris, commis un abus de confiance envers la patrie ; il poursuivit l'infortuné Louis XVI avec la rigueur intraitable d'un justicier. Il fut de ceux qui, en avril 1792, voulurent rendre le roi responsable de nos revers à Mons et à Tournay et l'accusèrent de « préparer une Saint-Barthélemy des patriotes ». Il vota, le 29 mai, le licenciement de la garde royale et, après l'émeute du 20 juin qui n'avait pas donné le résultat qu'il en attendait, il monta à la tribune où, dédaignant les jeux illusoires, il demanda brutalement « la déchéance d'un roi manifestement de connivence avec l'étranger [2] ».

Depuis, il ne cessa de conspirer publiquement la suppression de la monarchie, portant au trône les

---

1. *Les Amis de la Constitution et de l'Egalité de Montpellier à l'Assemblée nationale*, 27 juin 1791.
2. *Moniteur*, tome XII, *Logographe*, tome XXVI.

coups les plus mortels. A la veille du 14 juillet 1792, Louis XVI avait écrit à l'Assemblée qu'il désirait assister à la fête de la Fédération pour recevoir le serment des volontaires : « Pas de serment au roi, coupa sèchement Cambon, c'est un citoyen comme les autres ! » et le message de Louis XVI fut renvoyé au comité de l'instruction publique [1].

A quelques jours de là, le 24 juillet, il demanda que les statues des tyrans fussent converties en canons et, après la journée du 10 août, tandis que la Commune de Paris triomphante maîtrisait Danton lui-même et que l'Assemblée assistait impuissante aux progrès de l'anarchie, il dit, prenant clairement ses responsabilités : « Ce n'est pas la Commune de Paris, c'est le Corps législatif qui a renversé la royauté. »

Enfin, quand la Convention nationale fut illégalement constituée en cour de justice, il ne fut pas de ceux qui « montrèrent de l'inquiétude » ou votèrent « sous les poignards ». Son opinion était faite. Pour lui, se posaient face à face le salut de la République et la vie d'un homme qu'il croyait coupable. Il n'hésita ni ne s'alarma. Il vota, non par crainte des représailles ou pour se rendre populaire, mais par conviction et c'est la conscience nette et fier d'être impitoyable que, le 15 janvier 1793, vers neuf heures du soir, appelé l'un des premiers à la tribune [2], il dit d'une voix calme :

« Le vœu des Français est parfaitement connu. Tous veulent la destruction des privilèges. Aujour-

1. *Moniteur*, tome XIII.
2. L'appel fut fait par département et commença par la lettre G.

d'hui, j'ai à juger un privilégié convaincu de trahison contre la patrie... La loi est positive, son crime est notoire... Je vote pour la mort ![1] »

1. *Moniteur*, tome XV.

CHAPITRE II

Après l'arrestation du roi à Varennes, beaucoup de nobles, que leur dévouement au trône avait, jusque-là, retenus en France, résolurent, puisque tout effort était devenu inutile, de ne pas s'exposer plus longtemps aux vexations des tyrannies locales. Ceux-là seuls restèrent qui étaient trop vieux pour partir. Ce fut un entraînement irrésistible, un contagieux enivrement. Jamais un mouvement semblable n'avait jeté hors du territoire un aussi grand nombre de Français. On envoyait, par dérision, des quenouilles à ceux qui hésitaient à quitter leurs terres, leurs habitudes, leurs souvenirs. Par jour, les municipalités délivraient des centaines de passeports. Les hôtels, les châteaux, étaient abandonnés. Il y eut un vide immense à la Cour et dans l'armée. Poussés par l'esprit de caste ou l'esprit de corps, par la crainte, aussi, des dangers véritables qu'ils couraient, écœurés, impuissants, traqués dans leurs provinces, suspectés, molestés, gentils-hommes et officiers émigraient en masse [1].

L'Italie, la Savoie, la Suisse, l'Angleterre, recevaient les transfuges, mais c'est à l'Allemagne surtout qu'ils demandaient asile et, de jour en jour, ils arrivaient plus nombreux sur les terres de l'électeur de Trèves, Wenceslas, qui avait accueilli ses neveux, le comte de Provence et le comte d'Artois, « comme Louis XIV les princes malheureux [2] ». Coblentz était, ainsi, devenu le quartier général de la noblesse française rassemblée autour de ses chefs naturels, les frères du roi prisonnier. C'était aussi le centre de la conjuration : « aucun point de ralliement n'étant plus possible en France, celui que les princes présentaient à Coblentz était le seul que l'honneur et le devoir semblaient indiquer [3] ». Du fond de leur campagne, ou désertant leur garnison, les émigrants étaient accourus, prêts à donner leur vie et, pensant que combattre pour le roi c'était encore combattre pour la France, ils venaient prendre avec enthousiasme l'habit bleu, la veste rouge, les culottes jaunes de l'armée qu'organisait à Coblentz le maréchal de Broglie et qui grossissait, de semaine en semaine, en même temps que se constituait un gouvernement qui devait être

1. Cf. E. Daudet, *Histoire de l'émigration* ; Forneron, *Histoire générale des émigrés pendant la Révolution française* ; *Journal de Suleau* ; *Journal de la Cour*, etc...

2. Lettre de madame de Lage à madame d'Amblimont, 3 oct. 1791, citée par la comtesse de Reinach-Foussemagne. *La marquise de Lage de Volude.*

3. *Journal de mon émigration* par un garde du corps de la compagnie du Luxembourg.

le véritable gouvernement de la France. Le comte de Provence s'était déclaré régent ; il avait protesté contre les décrets de l'Assemblée nationale, formé un ministère et, pour obtenir l'appui de l'étranger, envoyé des ambassadeurs aux puissances [1].

Le 27 août, l'empereur Léopold, frère de la reine Marie-Antoinette, et le roi de Prusse, Frédéric-Guillaume II, s'étaient rencontrés avec le comte d'Artois au château de Pillnitz, en Saxe. De cette réunion était sortie une déclaration collective que les émigrés s'efforcèrent de transformer en une manifestation belliqueuse contre la Révolution. Elle provoqua, en France, de si ardentes colères, que Louis XVI désapprouva publiquement l'émigration et supplia ses frères de rentrer. Mais la proclamation royale ne parut pas satisfaisante à l'Assemblée. Le temps était passé où Mirabeau pouvait contester au législateur le droit de sévir contre les émigrés. Aussi bien, leur révolte attisait les soulèvements des paysans dans le Midi et en Vendée. L'Assemblée était résolue à se montrer implacable envers « ces têtes folles et ces talons rouges [2] » de Coblentz et à faire décréter, contre tous ceux qui avaient quitté la France, de sévères lois d'exception.

Les débats s'ouvrirent le 20 octobre. Brissot, le premier, monta à la tribune. Isnard, Gensonné, Vergniaud, lui succédèrent. Le 9 novembre, sur le rapport de Brissot, le projet de Vergniaud était voté:

1. Cf. *Correspondance intime du comte de Vaudreuil*, tome II.
2. *Lettre de Bernis à Flavigny (Le cardinal de Bernis depuis son ministère).*

« Les Français rassemblés au delà des frontières
étaient sommés de rentrer avant le 1ᵉʳ janvier 1792
sous peine de voir leurs biens confisqués et d'être
punis de mort par contumace. »

S'associant à ceux qui l'avaient proposé, Cambon
avait soutenu le projet et s'était efforcé de le faire
aboutir. Il faisait partie de cette bourgeoisie en-
vieuse et remuante qui, luttant contre l'inégalité
plutôt que contre le despotisme, avait conquis le
pouvoir dont elle avait été, jusque-là, écartée. Il
se pouvait rappeler, avec amertume, l'arrogance
des ci-devant fonctionnaires du roi et de la province envers ceux qui n'appartenaient pas à leur
caste. Trois ans auparavant, en dépit de sa fortune
et de sa situation, c'est, comme la petite Philip-
pon [1], à l'office, qu'il eût été traité par un conseiller à la Cour des Aydes ou un trésorier de France.
Encore la noblesse de robe s'était-elle, en partie,
ralliée, au moins en apparence, à la constitution
nouvelle. Mais, parmi les chefs de l'armée des
princes, nombreux étaient les barons de vieille
souche — le duc d'Uzès, le comte de Polignac, Cas-
telnau d'Estrefous, le marquis de Bernis [2] — qui,
possesseurs de fiefs en Languedoc, venaient une
fois l'an à Montpellier, pour la réunion des États.
Ceux-là, qui avaient émigré et se posaient en rebelles, c'est le genou ployé que, naguère, devaient
les saluer humblement les bourgeois et peureuse-
ment faire place à leur carrosse, dans les rues

1. Cf. Madame ROLLAND, *Correspondance*.
2. Cf. *Armorial des États du Languedoc*, par GASTELLIER DE LA-
TOUR, écuyer.

étroites, pour n'être point, comme la mère de Barnave, bousculés par un grand seigneur [1].

Cambon pouvait-il refuser son approbation au décret qui le vengeait des obscures offenses dont lui et les siens avaient été si longtemps mortifiés? Mais ces acrimonieuses réminiscences n'avaient pas seules motivé le vote du député à la Législative. Le peuple détestait les nobles ; les frapper, c'était lui plaire et Cambon, comme le peuple, ne pouvant comprendre que, pour les émigrés, selon le mot de madame de Swetchine [2], « le royalisme c'était le patriotisme simplifié », les considérait comme des traîtres pour qui aucune peine n'était assez sévère. Sans doute eût-il été plus habile d'user de ménagements, « de tendre », non ironiquement, comme avait dit Vergniaud [3], mais franchement, « les bras avec bonté aux émigrés ». Les désillusions, la lassitude, le mal du pays, les allaient pousser à revenir en France. « La mode était déjà de rentrer [4]. » Mais, à dessein, il ne leur fut plus accordé qu'un insuffisant délai. Rentrer tout de suite c'était se déjuger, sembler obéir à la crainte, rentrer après le 1" janvier 1792, c'était la mort. La mort ? Cambon eut-il des scrupules à décréter cette mesure impolitique et, en vérité, abominable ? Qui se flatterait de pouvoir divulguer le secret des consciences, mais n'est-il pas étrange que Cambon ait intérieurement attaché à son vote une importance

1. Cf. Barnave, *Lettres.*
2. Comte de Falloux, *Madame Swetchine, sa vie et ses œuvres,* t. II.
3. Le 26 octobre.
4. Le Coz, *Correspondance,* t. I.

telle que plus d'un an après, lorsque la Convention fut érigée en tribunal, ce vote lui ait servi de prétexte à justifier la sentence de mort qu'il rendit contre le roi [1] ?

Il ne semble pas toutefois, s'il est tant qu'il ne se soit pas décidé d'un cœur léger, que Cambon ait connu le remords. Aussitôt qu'il se passionnait, il se croyait convaincu et se laissait entraîner par sa conviction. Nulle considération ne l'arrêtait, rien ni personne ne le faisait fléchir, lorsqu'il lui paraissait nécessaire de se défendre contre « les suppôts de la tyrannie ». Il s'efforçait à ne pas s'attendrir, et, quand il s'était prononcé, il demeurait inexorable. Ainsi, le 29 décembre, comme Louis XVI hésitait à sanctionner les décrets contre les émigrés, Cambon revint à la charge, pressant l'Assemblée de « rompre la chaîne qui unit les rebelles du dedans et du dehors ».

A vrai dire, la noblesse, en quittant la France, avait abandonné la partie et perdu le peu d'influence qui lui restait dans le pays. Les régiments avaient oublié les chefs dont ils avaient, naguère, porté le nom. Aux portails des châteaux déserts, aux clefs de voûte des hôtels abandonnés, on martelait les armoiries des anciens propriétaires. Les terres se morcelaient. La noblesse s'était immolée elle-même en émigrant et Cambon s'en réjouissait qui, avec les députés de gauche, avait tout fait pour pousser secrètement hors de France

---

1. « Avec vous, j'ai été obligé de prononcer la peine de mort contre les émigrés... je vote pour la mort. »

ceux dont publiquement il avait condamné le
départ [1].

Ainsi les nobles ne lui semblaient plus redoutables que par leur alliance avec l'étranger, et s'il
fut, un peu à cause de cela, partisan de la guerre,
il ne chercha plus, dans le délit d'émigration,
qu'un moyen efficace de procurer à l'État des économies ou des ressources nouvelles [2].

Or, si les circonstances avaient émoussé le res-
sentiment qu'il pouvait avoir contre les nobles,
elles avaient envenimé la haine qu'il avait vouée
aux prêtres. Chassés de leurs presbytères et des
églises, dépouillés de leurs biens, les non-jureurs
avaient trouvé un appui parmi les fidèles. Une révolte sourde se fomentait dans le pays contre l'Assemblée qui, pour protéger une absurde église
d'État, attentait tous les jours, au nom de la liberté politique, à la liberté sacrée des consciences.
Les montagnes du Midi, l'Hérault, l'Ardèche, s'a-
gitaient. La rébellion gagnait le pays tout entier.
L'évêque constitutionnel de la Lozère, Nogaret,
était hué, insulté, et son collègue du Haut-Rhin,
Arbogast, écrivait : « Je ne puis plus tenir. »
Dans les dévotes provinces de l'Ouest, la sédition
était près d'éclater.

Fanatique à rebours, exécrant la religion de tout
l'amour qu'il portait à ce qu'il croyait le progrès
et la raison, Cambon, honnête homme par tant de

---

1. Ne disait-on pas à gauche : « Tant mieux, la France se
purge ! »

2. Le 8 février 1792, Cambon fit décréter la mise sous séquestre
des biens des émigrés. Le 16 mai, il obtenait la suppression des
traitements servis aux officiers émigrés, etc...

côtés, fut le premier qui, du haut de la tribune, demanda d'impitoyables sanctions contre les prêtres. On sait la part qu'il avait prise aux troubles de l'Hérault pendant l'été de 1791. C'est encore d'une rixe à Montpellier qu'il s'agissait. Le dimanche 9 octobre, à la chapelle Saint-Luc, un prêtre non assermenté avait célébré la messe devant une vingtaine d'hommes et deux cents femmes. Avertis de cette réunion clandestine, deux jeunes patriotes étaient entrés dans l'église en criant au scandale : « On se heurte, on se bat. Le maire arrive. Quelques coups sont portés. Les deux partis se rangent en bataille. Les sabres sont levés. César Cambon, le plus jeune frère du député, est blessé. » Et Cambon, du haut de la tribune, réclame des représailles : « Il faut que cela cesse, dit-il, et qu'une loi soit faite contre les prêtres réfractaires [1]. »

Un débat s'ensuivit, au cours duquel Fauchet, prêtre assermenté, prédicateur célèbre, traita les non jureurs de « la plus dangereuse des factions. » En vain, Gensonné [2] parlait de tolérance et François de Neufchâteau proposait-il que le serment imposé aux prêtres fût aboli et remplacé par un simple serment civique, Cambon s'opposait à cette mesure de sagesse et applaudissait Isnard qui, dans un élan de véhémente éloquence, s'écriait :

« Il n'y a qu'une loi efficace contre les réfractaires. C'est l'exil hors du royaume ! Il faut ren-

---

1. Cf. *Moniteur*, t. X ; *Journal hebdomadaire de l'Hérault*, n° 3.
2. *Discours sur les mesures à prendre à l'égard des prêtres non assermentés*, 3 nov. 1791.

voyer ces pestiférés dans les lazarets d'Italie et de Rome ! » et, dans une envolée lyrique, avec une véritable fureur dans le geste et dans le regard comme dans le verbe, Isnard ajoutait : « La loi, c'est mon Dieu ! Le bien public, voilà mon culte ! Qu'est-il besoin de preuves contre les prêtres ? Pas de preuves ! pas de preuves ! S'il y a plainte contre l'un d'eux, qu'il soit à l'instant chassé ! »

« Pas de preuves ! » Il semble qu'on soit déjà à une séance du Tribunal révolutionnaire et qu'on entende le classique : « Tu n'as pas la parole » de Dumas, ou le traditionnel : « Assez causé », de Coffinhal. « Pas de preuves ! » C'est sans preuves, qu'allaient, deux ans après, être envoyés à la guillotine tous les amis d'Isnard ; et lui-même, qui parvint à se sauver en prenant la fuite, de quel remords ne fut-il pas oppressé lorsque, à la fin de sa vie, il revint, converti et repentant, à la religion qu'il avait si violemment outragée ?

Joseph Cambon était un ami de Maximilien Isnard, du même âge que lui, méridional comme lui, et, ainsi que lui, à la tête d'une industrie prospère [1]. Patriotes l'un et l'autre, ils s'étaient ligués pour détruire l'église en la remplaçant. Mais Isnard était fougueux en paroles plus qu'en actions. Brun, très grand, avec un tempérament sanguin et des yeux de flamme, il exerçait, sur tous ceux qui l'approchaient ou qui pouvaient l'entendre, une grande séduction. Il se grisait de mots, se

---

1. ISNARD, né à Grasse en 1755, faisait, dans cette ville, le commerce en gros de la parfumerie.

laissait entraîner par ses dons magnifiques d'improvisation, mais, quand il n'était plus dominé par sa propre éloquence, il revenait facilement de ses opinions comme de ses emportements. Cambon, de stature moyenne et massive avec de grands yeux dans un ample visage aquilin [1], « était peu propre pour la tribune [2] », ce qui ne l'empêchait pas de l'occuper souvent, « d'y porter, dans ses raisonnements et dans ses calculs, la même impétuosité, la même fureur que dans les disputes [3] ». Mais ses excès de langage étaient calculés, sa parole ne dépassait pas sa pensée. Il était, dans ses opinions, « inflexible comme un chiffre » ; excellent frère, le meilleur des fils, homme privé d'une qualité rare, il devenait d'une « exagération invraisemblable », lorsqu'il s'agissait des points dont il s'était fait un dogme. L'idée religieuse fut celle qu'il a le plus passionnément et le plus continuellement exécrée. C'est de lui, non d'Isnard, idéaliste jusqu'à la chimère, non même de Robespierre ou de Saint-Just, spiritualistes disciples de Rousseau, que se pourraient réclamer aujourd'hui les partis d'extrême gauche. N'est-il pas singulier que le premier bien ecclésiastique vendu dans le département de l'Hérault ait été l'antique couvent d'Arboras [4], voisin de Montpeyroux, d'où les Cambon étaient originaires, et appartenant à la congréga-

1. Cf. *Ses portraits*, l'un par Favorin, gravé par Vérité, l'autre par Bonneville. Bibl. nat. Cabinet des Estampes.
2. *Journal hebdomadaire de l'Hérault.*
3. *J.-P. Brissot à ses commettants.*
4. Le 13 novembre 1790. Cf. Duval Jouve, *op. cit.* et *Arch. nat.* Q2 61.

tion de Sainte-Marie, où les sœurs de Cambon avaient été élevées [1] ? Quelque temps après, c'est le Terral, vaste propriété rurale dépendant de l'évêché, qui, mise aux enchères, le 2 janvier 1791, était, suivant acte tenu par le Directoire du district de Montpellier, adjugée pour la somme de 131.000 livres au citoyen Pierre Cambon [2]. Mais Pierre Cambon, s'il s'était mis en avant, n'était pas l'unique acheteur qui, le 21 mai suivant, dans un acte reçu par devant Maître Baude, notaire à Montpellier, déclarait avoir agi pour son compte, mais aussi pour celui de ses trois frères, Joseph, Jean et Auguste, chacun d'eux étant, en fait, comme lui, propriétaire pour un quart de l'important domaine [3].

L'acquisition heureuse de Pierre Cambon sauva sa famille d'une inévitable ruine. Les affaires de la filature furent prospères jusqu'en 1791. Le dernier inventaire, établi le 1ᵉʳ avril de cette année-là, fait ressortir un bénéfice de 15.000 francs pour chacun des quatre associés. Mais, à partir de 1792, de 1793 surtout, la situation devint très mauvaise. Les établissements de Cholet avaient été « détruits par les brigands », ceux de Bordeaux étaient anéantis ; la loi sur le maximum avait fait baisser de plus de moitié la valeur des marchandises en magasin ; 800.000 mille francs de créances aux colonies pouvaient être considérées comme per-

1. *Archives* de M. le capitaine de vaisseau Camille Cambon.
2. *Arch. nat.*, Q2 61.
3. *Papiers* de Cambon. (*Arch.* de M. le capitaine de vaisseau Camille Cambon).

dues. En 1794, faute de commandes, les ateliers furent fermés, les ouvriers, congédiés et la liquidation amiable de la société commerciale allait être si onéreuse aux quatre frères qu'ils auraient été obligés de suspendre leurs payements, s'ils n'avaient été propriétaires du Terral, conservé dans l'indivision et dont l'exploitation donnait d'importants bénéfices [1].

Usant des facilités que leur accordait la loi du 14 mai 1790, aussi bien que des prorogations accordées par les lois ultérieures, les frères Cambon, qui avaient seulement versé 48.000 francs à titre d'acompte, purent se libérer en douze ans de ce qu'ils devaient à l'État et, comme les assignats subissaient une dépréciation progressive, c'est à peine à 70.000 francs en numéraire que leur revint une propriété dont « ils retiraient plus qu'ils n'avaient présumé » et qu'ils estimaient euxmêmes à 240.000 livres [2].

Ainsi les principes de Cambon fils aîné s'accordaient avec ses intérêts, non que cet homme, menant la vie la plus simple, fût attaché à l'argent, mais parce qu'ayant à juste titre « l'orgueil de porter un nom sans tache », il put, grâce à l'achat du Terral, liquider la maison de commerce sans faire éprouver la moindre perte à ses créanciers [3].

---

1. Cf. *Compte que le citoyen Cambon fils aîné rend de l'état de sa fortune.* (Bib. de Montpellier. *Mss.* 11-921) ; et *Papiers relatifs à la succession de Pierre Cambon.* (*Archives* de M. le capitaine de vaisseau Camille Cambon.)

2. Cf.   D°.

3. Cf. *Dispositions du testament de M. Cambon* transcrites sur les registres de M⁰ Barat, notaire à Paris, en date du 10 janvier 1816. (*Archives* de M. le capitaine de vaisseau Camille Cambon) et

Jamais, à aucune époque de sa vie, Cambon ne cessa la lutte contre les prêtres, qu'il appelait « des perturbateurs de l'ordre public [1] ». Il y mit un parti pris, un aveuglement, qu'égala seule sa ténacité. Parmi les soucis du pouvoir, les embarras des finances publiques, au gouvernement comme dans la retraite, dans la bonne et la mauvaise fortune, partout et toujours, il porta ses idées de sectaire. Il n'y avait aucune vexation, aucun préjudice que, profitant des situations qu'il occupait, il n'essayât de faire subir aux prêtres réfractaires d'abord, ensuite à tous les prêtres.

Dès 1791, il avait écrit aux officiers municipaux de Montpellier : « Il est à désirer que le royaume oubliât jusqu'au mot ecclésiastique [2] ». Il multiplia ses efforts pour réaliser ce souhait. Après avoir voté, le 19 juillet 1792, la mise en vente des palais épiscopaux, le 27 juillet, la confiscation des couvents et maisons religieuses, il faisait décréter, le 29, que, comme les autres citoyens, les membres du clergé seraient soumis au service de la garde nationale. Puis, applaudi par les clubs populaires, non content d'avoir enrégimenté les ministres du culte, il voulut leur faciliter les moyens de devenir des époux et des pères. Depuis que la Constituante l'avait permis, quelques mauvais prêtres, des religieux et des religieuses, quittant la soutane, la casaque ou la guimpe, pour « la

Lettre de Cambon à Pons (de l'Hérault), 15 février 1807. (Même dossier.)

1. 19 octobre 1791.

2. *Lettre* de Cambon, 15 oct. 1791. *Lettres de Cambon et autres,* *op. cit.*

livrée du siècle », s'étaient mariés[1]. Mais, comme ils devaient, en se mariant, abandonner le sacerdoce, ils n'émargeaient plus aux caisses de l'État. Cambon, pour faciliter ces publiques apostasies, leva les difficultés pécuniaires qui en résultaient en proposant et faisant voter par la Législative que les pensions ecclésiastiques seraient servies même si les ayants droit se mariaient[2].

Ce n'était là, en vérité, que moyen assez bas de pousser à quitter les ordres quelques égarés dont le dérèglement inspirait le mépris. Au contraire, par leur conduite irréprochable, leur fidélité persévérante, leur résistance à l'oppression, les non-jureurs conservaient dans le pays une influence redoutable. Il fallait, à tout prix, la combattre. C'est pourquoi, Cambon, le 23 août 1792, aux applaudissements des tribunes, demanda à l'Assemblée que fussent, sans délai, conduits hors de France, les réfractaires.

Accusé de barbarie par Lasource qui plaida la cause des prêtres âgés et infirmes, contredit par Fauchet qui essaya, en montrant que la déportation serait onéreuse au Trésor, de sauver de la persécution ceux qu'il avait attaqués naguère, Cambon répondit d'un ton péremptoire : « Aucune dépense n'a jamais été assez chère pour acheter la liberté ! » Il ajouta que les prêtres étaient des « oisifs dangereux », qu'il fallait les envoyer en Guyane, « un pays qui a besoin de

---

1. Cf. *Les Annales patriotiques*, la *Feuille du jour*, la *Chronique de Paris* et Mercier, *Nouveau Paris*, tome VI.
2. 7 août 1792.

bras ». Enfin, dans un sarcasme, il s'écria, pensant clore un début si grave par une facétie misérable : « Qu'on leur donne des vivres, aux prêtres, des femmes, s'il le faut, mais qu'on s'en débarrasse [1] ! »

La motion de Cambon fut, en partie, amendée [2], mais il ne se lassa point. Il fit voter par les députés de la Législative, avant la séparation de cette assemblée, diverses lois qui ordonnaient la conversion en lingots des objets précieux se trouvant dans les églises [3] et, quelques jours après, un décret attribuant à l'État les immeubles de l'ordre de Malte [4]. Continuant à la Convention, où il avait été élu, son offensive anti-religieuse, il obtint, dans l'une des premières séances, que le maximum des pensions aux ecclésiastiques non employés serait seulement de mille livres par an : « Il faut, dit-il, être rigoureux envers les sangsues contre-révolutionnaires [5]. »

Il y avait longtemps que, spécialisé dans les questions financières, il s'était proposé de faire supprimer le budget des cultes. C'était un moyen commode de procurer des économies au Trésor et un habile détour, après avoir déporté les prêtres réfractaires, pour détruire ce qui restait de religion en atteignant le clergé constitutionnel. Déjà, au cours de la Législative, Cambon avait appuyé la motion d'un député, curé assermenté de Saint-

---

1. *Moniteur*, tome XIII.
2. Décret du 26 août 1792.
3. Lois des 3, 4, 9 et 10 septembre 1792.
4. Décret du 17 septembre 1792.
5. 27 septembre 1792. (*Moniteur*, tome XIV.)

Laurent, à Paris, qui avait, par esprit de surenchère, réclamé la séparation de l'Église et de l'État [1]. Il n'avait pas été donné suite à cette demande, mais Cambon profita, pour la renouveler, aussitôt que la Convention fut réunie, de la première occasion qui se présenta.

C'était à la séance du 13 novembre 1792. Il s'agissait de donner à la caisse de l'Extraordinaire l'autorisation de verser à la Trésorerie les 116 millions nécessaires à combler le déficit d'octobre. Cette autorisation fut accordée, mais Jacob Dupont, avec sa sagacité coutumière, se plaignit de l'imprudente politique financière que la Convention voulait suivre à l'exemple des deux assemblées qui l'avaient précédée. L'autorité de Cambon était telle que déjà il n'admettait plus les critiques en matière de finances. Il répondit que les inquiétudes de son collègue n'étaient pas justifiées, que ses alarmes étaient vaines, que la situation était bien meilleure qu'on ne pouvait supposer. Puis, arrêtant les applaudissements que soulevaient, dans l'Assemblée crédule, ses réconfortantes affirmations, il ajouta qu'au surplus on pouvait décharger l'État de cent millions de dépenses annuelles, qu'il suffisait pour cela que les adeptes de chaque culte payassent leurs prêtres : cette économie permettrait de supprimer l'impôt mobilier, ainsi que celui des patentes, et allégerait de plus de quarante millions par an le poids de la contribution foncière.

1. Mai 1792.

Abolir des impôts, en diminuer d'autres, rien ne pouvait être plus agréable aux députés de la Convention, mais renier les engagements de la Constituante, ne plus servir le traitement promis aux prêtres qui, en se soumettant à la Constitution civile, avaient donné des gages de leur patriotisme, c'était une question trop importante pour ne pas la soumettre à la société des Jacobins, où s'exerçait par la parole le plus grand des pouvoirs de l'État. Bazire, le premier, dans la séance du club tenue le 16 novembre, repoussa le projet de Cambon : « Le peuple aime encore la religion, dit-il, il ne faut pas mécontenter le peuple... Chez un peuple superstitieux, une loi contre la superstition est un crime d'État... Quant aux patentes, c'est une manœuvre brissotine. »

Le lendemain, un ami de Danton, Courtois, qui devait, pourtant, dans l'Indre et le Cher, où il fut envoyé en mission, faire fermer les églises, dit que la loi n'était pas juste, qu'il ne fallait pas alarmer les consciences, que Cambon n'avait vu que des chiffres. A Chabot, l'ex-capucin qui outrageait la religion et glorifiait celui qui la voulait détruire, un membre de la société, Le Roy (d'Alençon), répondit : « Ce n'est pas la première fois qu'un observateur philosophe a vu dans Cambon des vues étroites en matière de finances, une parcimonie ridicule substituée à une économie vraiment politique. Son projet est le fruit des méditations d'un économiste de boutique... il est injuste, barbare, impolitique, inhumain. »

Ces critiques ne portaient pas. Quelques jours

auparavant, de la tribune même où Le Roy (d'Alençon) l'attaquait sans écho, Cambon avait été désigné par Boisset comme le « seul homme capable de diriger les finances de la République [1] ». Aussi, sur la demande de Manuel qui proposa de la mettre aux voix, la suppression du budget des cultes allait être votée [2], quand Robespierre, déjà tout-puissant aux Jacobins, demanda la parole. Après avoir fait une profession de foi spiritualiste, il dit : « Le peuple n'est pas disposé à regarder la religion comme une institution indifférente ou soumise aux calculs de la politique ; le dogme de la divinité est gravé dans les esprits et ce dogme, le peuple le lie au culte qu'il a professé jusqu'ici, et à ce culte, il lie, au moins en partie, le système de ses idées morales. Attaquer directement ce culte, c'est attenter à la moralité du peuple [3] ! »

Cambon était battu. La société des Jacobins se rallia à l'opinion de Robespierre et la Convention non seulement ne donna pas suite au projet qui lui avait été présenté, mais encore elle décréta, le 30 novembre, qu'elle n'avait « jamais eu l'intention de priver les populations des ministres que la Constitution civile du clergé leur avait donnés ». Plus encore, quelques jours après, un membre de la Plaine, Durand-Maillane, pouvait faire applaudir ces paroles : « La proposition de Cambon était immorale et incendiaire ; ni après dix-huit siècles, ni dans aucun temps, on ne parviendra à détruire

1. 27 octobre.
2. 18 novembre.
3. Cf. AULARD, *Recueil.*

en France les autels d'une religion qui n'est pas
fondée, comme on a osé dire, sur l'erreur, mais
qui est la vérité par excellence [1]. » Cambon rongea
son frein, gardant au cœur contre Robespierre
une rancune qui n'était pas près de s'éteindre et,
ne renonçant à la lutte qu'en apparence, il attendit un moment plus favorable pour agir.

1. *Procès-verbaux du Comité de l'Instruction publique de la
Convention nationale*, tome I.

CHAPITRE III

Si, en 1789, « Sa Majesté s'était déterminée à rassembler autour de sa demeure les États généraux du royaume [1] », c'était, surtout, pour trouver un remède à la crise financière qu'après Calonne et Brienne, Necker lui-même n'était pas parvenu à conjurer. « On avait osé, pour la première fois, dire publiquement en France que, si le gouvernement ne pouvait se passer de secours, il ne pouvait se passer non plus de ceux qui les donnent [2] » et les représentants des trois ordres de la nation étaient arrivés à Versailles avec le mandat de rétablir les finances et de remplacer, par des impositions moins arbitraires, celles que les unanimes doléances du Tiers venaient de condamner [3].

1. *Règlement* du 24 janvier, 1789.
2. RIVAROL, *Journal politique national* n° 1.
3. Cf. BRETTE, *Recueil de documents relatifs à la Convocation des États généraux.*

L'Assemblée constituante s'était empressée de réaliser la seconde partie de ce programme en supprimant la plupart des impôts existants. Elle avait ainsi « cueilli une ample moisson de roses ». Mais, comme elle avait altéré ou détruit les ressources anciennes sans essayer d'établir l'équilibre entre les recettes et les dépenses, « c'est une ample moisson d'épines qu'elle laissait à ses successeurs [1] ».

« On ne jette pas brusquement un empire au moule [2] » et, à vouloir, par système, tout refaire et changer, on risque l'effondrement. Ce n'est point que les impôts abolis ne fussent compliqués, mal répartis et souvent vexatoires. « L'Ancien régime, a écrit M. de la Gorce, est tellement enchevêtré de bien et de mal que la description n'est vraie que si chaque trait s'atténue en même temps qu'il se grave. » Il en est particulièrement ainsi d'un système fiscal qui comportait des faveurs, des privilèges, des exemptions, des rachats, toutes sortes d'inégalités datant de plusieurs siècles. Mais ce système avait l'avantage d'avoir fait ses preuves et d'être régulièrement productif. Il n'était pas utile de tout bouleverser pour le rendre supportable. D'heureuses retouches auraient suffi [3].

Les impositions directes étaient, à l'époque où

1. Jacob Dupont à l'Assemblée législative, 31 décembre 1791 (*Moniteur*, t. XI).

2. Rivarol, *Anecdotes et bons mots*.

3. Cf. Caillery, *Histoire des institutions financières de l'ancienne France* ; La Rochefoucauld-Liancourt, *Les Finances* ; *Mémoire sur les finances du royaume*, présenté par Montesquiou le 9 septembre 1791 à l'Assemblée.

les États généraux se réunirent, la taille [1], les vingtièmes [2] et la capitation [3]. La partie principale de la taille, la taille réelle, s'adressait à la propriété foncière. Elle ne pesait que sur les biens roturiers et tous les nobles étaient exempts de la taille personnelle, établie sur la fortune présumée du contribuable. Par l'impôt des vingtièmes, chaque citoyen devait le vingtième de son revenu. La capitation, dont le clergé s'était racheté une fois pour toutes, rangeait les sujets du roi en différentes catégories et taxait chaque catégorie à une somme déterminée d'impôt. Si ces deux contributions, l'une sur le revenu, l'autre sur la situation personnelle, avaient été bien appliquées, elles auraient été d'un grand rapport pour le Trésor, mais d'une charge écrasante pour le pays. Dans la pratique, l'élément foncier était à peu près seul imposé ; les biens-fonds acquittaient quatre-vingt-un millions de francs sur les quatre-vingt-onze millions d'impôts directs [4].

Les contributions indirectes étaient fort nombreuses, complexes, différentes suivant les provinces et, à cette époque, elles paraissaient d'autant plus vexatoires qu'elles étaient méticuleusement levées par la Ferme générale qui, pour les percevoir, était arrivée à « la perfection fiscale [5] ». Il y avait les aides qui frappaient l'huile, les cuirs, l'or, l'argent, le papier, l'amidon ; le vin

---

1. Rendue permanente depuis Charles VII.
2. Établis en 1748 et 1756.
3. Instituée le 18 janvier 1695.
4. Cf. Necker, *L'Administration des finances*.
5. Stourm, *Les finances de l'ancien régime et de la Révolution*.

était taxé au moment de la vente chez le producteur, taxé sur les routes et chez le débitant. Il y avait les gabelles, impôt forcé et si lourd que le sel coûtait dix fois sa valeur. Les seuls roturiers, par les corvées des chemins, entretenaient les routes [1]. L'État avait la régie des poudres, le monopole des tabacs, les douanes et touchait des droits d'enregistrement, de timbre, de contrôle, d'immatriculation, de centimes deniers [2].

Imbus des principes de Quesnay et des encyclopédistes, les constituants abolirent, en bloc, à peu près tous les impôts indirects et suspendirent, sans aucun texte de loi, les droits de marque sur les matières d'or et d'argent. Seuls, survécurent à l'Ancien régime, l'enregistrement, les douanes et le timbre, qui ne payèrent pas les frais de perception.

La taille et les vingtièmes furent remplacés par « une contribution répartie par égalité proportionnelle sur toutes les propriétés foncières à raison du revenu net [3] » et, à la capitation, devait succéder une taxe sur le montant du loyer [4]. De plus, au moment où maîtrises, jurandes et corporations furent supprimées, on créa l'impôt progressif des

1. Les corvées très impopulaires (Cf. *Nouvelles éphémérides du citoyen* 1773) avaient été remplacées, par Turgot, par une contribution en espèces. Clugny, qui succéda à Turgot, restaura les corvées en nature. Supprimées par les notables en 1787, elles n'existaient plus qu'en Bretagne à la veille de la Révolution.

2. En 1789, les recettes étaient de 475 et les dépenses de 531 millions de livres. La différence, comme on voit, était peu importante. Cf. *Discours de Necker aux États généraux, le 5 mai 1789.*)

3. Loi du 1er décembre 1790,

4. 13 janvier 1791,

patentes sur les industriels et les commerçants.

Ces contributions, en dépit de leur nouveauté, auraient peut-être donné des résultats si elles avaient été normalement levées. Malheureusement, la Constituante, acquiesçant à la proposition de Roederer, qui avait demandé de « placer les finances hors des atteintes du pouvoir exécutif[1] », avait renvoyé les trente-cinq mille officiers de l'ancienne administration, supprimé la Ferme générale[2] et décidé de confier la confection des matrices des rôles aux administrations locales. « La désorganisation du royaume ne pouvait être mieux combinée[3]. » C'était donner aux municipalités une mission qu'elles se garderaient de remplir pour ne pas mécontenter leurs électeurs. Lorsque le ministre écrivait aux départements au sujet des impositions, il n'en recevait pas de réponse[4]. Les troubles populaires avaient suspendu la rentrée des impôts. « Aux yeux du peuple, les créances sont abolies ou, du moins, il s'en donne quittance... Pour lui, c'est en cela que consiste la Révolution. Il n'a plus de créanciers, il n'en paiera plus aucun et d'abord il ne payera pas l'État[5] », et, comme l'État est « sans agents, sans organe », que son influence est nulle sur les administrations

1. Roederer à l'Assemblée, le 20 décembre 1790.
2. Décret du 22 mars 1791.
3. MIRABEAU, *Correspondance* avec le comte de La Marck.
4. Cf. Dandré à l'Assemblée, 18 sept. 1791.
5. TAINE, *Les origines de la France contemporaine.* Cf. *Compte-rendu au Directoire exécutif,* par Ramel, ministre des Finances, (fructidor an VII) ; *Rapport* de Gaudin, ministre des Finances, 1ᵉʳ germinal, an X ; Gaudin, duc de Gaëte, *Mémoires ;* et les divers rapports de Cambon à la Législative et à la Convention.

électives des villes et qu'il ne possède aucun moyen
de contrainte envers les contribuables, Mirabeau
pourra jeter avec raison à l'Assemblée insouciante
la phrase célèbre : « Vous délibérez et la banqueroute est à vos portes ! »

En vérité, « avec les meilleures intentions du
monde, la Constituante avait, de fait, prononcé la
ruine des finances [1] ». A l'époque où s'étaient ouverts les États généraux, la situation n'était pas si
mauvaise que, systématiquement, elle a été pré-
sentée. Les dettes de Louis XIV avaient été éteintes
par le système de remboursement de Law, celles
de Louis XV par le papier de circulation imaginé
par Terray. Le déficit provenait de la guerre en
Amérique. Il s'élevait, en mai 1789, en comprenant les remboursements annuels à effectuer sur
la dette, à cent soixante-deux millions de livres.
Ce passif n'est pas, certes, pour faire honneur à
l'administration de l'Ancien régime, mais, comme
« la France n'avait jamais été si riche [2] » et que « sa
prospérité s'accroissait tous les jours [3] », au moyen
d'impôts bien répartis et régulièrement perçus,
c'était « un jeu d'enfant » — l'expression est de
Necker [4] — d'établir l'équilibre du budget.

Mais il n'y avait plus de droits indirects, ni de

1. Gaudin, *op. cit.*
2. Clavière, *De la foi publique envers les créanciers de l'État*,
1787.
3. Dupont de Nemours, *Mémoire sur la vie, l'administration et
les ouvrages de Turgot.*
4. *Rapport à l'Assemblée nationale*, 11 sept. 1790. Cf. en
outre : *Sur l'administration de Necker par lui-même ;* E. Burke,
Réflexions sur la Révolution française ; Montesquiou, *Mémoire
sur les finances du royaume ;* Lavoisier, *État des finances,* etc...

gabelles ; les vieilles redevances étaient supprimées. A ce vide irréparable, se venaient joindre
l'émigration, l'exode des fortunes et surtout l'a-
moindrissement considérable ou plutôt la dispa-
rition à peu près totale des recettes. « Les revenus
de l'État en étaient anéantis [1] ». « La pénurie du
Trésor était incalculable [2]. »

Necker s'était épuisé en expédients pour combler
l'abîme grandissant du déficit. Il avait tenté un
emprunt de trente, puis un autre de quatre-vingts
millions qui ne réussirent point. La situation devenait, chaque jour, plus critique. La dette publique, qui s'était augmentée des 1.360 millions
imposés par le remboursement des anciennes
charges supprimées, s'élevait maintenant à quatre
milliards. Necker était découragé. Il s'aventura
dans une combinaison de contribution patriotique, montant du quart du revenu. Cette taxe trop
forte et établie sur des déclarations volontaires
aurait pu donner 500 millions, elle n'en donna
pas 40. Personne n'avait confiance et « chacun
s'habitua à ne plus payer d'impôt [3] ». Il y eut bien
les dons patriotiques qui devinrent une sorte
d'émulation dans le pays entier, « une épidémie
d'offrandes sur l'autel de la banqueroute [4] ». « Mais
toutes les boucles, couverts, huiliers, cuillers à
café, pinces à sucre... ne formaient pas la sep-

---

1. Mirabeau à l'Assemblée, 26 sept. 1789.
2. Montesquiou, au comité des Finances, 26 sept. 1789.
3. Bernard Lagrave aux Cinq-Cents, 11 pluviôse an IV (31 janvier 1796).
4. E. et J. DE GONCOURT, *Histoire de la Société française pendant
la Révolution*.

tième partie des contributions qu'on se dispensait d'acquitter [1]. »

Rien ne réussissait. Tout effort était inutile. Si l'on ne rétablissait l'ordre dans le pays bouleversé par la rebellion et la licence, si la répression demeurait impossible et le pouvoir impuissant, en un mot, si l'on n'arrêtait la marche inflexible de la Révolution, il fallait un miracle pour que la France fût sauvée.

Le 8 août 1789, le marquis de Lacoste, soutenu par le chevalier de Lameth, avait dit à l'Assemblée : « Les biens ecclésiastiques appartiennent à la nation, il est temps de les revendiquer. » Ces paroles passèrent à peu près inaperçues ; mais la magique semence qu'elles portaient en elles n'allait pas tarder à lever. « Le grand mot de la politique financière de la Révolution était prononcé [2]. »

La fortune de l'Église était considérable ; elle avait tenté naguère nombre d'hommes d'État aux abois. Ils avaient reculé toujours devant l'iniquité d'une spoliation. Semblables scrupules n'étaient pas pour arrêter Talleyrand qui, dans une fin de séance, en octobre 1790, proposa le premier la sécularisation des biens appartenant à l'ordre qu'il représentait. Combattue par Sieyès et par l'abbé Maury, soutenue par Mirabeau qui la prit à sa charge, la proposition de l'évêque d'Autun fut votée après une discussion passionnée : « Tous les biens ecclésiastiques étaient mis ainsi à la disposi-

---

1. *L'Ami des Lois*, 18 nivôse, an VI (7 janvier 1798), cité par Stourm, *op. cit.*

2. STOURM, *op. cit.*

tion de la nation ». Quelque temps après, l'Assemblée ordonnait l'aliénation de ces biens pour une valeur de 400 millions, instituait une caisse de l'Extraordinaire chargée de recueillir le produit des adjudications et des ventes auxquelles il allait être procédé et, pour alimenter le Trésor vide sans attendre le résultat d'une réalisation qui pouvait traîner en longueur, elle décrétait : « Il sera créé, sur la caisse de l'Extraordinaire, des assignats portant intérêt de 5 pour 100 jusqu'à concurrence des biens à vendre, lesquels assignats seront admis de préférence pour l'achat des dits biens [1]. »

Du coup, la crise financière allait être conjurée comme par enchantement, le problème, résolu avec une aisance qui tient du prodige. « Nous manquons d'argent [2] », avait dit Montesquiou à l'Assemblée désemparée et voilà que s'offrait à elle, par la mobilisation heureuse d'un immense capital foncier, une souce intarissable de richesses. Il semble que les constituants aient retrouvé la baguette des fées ou, sous une nouvelle forme, le secret perdu du Grand Œuvre. A leurs yeux éblouis, coule un Pactole jusqu'alors ignoré. Il suffira d'y puiser pour faire face à toutes les dépenses. L'impôt peut rester stérile et le crédit s'affaisser, le miraculeux papier suffira à tout et ses bienfaits seront sans limite. « Il n'est plus nécessaire de calculer [3] », d'établir un bilan, de cher-

1. 19 déc. 1789.
2 24 sept. 1790.
3. Cambon à la Convention nationale, novembre 1793.

cher des ressources. Les recettes deviennent superflues, les économies, inutiles, les impositions, sans objet.

En vain, des esprits timorés s'effarent. L'abbé Maury appelle les assignats « cette bête féroce qui va nous dévorer [1] » et Lebrun prédit la banqueroute finale [2]. Personne n'écoute ces augures sinistres. L'allégresse est générale. A quoi bon discuter et, aussi bien, avec quoi veut-on que se payent les dettes ? « C'est le seul parti à prendre, le seul, oui, le seul qui soit prompt, facile, qui remplace tout et que rien ne remplace », s'écriait Mirabeau aux applaudissements d'une Chambre enthousiaste [3] ; et Hébert, résumant l'opinion de tous, écrivait dans le *Père Duchesne* [4] : « Nous étions f... et ref... sans les assignats. Ils ont paru et la France est sauvée. »

Aussi bien, ne pouvait-on trouver papier-monnaie mieux assuré et plus anodin. Le gage affecté était considérable et l'émission, réduite. C'est ainsi qu'on procède lorsqu'on crée une valeur nouvelle et celle-ci, dans les débuts, prima le numéraire. Mais l'engouement s'attiédissant, à cause des attaques que le clergé frustré n'avait garde de ménager, il fallut décréter, le 17 avril 1790, que les assignats, si, naturellement, ils ne devaient plus porter intérêt, « auraient cours de monnaie dans toute l'étendue du royaume et seraient reçus

1. 28 août 1790.
2. 28 sept. 1790.
3. 27 août 1790.
4. N° 5.

comme espèces sonnantes ». C'était le cours légal
et le cours forcé. Puis, comme il n'existait que de
grosses coupures rendant aux petites gens les
transactions difficiles, aux quarante millions d'assignats de 50 livres qui avaient été émis en janvier 1791, s'ajoutèrent, en mai[1], cent millions
d'assignats de 5 livres. Désormais, tout le monde
pouvait participer à cette faculté de papier-monnaie et se passer, comme l'État, de numéraire.

La caisse de l'Extraordinaire suffisait d'autant
mieux aux dépenses publiques que, vidée bien des
fois, elle avait été remplie à plusieurs reprises par
de nouvelles émissions[2], de sorte que, lorsque se
réunit l'Assemblée législative, il y avait déjà
1.800 millions d'assignats émis ; 1.293 millions
étaient en circulation. C'est donc avec raison que
Cambon a pu dire : « Le système des assignats
n'est pas de nous, il est de l'Assemblée constituante[3]. » Mais il s'est gardé d'ajouter que la
Constituante avait eu la prudence de limiter le
montant des émissions à la valeur du gage qui
leur était affecté. Ainsi avait-elle usé, avec une
mesure dont on ne lui a pas su gré, de l'avanta-
geux expédient qui résolvait temporairement les
difficultés financières et « assurait la Révolution[4] ».

C'est là seulement ce qui importait aux hommes

---

1. Décret du 6 mai 1791.

2. 400 millions en juillet 1790, 400 millions en octobre 1790,
600 millions en juin 1791.

3. *Discours* de Cambon à la Convention, 18 brumaire an III
(8 novembre 1794).

4. PÉTION.

de 1789. Certes, l'assignat fut le fruit d'une injuste spoliation. Sans ce levier commode, l'œuvre de désorganisation n'aurait pu s'accomplir et bien des maux eussent été épargnés à la France. Mais ces considérations ne sauraient empêcher de reconnaître l'habileté d'une opération financière dont se pourraient souvenir ceux qui, par timidité ou scrupule d'école, hésitent à prendre, dans les périodes de crises, de salutaires résolutions.

L'abus des émissions, joint à la mauvaise gestion des deniers publics, à la confusion des pouvoirs, à l'intentionnelle insuffisance des recettes, devait amener un désastre, mais il est injuste, comme l'ont fait la plupart des économistes, d'imputer aux membres de l'Assemblée constituante les fautes que commirent leurs incapables et insouciants successeurs. Les trois ordres de la nation avaient envoyé, aux États généraux, des représentants comme le marquis de Montesquiou, La Rochefoucauld, Dallarde, Talleyrand, Le Coulteux de Canteleu, Malouet, qui étaient instruits des questions financières. Ainsi que tous leurs collègues de la Constituante, ils n'avaient pu, comme on sait, faire partie de la Législative. Ils avaient été remplacés par les députés choisis à cause de « leurs opinions incendiaires » et non en raison de leur expérience [1]. Les propriétaires, les commerçants, les agriculteurs, se pouvaient compter sur les gradins de la nouvelle Assemblée. Hormis une

_____

1. Cf. *Mémoires* de Ferrières, t. III ; *Mémoires* de Dumouriez, t. II ; *Mercure de France*, sept. 1791.

soixantaine de prêtres, trente officiers, vingt-huit médecins, ce n'étaient guère qu'avocats, procureurs, journalistes. Les uns savaient bien parler, les autres bien écrire, mais rares étaient ceux qui avaient été aux prises avec les réalités de l'existence. Cambon était à peu près le seul, avec ses collègues Isnard et Lafon-Ladébat, qui fût à la tête d'une importante entreprise. Il s'enorgueillissait, parmi tant d'hommes de lettres sans situation précise et sans fortune, d'être fabricant à Montpellier, négociant à Cholet et à Bordeaux et d'avoir su mener à bien ses affaires personnelles. C'était pour lui un article de foi que nul mieux que lui ne gérerait celles de l'État. Il parlait avec une solennelle assurance des questions que ses collègues ignoraient et s'en fit habilement une spécialité auprès des autres députés, qui le chargèrent de rédiger un rapport sur une demande de fonds et sur l'état de la caisse de l'Extraordinaire.

Il se mit résolument à l'ouvrage. « Il suppléait au défaut d'instruction par une grande activité [1]. » Dès son enfance, il avait été accoutumé au travail. A Montpellier, il ne sortait que pour aller de la maison paternelle à la fabrique et, jusqu'à l'année 1789, il n'avait eu d'autre but dans la vie, d'autre plaisir et d'autre souci que ceux d'un négociant que les affaires absorbent, contentent et préoccupent. Il arrivait avec de précieuses qualités d'ordre, de méthode et une bonne volonté à toute épreuve. Il se fit ouvrir les archives des ministères, força les

---

1. *J.-P. Brissot à ses commettants.*

régions interdites des bureaux, persista malgré les refus, ne se lassa pas dans ses démarches. Il était infatigable, il interrogeait, enquêtait, furetait, compulsait. Il travaillait sans trêve tout le long des jours et, les soirs, après les séances de l'Assemblée ou des Jacobins auxquelles il était obligé d'assister, il veillait tard dans la chambre meublée qu'il avait louée place des Victoires [1].

Les préoccupations des députés étaient politiques et non financières. Par ignorance ou esprit démagogique, ils croyaient ou feignaient de croire avec l'opinion que tous les embarras étaient finis avec l'attribution à l'État des biens d'église. Mais il ne restait que 88 millions d'assignats dans la caisse de l'Extraordinaire. Il fallait prendre un parti : « Il y a trois jours, insista Cambon à la séance du 11 novembre, que nous avons un rapport à vous faire. » On se décida à l'écouter. Il fit parade des connaissances qui ne lui manquaient pas et témoigna, pour ce début, d'une certaine réserve. Il se plaignit, comme il est bien humain, de la lourde tâche que la Constituante avait laissée à ses successeurs, de « la guerre que les ennemis de la Révolution livraient aux finances [2] » et annonça que le déficit du mois d'octobre était de 21 millions. Or, la caisse de l'Extraordinaire, qui pourvoyait à peu près seule aux dépenses, n'avait de ressources que par la création de papier-monnaie. Cambon le savait si bien qu'il ne s'opposa pas à une nouvelle émission, mais il proposa

---

1. Almanach royal 1792.
2. CLAVIÈRE, *Pétition faite à l'Assemblée nationale*, 5 nov. 1791.

sagement et obtint qu'elle fût réduite à 200 millions. Il ajoutait avec beaucoup de sens : « Les assignats sont les signes représentatifs du numéraire; leur hypothèque repose sur la valeur des biens nationaux... il faut donc que la valeur de leur émission ne dépasse jamais celle des biens nationaux [1]. »

Ces conseils de prudence étaient bien sans effet, s'il était tant qu'il fût convenable de les donner au moment où, pour pallier un déficit de 21 millions, on créait deux cents millions de papier. Condorcet, en suppliant ses collègues de suspendre toute nouvelle émission, Brissot, en se joignant à lui, Clavière même, naturellement porté à voir tout en bien [2], en adressant à l'Assemblée, dont il n'était que membre suppléant, une pétition [3] sur la « mauvaise situation financière », Jacob Dupont, Cailhasson, Lafon-Ladébat, avaient fait preuve de plus de courage et de véritable clairvoyance. Mais Cambon fut, à son profit, plus habile. Il n'avait émis des réserves que pour inspirer plus de confiance. Par ses critiques, il montrait qu'il n'était pas dupe, qu'il n'ignorait rien des questions arides que, pour le plus grand nombre, les députés de la Législative ne connaissaient pas et ne désiraient pas de connaître. Et, comme il arrivait, néanmoins, après avoir sé-

---

1. *Opinion de M. Cambon sur le rapport du Comité de la caisse de l'Extraordinaire et sur la dette publique, suivie d'un projet de décret*, prononcée à la séance du 4 novembre 1791.

2. Cf. par exemple, l'ouvrage qu'il publia à cette époque sous le titre : *De la conjuration des finances.*

3. 5 novembre 1791.

vèrement censuré, à des conclusions faciles et se rapprochant des leurs, il jouit tout de suite, auprès d'eux, d'une autorité sans conteste.

Ce n'est pas qu'il fût orateur ou qu'il possédât une doctrine financière et des principes économiques, mais il savait flatter l'opinion, se soumettre aux désirs de la majorité et sa « belle faconde [1] », la fougue qu'il apportait dans les discussions les plus graves [2], une aisance imperturbable, finissaient par imposer. Il se faisait écouter d'abord parce qu'il passait pour le seul membre de l'Assemblée expert en matière d'impôts et de comptabilité, surtout parce qu'il témoignait déjà, en dépit des observations qu'il avait faites, d'un optimisme financier qui ne se devait pas démentir. Dans la suite, il usa, en toutes circonstances, de l'influence qu'il avait acquise pour l'accroître encore en ne laissant pas que de proposer le plus souvent et de préconiser toujours, non la solution la meilleure, mais celle qu'il savait répondre le plus aux passions du moment.

L'Assemblée législative avait élu, pour s'occuper des finances, neuf comités, bientôt réduits à six. Cambon siégeait à la plupart d'entre eux et présidait le plus important, appelé le comité de l'Ordinaire. Ce comité était chargé de surveiller la caisse de la Trésorerie nationale, de veiller au prélèvement des contributions, d'exercer un contrôle

---

1. GOMEL. *Histoire financière de la Législative et de la Convention*, tome II.

2. Cf. *J.-P. Brissot à ses commettants* : « Cambon portait dans ses raisonnements aux finances et dans ses calculs, la même impétuosité, la même fureur que dans les disputes. »

sur les dépenses, ainsi que sur la distribution des crédits [1]. Or, à peu près en même temps qu'ils avaient été nommés, les membres des différents comités avaient acquis, par décret, « le droit d'exiger des ministres la production des pièces qu'ils jugeaient bon de leur réclamer [2] » et ils ne tardèrent pas à être « autorisés à correspondre avec les corps administratifs et autres établissements du royaume [3] ». Cambon s'était plaint de la lenteur que mettait Tarbé, ministre des contributions et revenus publics, à rendre ses comptes [4], et avait hautement déclaré : « Les ministres sont comptables devant le Corps législatif [5]. » Aussi avait-il naturellement insisté pour faire voter les décrets qui réduisaient le pouvoir, déjà bien restreint, du ministre et attribuaient, en fait, au comité de l'Ordinaire, spécialement à son président, l'administration financière du pays.

Deux moyens s'offraient à Cambon pour procurer au Trésor les ressources nécessaires : veiller à la rentrée des impôts ou se livrer à de nouvelles émissions d'assignats. Il rejeta le premier qui l'eût rendu impopulaire et choisit le second, en dépit des avertissements, préférant « épuiser à outrance le présent en sacrifiant l'avenir [6]. »

Il ne pouvait être question de rétablir le régime

---

1. Décret du 5 déc. 1791.
2. Décret du 29 oct. 1791.
3 Décret du 20 nov. 1791.
4. Le 7 nov.
5. Le 19 nov.
6. STOURM. *Les Finances de l'ancien Régime et de la Révolution*, tome II.

fiscal supprimé par la Constituante, mais on pouvait appliquer celui qu'elle avait institué et faire exécuter les lois qui régissaient les nouvelles impositions. Il n'en fut rien et les contribuables, heureux d'être affranchis des anciens impôts, ne payaient pas davantage les nouveaux. Leur mauvais vouloir était soutenu par les officiers municipaux chargés de la répartition et qui répugnaient à évaluer le revenu de leurs électeurs. Ainsi, la contribution foncière, qui aurait dû procurer 240 millions par an à l'État, n'était pas perçue, parce que les diverses opérations que comportait son recouvrement ne pouvaient être effectuées [1]. En vain, Mallarmé avait demandé qu'il fût créé des visiteurs de rôle, Cambon s'était, aux applaudissements de l'Assemblée, élevé contre cette proposition : « Qu'arrivera-t-il, si vous créez des intermédiaires entre les contribuables et le Trésor ? On détruira les municipalités, on rétablira le fisc : les élus du peuple doivent faire la répartition [2] ! » Le fisc ne fut pas rétabli, mais les élus du peuple continuèrent, pour le plus grand nombre, de s'abstenir. La répartition se faisait mal ou ne se faisait pas, et, quand, par hasard, elle était faite, les demandes de dégrèvement étaient très nombreuses. Les contribuables se croyaient ou se disaient surtaxés ; ils en profitaient pour ne rien payer. D'après la loi, on devait payer, réclamer ensuite. Tout le monde réclamait et personne ne payait. Il en résulta un effrayant déficit. Pour la

---

1. *Rapport* de Clavière à la Convention nationale, 5 oct. 1792.
2. Séance du 2 février 1792.

contribution foncière, le principal impôt créé par
la Constituante, les rôles étaient établis d'une façon si incomplète, qu'en novembre 1792, sur
350 millions qui auraient dû être rentrés, il en
restait à percevoir 220 [1]. Le 11 pluviôse an IV [2], les
propriétaires de biens-fonds étaient en retard envers
l'État de 13 milliards en assignats [3], et, deux ans
après, en l'an VI, il restait encore à recouvrer
800 millions en numéraire [4]. En l'an III, « à l'imi-
tation des Romains et des Chinois, le peuple le
plus sage de l'univers [5] », il fut essayé de percevoir
l'impôt en nature. Il fallut bientôt renoncer à cette
expérience malheureuse et la loi du 18 prairial
an VI prescrivit : « La contribution foncière de
l'an V ne sera payée qu'en numéraire métallique. »
Or, depuis longtemps, le numéraire avait disparu
et cent francs en assignats ne représentaient plus
que vingt centimes en numéraire ! L'arriéré continua de grossir. « Tout était à faire à l'avènement du
Consulat [6]. » Des mesures judicieuses furent prises,
des répartiteurs furent nommés. « Il avait fallu un
nouveau gouvernement, rompant avec les principes
de la Révolution pour que, pour la première fois,
en l'an IX, le recouvrement des impôts puisse com-

1. *Rapport* de Clavière, *loc. cit.*
2. 31 janv. 1796.
3. *Rapport* de Ramel, loc. cit. (Cf. Gantth, *Essai politique sur
le revenu public*, 1806).
4. *Compte rendu au Directoire exécutif par le ministre des
finances*, fructidor an VII.
5. Dubois-Crancé. Séance du 16 floréal an III. (Cf. Dubois-
Crancé. *Mémoires sur la contribution foncière* 1804.)
6. *Rapport* du ministre des finances (Gaudin), 1er germinal,
an X, 22 mars 1802.

mencer avec l'année même à laquelle les contributions appartenaient [1]. »

La taxe sur le montant du loyer, progressive et compliquée, n'était ni mieux établie ni plus régulièrement perçue que la contribution foncière. Les tarifs primitifs en durent être abaissés de moitié [2] et elle était si mal acquittée qu'elle finit par « succomber sous son propre poids [3] », ainsi, du reste, que l'impôt des patentes qui fut moins une source de revenus pour l'État qu'un moyen d'investigation dans les affaires des commerçants. Cet impôt des patentes, qui devait être supprimé en mars 1793 [4], ne rendit jamais le quart de ce qu'on en pouvait attendre.

Que restait-il ? La Constituante avait dédaigné l'immense ressource des impôts indirects. Les boissons circulaient librement. Il n'y avait plus d'aides ni de gabelles. L'enregistrement, les droits de timbre, les douanes, ne rapportaient presque plus rien [5]. Mais à quoi bon s'émouvoir, pourquoi se soucier des recettes et qu'était-il besoin de chercher un remède au dépérissement de plus en plus accentué des contributions ? Le déficit était permanent, mais la caisse de l'Extraordinaire pourvoyait à toutes les dépenses et, quand cette caisse était vide, ne savait-on que, pour la combler, il suffisait d'émettre des assignats en quantité nécessaire ?

---

1. STOURM, *op. cit.*
2. Décret du 9 frimaire an II, 29 novembre 1793.
3. *Rapport* de Ramel, frimaire an III, novembre 1794.
4. Décret du 21 mars.
5. Le déficit était de 18 millions sur l'enregistrement, de 11 millions sur le timbre.

Les députés, que les émissions continuelles effrayaient ou qui seulement avaient quelque inquiétude, étaient en fort petit nombre. Condorcet allait répétant que « tout papier forcé est une injustice [1] », Brissot émettait l'avis de restreindre la masse des assignats en circulation, un autre de leurs collègues osait dire : « Les contributions sont le grand ressort de la machine politique ; il faut prendre des mesures efficaces pour les mettre en mouvement. » On ne les écoutait pas. Pour la majorité de l'Assemblée, la question financière était résolue, les assignats pouvaient suffire à tout, « les revenus fonciers sur lesquels ils reposaient étaient immenses [2] ».

Quelques membres de la Législative, plus prudents qu'on pourrait croire, demandaient, comme Beugnot [3] ou, plus tard, Lafon-Ladébat [4], une immédiate et dernière émission de trois milliards : « Les assignats, disaient-ils en substance, ont été créés pour solder les dépenses extraordinaires, non les ordinaires ; leur principale et véritable destination est l'extinction de la dette. Puisque les biens nationaux à vendre peuvent être évalués à trois milliards, qu'on porte à ce chiffre le montant des émissions et que le papier-monnaie, qui disparaîtra avec la vente des biens nationaux, serve seulement à payer la dette. »

Ces propositions avaient été repoussées soit à

1. Condorcet, OEuvres, tome XI.
2. Rabaud, Saint-Etienne à l'Assemblée Constituante, 6 mars 1790.
3. Le 13 décembre 1791.
4. Les 14 et 15 mai 1792

cause de leur audace apparente, soit qu'on ne comprît pas la sagesse véritable qu'elles recélaient, soit plutôt que les démagogues de l'Assemblée ne craignissent rien tant que de se priver des moyens qui leur permettaient de combler facilement un continuel déficit. Et Cambon, comme il y avait accoutumé, avait soutenu docilement la majorité. Aussi bien, ne se souciait-il pas de perdre sa popularité en contraignant les contribuables à s'acquitter régulièrement. Il valait mieux éblouir la nation crédule en faisant miroiter à ses yeux des promesses irréalisables : plus d'impôts, plus d'emprunts, plus de misère. Quant à la dette, dont on ignorait encore le montant exact, elle serait remboursée quand on pourrait, ou pas du tout, ou avec des restrictions, l'essentiel étant, pour le moment, d'en payer, si possible, les arrérages.

Néanmoins, si Cambon, tout optimiste qu'il fût, s'était rangé sans discussion à l'avis de ceux qui, comme Brès [1] et Dorizy [2], ou même Haussmann [3], trouvant « les ressources incalculables », pensaient avec Merlin de Thionville, qu' « il suffisait d'imprimer sur le papier que la nation le garantissait pour en faire la meilleure des monnaies [4] », il n'eût pas tardé de perdre la confiance qu'il devait, en partie, à l'esprit de modération qu'on lui prêtait. Ainsi commençait-il toujours par s'opposer à ce que de nouveaux assignats fus-

---

1. 13 décembre 1791.
2. 17 décembre.
3. 24 novembre.
4. 13 décembre.

sent mis en circulation ; il prônait les économies
salutaires, parlait de l'obligatoire équilibre entre
les recettes et les dépenses, mais, quand Amelot,
commissaire du roi, venait révéler à l'Assemblée
que la caisse de l'Extraordinaire était vide, le président de la commission des Finances, oubliant ou
feignant d'oublier les objections qu'il avait pré-
sentées, soutenait l'émission nécessaire, la faisait
décréter et, après avoir donné lecture des chiffres
qu'il avait alignés, des états qu'il avait dressés, des
statistiques qu'il avait établies, il concluait toujours, aux applaudissements de ses collègues, que,
preuves en mains, la situation financière était
bonne.

A la fin de l'année 1791, il avait provoqué, par
ignorance, une fâcheuse crise monétaire, en faisant
décréter par l'Assemblée, d'une part, la mise en circulation dans les districts de tous les assignats de
cinq livres fabriqués en mai [1], d'autre part la défense d'exporter de la monnaie d'argent [2]. Plus on
cherche à violenter le numéraire, plus il disparaît ;
plus on fait de lois intempestives, plus l'argent se
dérobe. La mauvaise monnaie chassa la bonne et,
comme les cent millions de coupures qui circulaient ne pouvaient suffire aux transactions, dans
certains départements, les journées des ouvriers durent être payées en nature [3].

Pour éviter ces difficultés, des sociétés particu-

1. *Rapport fait par Cambon au nom du Comité de l'ordinaire
des finances à la séance du 9 nov. 1791* **pour établir des Caisses**
d'échange des assignats de 5 livres dans les districts.
2. Décret du 5 novembre 1791.
3. Cf. Séances de l'Assemblée législative du 8 au 15 déc. 1791.

lières s'étaient créées qui émirent des billets de
dix, de vingt, de trente, de cinquante sous, échangeables contre de gros assignats. Le remède fut pire
que le mal. Certaines de ces sociétés, connues sous
le nom de caisses patriotiques ou maisons de secours, fonctionnaient régulièrement, comme celle
que Cambon père avait fondée à Montpellier, et
rendaient des services. Mais quelques-unes d'entre
elles, et les plus importantes, instituées dans un but
de gain facile et dirigées sans probité, n'étaient
déjà plus solvables. A Paris, *la Caisse patriotique*
avait, avec une couverture de cinq millions en assignats, mis déjà en circulation des billets pour une
valeur de plus de dix-huit millions [1] et, quant à la
Maison de Secours, société analogue, son directeur
sera en fuite en novembre 1792 [2].

Cambon avait vu le péril et essayé de le conjurer.
Il n'osa pas aller jusqu'à réserver à une banque
d'État le monopole des émissions, mais, tandis que
Beugnot, soutenu par Dorizy, demandait la création
de 200 millions de petits assignats, lui, cette fois,
plus résolu, obtint de l'Assemblée l'autorisation de
faire fabriquer cent millions d'assignats à trente
sous, cent millions à vingt-cinq sous, soixante à
quinze sous, quarante à dix sous, au total 300 millions de coupures [3]. Et cette mesure eût été efficace
et sans danger pour le crédit de la France, d'abord
si elle avait reçu une exécution rapide, ensuite si
ces coupures avaient été échangées pour des assi-

1. *Rapport* de Roland, 12 juin 1792.
2. Boivin-Champeaux, *Notices historiques*, t. Ier.
3. Lois des 16 et 23 décembre 1791.

gnats de cinquante, de cent et de deux cents livres qui auraient été détruits. Mais il y eut des retards dans la fabrication, ce qui prolongea le trafic des maisons de secours [1] dont « les billets se prêtaient seuls à toutes les transactions de détail [2] » et non seulement aucun gros assignat ne fut brûlé, mais encore il fut décrété que la circulation fiduciaire serait portée de 14 à 1.600 millions [3]. Le résultat de cette augmentation ne se fit pas attendre. On eut beau les enjoliver en bleu et en rose, les assignats perdaient chaque jour de leur valeur. La dépréciation atteignait 40 pour 100 en janvier 1792 : « Un petit écu en assignat, avouait Cambon, ne valait en Angleterre que quarante cinq ou quarante-six sous, puis trente-quatre sous [4]. »

Les assignats reposant sur les domaines nationaux, il importait de connaître la valeur de ces domaines. Cambon, qui, lorsqu'il voulait, savait faire preuve de prévoyance, avait dit dès le 29 novembre : « Ne livrons pas le destin de l'empire à des mesures provisoires, établissons un plan général, nous devons veiller à ce que les assignats aient un gage bien avéré. » En même temps, il promettait à l'Assemblée de publier le bilan de la nation. Dans ce but, il demanda au ministre des contributions et revenus publics de fournir un état des

---

1. Cf. CAMBON : *Rapport sur les billets dits de confiance de secours ou patriotiques* (25 février 1792.)

2. Roederer, proc. de la Commune, à la barre de l'Assemblée Législative, le 30 mars 1792.

3. Loi du 17 décembre 1791.

4. *Lettre* de Cambon à l'Assemblée, 14 février 1792. (*Moniteur*, t. XII.)

biens nationaux vendus et à vendre ainsi que des
créances qui étaient dues au Trésor : c'était l'actif.
Le passif se composait des différentes sortes de
dettes et du montant du papier-monnaie en circulation. Cambon s'était mis résolument à l'ouvrage. Il ne fallait rien moins que sa puissance de
travail et la confiance inébranlable qu'il avait en
lui-même pour le porter à se charger d'un tel fardeau. Il ne se donnait ni retards, ni repos, passait ses journées à l'ancien contrôle général, à la
Trésorerie nationale, chez les payeurs de rente et
n'avait plus le temps d'assister aux séances de l'Assemblée. Ses collègues n'ignoraient pas les raisons
de son absence et ils lui faisaient un tel crédit que,
malgré l'insistance du ministre Tarbé [1], les motions
de Sédillez [2], de Guyton-Morveau [3], de Jacob Dupont [4], ils firent proroger les débats sur la situation
financière jusqu'à ce que fût terminé le rapport que
Cambon leur avait promis.

Enfin, le 3 avril, Guadet dit : « Il faut que la
nation ait son bilan. Monsieur Cambon s'en est occupé. Je demande qu'il fasse la lecture de son travail. » Cette lecture commença le 17 avril et ne fut
terminée que le 19. Pendant trois séances, Cambon,
s'appuyant sur de nombreux tableaux et états statistiques, donna des explications si claires, apporta des justifications si nettes, qu'il fut attenti-
vement écouté et unanimement applaudi. Il avait

1. *Discours* du 12 octobre 1791. — *Rapport* du 18 février 1792.
2. Le 5 décembre 1791.
3. Le 22 décembre 1791.
4. Le 18 février 1792.

accompli en quatre mois une besogne formidable, avec une méthode, un soin, une lucidité dont nul autre que lui n'eût été capable. En vérité, il était parvenu, « débrouillant le chaos [1] », à dresser le bilan de la nation, comme il s'y était engagé. Et ce commerçant scrupuleux et appliqué, que malheureusement, le souci de sa popularité entraînait à de pernicieuses mesures, qui se forçait à rassurer toujours et quand même, qui n'avait, au vrai, ni la valeur morale ni les aptitudes d'un chef, se révélait un comptable de mérite.

Il avait calculé que la dette constituée ou perpétuelle, c'est-à-dire le montant des sommes que l'État avait empruntées à différentes époques et à des taux divers, s'élevait environ à deux milliards. Il évaluait à un milliard cinq cent millions la dette exigible. Cette dette récente résultait de l'engagement qu'avait pris la Constituante de rembourser à leurs anciens titulaires le prix des offices et des charges qu'elle avait supprimés. Enfin, comme on sait, il y avait alors un milliard et demi d'assignats en circulation. Le montant de ce papier-monnaie, ajouté à celui des différentes dettes, formait un total de cinq milliards environ de passif.

L'actif comprenait la masse des biens nationaux non encore aliénés, les sommes qui restaient à percevoir sur ceux de ces biens qui avaient été vendus, l'argenterie des églises, les créances de l'État, les salins et les forêts, l'arriéré sur les contributions.

---

1. Guyton-Morveau à l'Assemblée, le 23 décembre 1791.

Le tout était évalué par Cambon à quatre milliards et demi environ [1].

Ce bilan était aussi exact que possible. Cambon, avec sa probité coutumière, avait donné les chiffres qu'il avait trouvés. Les financiers qui l'ont le plus sévèrement jugé ont été obligés de reconnaître que les « dettes étaient bien calculées [2] » et elles ne pouvaient l'être mieux ; quant aux créances diverses, si elles devaient être dépréciées par la suite, pour le moment où elles avaient été évaluées, leur estimation n'était pas exagérée.

Il semble donc bien que lorsque Cambon en fit la balance, l'actif et le passif auraient pu s'équilibrer à peu près ; il était même à espérer, et cet espoir ne manqua pas d'être envisagé par le rapporteur, que l'actif s'accroîtrait bientôt de la valeur des biens appartenant aux émigrés, biens que Cambon, appuyant le projet de Gohier, venait de faire mettre « dans les mains de la nation [3] » et dont la confiscation prochaine [4] donnerait aux assignats un supplément de gage.

Comme on voit, la situation n'était pas si mauvaise qu'il n'eût encore été possible de « rétablir l'ordre dans les finances ». Il aurait suffi de renoncer à émettre de nouveaux assignats, sauf, peut-

----

1. *Tableau des besoins et des ressources de la nation* présenté par Cambon.

2. Cf. Ch. Gomel, *Histoire des finances de la Législative et de la Convention* ; Stourm, *Les Finances de l'Ancien régime et de la Révolution* ; P. Leroy-Beaulieu, *Traité de la science des Finances.*

3. 7 février 1792. (Vote de principe que confirma la loi du 30 mars.)

4. Le 27 juillet suivant, la mise en vente des biens mobiliers et immobiliers des émigrés était décrétée par l'Assemblée.

être, pour le payement de la dette, et de décider que désormais il ne serait plus satisfait aux dépenses ordinaires que par les recettes provenant de la régulière perception des impôts.

C'est, en vérité, ce qui ressortait du lumineux exposé que Cambon avait fait à la tribune de l'Assemblée et c'est ce qu'il n'eût pas laissé de proposer s'il avait été un homme de courage et un véritable financier. Mais il était faible de caractère, incapable de résister aux aveugles entraînements, aux passions du grand nombre et il ne possédait que les qualités secondaires d'un teneur de livres. D'une clairvoyance singulière lorsqu'il établissait, apurait ou arrêtait un compte, il lui manquait l'intelligence ou la volonté de tirer parti de ses calculs. Son rapport est à lire en entier. Il est complet, précis, véridique, contient des critiques judicieuses, fait entrevoir d'heureuses solutions. Mais Cambon, après avoir donné lecture du bilan qu'il avait établi, ne se rappelant plus, ou feignant d'avoir oublié, les chiffres dont il s'était servi, termina en affirmant que la situation financière était excellente.

Les députés applaudirent sans demander d'incommodes explications et le rapporteur, en sa vanité puérile, se pouvait réjouir qui ne craignait rien tant que de perdre quelque chose de la faveur dont il était l'objet. La peur de déplaire à la majorité, en même temps que la puissance d'illusion qui le disposait à se croire infaillible en matière financière, expliquent la déplorable contradiction qui a perpétuellement existé entre sa raison et sa con-

duite. A lire certaines parties des discours qu'il
a prononcés, de perspicaces historiens — Thiers,
Michelet, Taine — ont pu se tromper sur son
compte et s'imaginer qu'il était « un financier d'un
esprit profond » ; ses actes justifient davantage la
manière défavorable dont le jugèrent des économistes comme Stourm et Gomel et, dans le pamphlet qu'il a écrit contre lui [1], son collègue Brissot n'est pas loin de la vérité lorsqu'il l'accuse
« d'avoir acquis une réputation qu'il ne méritait
pas et une funeste prépondérance ».

« Les devoirs les plus clairs d'un financier, a
écrit Burke, dans ses *Réflexions sur la Révolution
française*, sont évidemment d'assurer à l'État un
ample revenu, de l'obtenir par des impôts justes et
également repartis, de l'employer avec économie. »
Or, si Cambon, comme on verra, fut, en vérité,
économe des deniers publics, la confiance où il
était de trouver dans les assignats d'inépuisables
ressources, la facilité de subvenir par de nouvelles
émissions à toutes les dépenses, l'approbation à peu
près unanime qui était donnée à sa politique commode, le portèrent naturellement à ne plus se soucier des revenus de l'État, tout comme l'espoir de
gagner à la loterie entraîne certains hommes à né-
gliger les moyens raisonnables d'augmenter ou de
conserver leur fortune.

Et quoi de plus doux et de plus naturel que cette
pente des idées et des actes ? Avec un décret, on
confisque, avec une planche gravée on fait de l'ar-

---

1. *J.-B. Brissot à ses commettants.*

gent. C'était déjà toute la politique financière de Cambon. La caisse de l'Extraordinaire pourvoyait à toutes les dépenses, subvenait à tous les besoins et, comme elle n'avait de ressources que par la création des assignats, lorsque, en septembre 1792, l'Assemblée législative se sépara, la circulation du papier monnaie avait atteint plus de deux milliards de francs.

CHAPITRE IV

LA CHUTE DU TRÔNE

Lorsque, en octobre 1791, Cambon était allé siéger à l'Assemblée législative, il avait trente-cinq ans. Large et fort, vêtu d'un « habit ample et carré », chaussé « de souliers longs et hauts », son allure lourde, ce costume démodé, la perruque qu'il portait, comme naguère, tombant sur les épaules, le faisaient paraître plus âgé qu'il n'était et, avec « sa contenance grave », sa réserve apparente, il semblait n'avoir rien de la vivacité habituelle aux gens de son pays [1]. Mais ses lèvres fortes, entr'ouvertes comme pour sourire, atténuaient l'austérité du profil ; de grands yeux, regardant en face, éclairaient d'une flamme singulièrement jeune le visage calme au premier aspect ; un geste outré, un éclat de voix décelaient vite l'origine méridionale et l'exaltation intérieure.

1. Cf. PRIEUR (de la Marne), *Notes et Souvenirs* publiés par Gustave Laurent. *Revue historique de la Révolution française,* oct. déc. 1911.

Parmi les députés nouveaux, Cambon, en dépit de ce qu'il laissait paraître, était l'un des plus exaltés. Le succès qu'il venait de remporter dans son district avait affermi sa résolution de continuer, sur une plus vaste scène, contre tout ce qui représentait le passé, une lutte sans miséricorde.

Président à Montpellier de la Société des Amis de l'Égalité, il s'était, dès son arrivée à Paris, fait recevoir au club des Jacobins. Déjà, dans l'Assemblée dont ils allaient former l'extrême gauche, cent soixante députés appartenaient à ce club [1]. Certains, résidant à Paris, y étaient affiliés depuis longtemps ; les autres, plus nombreux, arrivant, comme Cambon, de province, où ils étaient membres de sociétés populaires, venaient d'obtenir leur inscription. Parmi ces derniers, les représentants de la Gironde ne tardèrent pas à se faire remarquer par un talent de parole qui n'allait pas sans violence. C'étaient Vergniaud, Guadet, Gensonné, Grangeneuve, Ducos, cinq avocats infatués de savoir juridique, le chirurgien Bergoeing, un littérateur, Deleyre, et le beau-frère de Ducos, Boyer-Fronfrède, qui venait à peine d'avoir vingt-cinq ans. Tous jeunes, sauf Deleyre, passionnés d'éloquence, amis de l'aventure et avides de gloire, ils ont une imagination vive, une grande mobilité d'esprit, toutes les audaces de la pensée. Ils sont bouillants et téméraires et, séduisants comme l'inexpérience et la jeunesse, ils ne tardèrent pas à grouper autour d'eux, en face des élus de Paris,

---

1. Cf. Mathieu Dumas, *Souvenirs* ; Hua, *Mémoires.*

quelques hommes de valeur que la province avait
députés à l'Assemblée, comme Brissot, de Char-
tres, Isnard, de Draguignan, Mailhe, de Toulouse.

Tous, en dépit de leur éducation et de leurs habitudes distinguées, ils étaient, sous leur perruque
poudrée et dans leur habit correct, au moins aussi
avancés dans le sens de la Révolution que les cordeliers en carmagnole et en sabots : « Même esprit
de violence et de haine, a écrit justement Biré [1],
mêmes passions, même audace vis-à-vis de la Cour,
mêmes flatteries à l'adresse de la rue. » Ils sont
païens et républicains ; quelques-uns, même, ne
craignent pas de rejeter, en théorie, le droit de
propriété et de se montrer partisans de mesures
contre les riches [2].

Cambon goûtait une joie profonde à entendre
dire avec abondance, avec harmonie, ce qu'il pensait tout bas et était incapable d'exprimer aussi
bien. A écouter Vergniaud, qui avait tout de suite
« fait sensation [3] » par le prestige de sa merveilleuse
éloquence, Brissot aussi « habile orateur [4] »
qu' « avisé politique », Isnard, Guadet, Gensonné,
il se sentait imprégné d'une émotion sublime, d'un
enthousiasme ardent. Ces députés de Bordeaux et
leurs amis étaient le charme et la gloire de l'Assemblée. Et Cambon se réjouissait à l'idée que des
orateurs aussi magnifiques avaient, comme lui, le

---

1. *La Légende des Girondins.*
2. Cf. BRISSOT, *Recherches sur la propriété et sur le vol.* Cambon, du reste, devait, après le 10 août, demander le partage des
biens nationaux entre les pauvres. *Moniteur*, t. XIV.
3 RABUSSON-LAMOTHE, *Lettres.*
4 MATHIEU-DUMAS, *op. cit.*

dessein de remplacer une oppression séculaire par
le règne de la justice. Il aurait voulu que fût tout
de suite proclamée la République dont Vergniaud
et Brissot parlaient avec enthousiasme et détruite
la religion qu'ils attaquaient sans trêve. Il avait
applaudi à leurs discours contre le roi et contre les
prêtres, et, entraîné par « la force de leurs raisonnements [1] », lui qui, le premier à Montpellier, avait
demandé la destruction de la citadelle, était devenu
« partisan de la guerre » ; il la « regardait comme
un moyen de consolider la Révolution [2] ».

Les patriotes, en grand nombre, étaient venus à
cette idée que la seule manière de « se débarrasser
du roi » était de l'obliger à déclarer la guerre à
l'Autriche. Dès le 29 octobre, Brissot, trois jours
plus tard, Condorcet et Vergniaud s'étaient élevés
contre « ceux qui favorisent l'émigration ». « Trem-
blez, tyrans ! » menaçait Isnard à la tribune de la
Législative et Brissot s'écriait avec l'accent de la
conviction : « Il faut la guerre pour la tranquillité
intérieure [3] ! » Le 13 décembre, un Prussien, Cloots,
membre du club des Cordeliers, peut-être dans
l'obscur dessein de favoriser son pays, apportait à
l'Assemblée une pétition belliqueuse ; Cambon, le
29 décembre, réclamait une rupture avec les nations « qui protègent les rebelles », Hérault de
Séchelles enfin, qui, abandonnant la droite, venait
d'obtenir sa réintégration aux Jacobins, demandait

1. Cambon à l'Assemblée, 20 oct. 1791.
2. *Lettres de Cambon à Dupin*, 12 déc. 1791 et 6 janv. 1792.
Archives départementales de l'Hérault, citées par Bornarel, *op.
cit.*
3. *Discours* du 16 déc.

de déclarer « l'état d'hostilité imminente ». Chaque numéro du *Patriote français* prêchait la guerre et Vergniaud, dont la voix dépassait l'enceinte du Manège, s'écriait : « Aux armes, citoyens, aux armes ! Hommes libres, défendez votre liberté ![1] ».

Ces harangues enflammées avaient une répercussion considérable et, surexcitant les esprits, les préparaient à l'idée d'une prochaine entrée en campagne. Déjà, sur tous les points du territoire, des volontaires s'enrôlaient[2].

Un seul homme, d'abord, osa résister à cet entraînement, c'était Robespierre. Ancien constituant, il ne siégeait pas à la Législative, mais il s'était fait une tribune aux Jacobins. Il craignait les redoutables dangers d'une défaite et avait peur que la victoire ne fortifiât la monarchie. Le 28 novembre, il avait exprimé sa défiance ; le 11 décembre, il poussa ce cri d'alarme : « Ce que nous avons le plus à craindre, c'est la guerre ! » et, le 2 janvier, attaquant de front Brissot et Condorcet, il les traita de « charlatans politiques ». Mais, les partisans de la guerre étaient, aux Jacobins comme à l'Assemblée, acclamés par les tribunes : « Il faut nous venger ou nous résoudre à être l'opprobre des nations ! » répondaient-ils aux insinuations de Robespierre et, partout, ils étaient acclamés.

Toutefois, malgré cette poussée de l'opinion, déchaîner la guerre paraissait à tous les hommes de bon sens une si terrible aventure que, quoiqu'on

1. 10 janvier.
2. Cf. Hua, *Mémoires* ; Mathieu Dumas, *Souvenirs* ; Coltavru, *La Législative* ; Sorel, *L'Europe et la Révolution*.

ait dit, le gouvernement ne se serait jamais résolu à la déclarer. Aussi, les amis de Brissot, qui avaient la majorité dans l'Assemblée et se savaient soutenus par le pays, décidèrent-ils de renverser le ministère qui, « averti par des coups terribles », fut obligé de donner sa démission.

C'est chez Vergniaud, 5 place Vendôme, que fut formé le nouveau cabinet. Ni lui, ni Brissot, ni Cambon, ne furent appelés, mais Louis XVI fut obligé de choisir des personnages inféodés à leur parti et qui avaient tous la volonté de rendre la guerre inévitable.

Le ministre des Relations extérieures, Dumouriez, avait, dès le 27 mars, adressé au « tyran de Vienne » un ultimatum le sommant de reconnaître le roi constitutionnel de la France. La réponse arriva le 18 avril : elle portait un tel défi à l'opinion que Louis XVI dut venir le surlendemain à l'Assemblée « proposer formellement la guerre au roi de Hongrie et de Bohême ».

On a dit que le roi, poussé par son entourage, avait provoqué cette guerre dans l'espoir qu'elle lui procurerait l'occasion de restaurer son pouvoir perdu. C'est peu probable : il formula sa déclaration comme un homme contraint et « du même ton qu'il aurait pu commander le décret le plus indifférent du monde [1] ».

Après son départ, la séance fut levée. On la rouvrit à cinq heures du soir. Dehors et dans les galeries, la foule grondait. Mailhe, un ami de Ver-

1. Madame de Staël.

gniaud, était à la tribune : « Le peuple veut la
guerre, disait-il, hâtez-vous de céder à sa généreuse
impatience ! »

L'Assemblée hésitait : « faire couler des flots
de sang et engager des dépenses énormes » au moment où l'armée se désorganisait par l'émigration
des officiers nobles, au milieu d'une crise monétaire intense, c'était appeler sur notre pays des
dangers redoutables. Becquey, un député de la
droite, osa dire à la tribune ce que pensaient nombre de ses collègues : « Les finances sont le nerf
de l'empire et les vôtres ont besoin de plusieurs
années de repos pour y établir l'ordre et le niveau
entre la recette et la dépense... une guerre, même
heureuse, serait destructive de nos finances ! »

Brissot avait, au contraire, soutenu ce paradoxe
qu'il fallait « la guerre pour rétablir les finances [1] ».
Il faisait fond sur Cambon qui avait, en ces matières, acquis, sur l'Assemblée, une suprématie véritable. Partisan de la guerre à tout prix, Cambon
ne trompa pas l'attente de ses amis. Il se leva et,
après avoir dit, ne pouvant supporter la moindre
contradiction, que l'orateur « n'entendait rien aux
affaires de finances », il affirma, abusant de l'ignorance de ses collègues, que « nous avions plus
d'argent qu'il n'en fallait, que les ressources étaient
telles qu'elles fourniraient pendant plusieurs années aux frais extraordinaires d'une guerre ». La
partie était gagnée. Sept membres de l'Assemblée [2]

1. Le 29 décembre.
2. Mathieu Dumas, de Jeancourt, Th. de Lameth, Hua, Becquey, Genty et Baert.

seulement eurent le courage de voter contre la déclaration de guerre.

Les députés de Bordeaux, tout de même que Cambon, que Condorcet et qu'Isnard, avaient « pris
leurs rêves étranges pour d'incontestables réalités
et mené, en trébuchant, la France aux abîmes [1] ».
S'il est tant qu'il aient « poussé à la guerre »
dans l'espoir, avoué plus tard par Brissot [2], de tra-
hisons et de revers qui auraient emporté la royauté,
leur premier et coupable désir ne tarda pas à se
réaliser. Huit jours après la mémorable séance du
20 avril, deux colonnes françaises, marchant, l'une
sur Tournai, l'autre vers Mons, se débandaient devant l'ennemi et, épuisées de faim et de fatigue,
s'écoulaient en désordre [3].

A Paris, où la guerre avait été acceptée d'enthousiasme, le peuple s'attendait à des victoires pro-
chaines. Un échec si subit lui parut incompréhen-
sible. Dans l'âme de tous dominait la stupéfaction.
C'étaient des exclamations, des plaintes sourdes.
Les passions étaient exaspérées. L'Assemblée se perdait en débats ardents et vains ; la peur l'entraînait dans la voie des coups d'État et des violences.
Du 27 mai au 8 juin, elle émit, par représailles,
plusieurs votes de circonstance : l'un ordonnait la
déportation des prêtres réfractaires comme « fauteurs de troubles », l'autre licenciait la garde
royale, le troisième prescrivait la formation d'un
camp de vingt mille hommes sous Paris.

---

1. Masson.
2. J.-P. *Brissot à ses commettants*, 22 mai 1793.
3. Cf. Chuquet, *Les guerres de la Révolution*, 1ʳᵉ série.

Louis XVI accepta le licenciement de sa garde, mais refusa de sanctionner les deux autres décrets. Le ministre de l'intérieur, Roland, protesta, dans une lettre insolente, contre le veto du roi. Il fut renvoyé le 13 juin et, le 15, son collègue Dumouriez, ministre des Relations extérieures, devait donner sa démission.

Pour forcer Louis XVI à rappeler les ministres patriotiques, les amis de Vergniaud, d'accord avec les cordeliers, organisèrent une journée. Le 20 juin, les Tuileries furent envahies. L'émeute, d'abord, semblait triompher avec la connivence de la Commune. Mais Louis XVI reçut les insurgés avec un courage tranquille. Il refusa obstinément de retirer son veto et se fit acclamer lorsqu'il se coiffa du bonnet rouge et but un verre de vin à la santé du peuple [1].

Ainsi, le trône, au lieu de s'effondrer, sembla consolidé. Ce fut, pour Brissot et Cambon, pour les cordeliers et les jacobins qui s'étaient unis à eux, plus qu'un coup manqué, un véritable échec. Dans Paris, il y eut une réaction générale et, de tous les départements, arrivèrent des protestations contre l'humiliation infligée au roi [2]. Le général La Fayette, pensant qu'il pouvait de nouveau jouer un rôle, quitta le commandement de son armée pour prêter main forte à Louis XVI. Dans la crainte du péril, les partisans de Robespierre s'étaient réconciliés avec ceux de Brissot. Mais La Fayette, que Cambon avait, en vain, essayé de faire blâmer par l'Assem-

---

1. Cf. Madame ROLAND, DUMOURIEZ, BRISSOT, *Mémoires* ; SAGNAC, *La chute de la royauté*, etc.

2 Cf. *Lettres* de Coray au Protopsalte de Smyrne.

blée [1], désavoué par la reine, qui rejeta son appui, et trahi par la Cour, abandonna la partie et s'en retourna, découragé, dans les Ardennes, d'où il gagna l'étranger, pour se mettre à l'abri [2].

Renforcés par les fédérés qui arrivaient des départements, les chefs de la gauche se ressaisirent. Du 20 juin au 10 août, s'écoulèrent cinquante jours d'angoisse [3]. Les motions de déchéance se multipliaient à la barre de l'Assemblée. Le 3 juillet, succédant à Vergniaud, dont la tragique éloquence manqua, à dessein, de netteté, Cambon demanda, avec sa brusquerie habituelle, la suppression de la monarchie. Le 3 août, on connaissait à Paris le manifeste du duc de Brunswick, généralissime des armées alliées. C'était une véritable provocation. Elle ne pouvait qu'exalter les passions d'un peuple surexcité. Une rumeur d'émeute grondait sur la ville inquiète. Au château, le roi et sa famille s'attendaient à être massacrés. « Il pleuvra du sang, » avait écrit, le 8 août, madame Jullien, dans son journal intime. La soirée du 9 août fut très chaude. Tout Paris était dehors. A minuit, le tocsin, sonnant aux clochers des églises, souleva les faubourgs et les troupes inactives des fédérés. Bientôt après, l'Hôtel de Ville était envahi, les officiers municipaux expulsés et, à six heures du matin, le peuple montait à l'assaut des Tuileries [4].

---

1. 23 juillet.

2. Cf. *Correspondance entre le comte de Mirabeau et le comte de La Marck*, tome II, *Mémorial de Gouverneur Morris*, *Mémoires de Lafayette*, tome III, etc

3. CHAUMETTE, *Mémoires sur la révolution du 10 août*.

4. *Mémoires de madame de Tourzel*.

Louis XVI et les siens allèrent chercher un refuge à l'Assemblée et, tandis que les Suisses qui défendaient le palais étaient massacrés, les députés rendaient sous la pression de l'émeute une série de décrets, suspendant le roi, chargeant des affaires un conseil exécutif provisoire, décidant la convocation prochaine d'une Convention nationale pour régler la forme du gouvernement [1].

Cambon, s'il n'y avait pris part, avait applaudi à l'émeute : « Sur la journée d'hier, j'envoie des détails à mon père, écrivait-il à Montpellier, de son succès dépend la liberté ou la mort [2] ! » Il faisait former dans l'Hérault des bataillons de fédérés [3] et avait déjà demandé que Barnave et Théodore de Lameth fussent mis en état d'arrestation [4].

Le 19 août, les Prussiens avaient, avec une troupe d'émigrés, franchi la frontière. Le 20 août, Longwy capitulait. A Paris, c'était la panique. On croyait entendre le tocsin des villes perdues, la clameur des fuyards, le bruit des talons ennemis qui foulaient, à travers les ruines accumulées, le sol de la patrie.

Un gouvernement nouveau avait été institué, sorte de ministère détenant tous les pouvoirs et où Danton dominait. A l'Hôtel de Ville, depuis le soir du 9 août, les enragés des sections avaient éli-

---

1. Cf. *Récit*, de Dejoly ; Rœderer, *Chronique de cinquante jours.*

2. *Archives administratives de l'Hérault* citées par Bornarel, op. cit.

3. *Lettre* de Cambon à Dupin, lue à l'Assemblée, *Moniteur*, t. XIII.

4. 15 août.

miné la Commune légale. Depuis, ils s'étaient érigés en maîtres, faisaient trembler l'Assemblée impuissante, réduite à 250 membres, et le comité exécutif lui-même. Forts de leur pouvoir usurpé, ils
avaient ordonné, sans que personne osât protester, des visites domiciliaires et fait opérer de nombreuses arrestations. Les prisons étaient pleines et
l'on ne savait comment se débarrasser de ceux qui
les remplissaient [1].

Le 27 août, eurent lieu les funérailles solennelles
des « patriotes assassinés par les aristocrates dans
la journée du 10 » et, le 1ᵉʳ septembre, l'Assemblée
avilie, tronquée, applaudissant aux progrès de
l'anarchie, osait décréter que les membres de la
nouvelle Commune avaient « bien mérité de la
patrie ».

Le 2 septembre, au matin, on apprit la prise de
Verdun. Aussitôt, profitant de l'émotion patriotique, la Commune lance un appel à l'émeute et la
section Poissonnière arrête que « tous les prêtres
et personnes suspectes dans les prisons seront mises
à mort ». D'autres sections adhèrent. Le comité de
surveillance lance l'ordre de tuer. A midi, le canon
d'alarme tonne sur le Pont-Neuf ; le tocsin est
sonné ; un drapeau noir est hissé à l'Hôtel-de-Ville.
Déjà, des bandes de meurtriers se portent sur les
différentes maisons de détention.

Depuis le matin, des pétitionnaires se succédaient
à la barre de l'Assemblée. Vers deux heures de
l'après-midi, une députation du conseil général de

1. Dès le 19 août, pourtant, Marat, dans l'*Ami du Peuple*, ne
cachait pas que le salut de la patrie exigeait leur massacre.

la Commune est introduite : elle avertit les députés que les portes des prisons sont près d'être forcées. L'Assemblée, qui a perdu toute énergie, demeure indifférente et, après le départ de la délégation, elle continue tranquillement de discuter son ordre du jour.

Cependant, à l'Abbaye, au Châtelet, à la Force, à Bicêtre, le massacre a commencé, méthodique. Les députés n'en prennent pas souci. Ils se contentent de nommer des commissaires pour calmer les assassins. Parmi ces commissaires, était Cambon qui fut envoyé dans la section du Contrat social. Il revint bientôt après, comme ses collègues, avouer son impuissance. « Le 2 septembre, a-t-il dit plus tard [1], j'étais navré, épuisé d'abattement. » Mais il ne protesta ni contre les visites domiciliaires, ni contre les emprisonnements en masse et il laissa faire les égorgeurs. Sur la tête de cet homme, honnête sur tant de points, tout de même que sur celle des autres députés qui cherchèrent à se disculper de leur inertie criminelle, retombe le sang des justes qu'ils sacrifièrent à la fureur populaire.

Le 3 septembre, l'Assemblée reçut un rapport relatant les excès de la veille ; elle n'intervint pas, resta, à dessein, inactive. La tuerie dura six jours et cinq nuits. Il y eut environ 1.600 victimes. Aucun député n'éleva même la voix pour essayer de les sauver. Le pouvoir exécutif, paralysé par la complicité de Danton, ne fit rien non plus. Tous, en dépit de leur contrition tardive, laissèrent, comme allé-

---

1. Le 10 novembre. (*Journal des Débats et Décrets* n° 52.)

guaient leš massacreurs, « immoler les prisonniers au repos public [1] ».

La Législative continuait de siéger en attendant que fussent connus les résultats des élections à la Convention nationale, mais elle « ne faisait presque rien [2] », paraissant accablée sous les débris de tout ce qu'elle avait permis de renverser.

Cambon qui, depuis le 10 août, s'était plus spécialement fait remarquer par la violence de ses attaques contre les prêtres, fut élu, le 16 septembre, président de cette assemblée fantôme, et, le 20 septembre, tandis qu'on apprenait, avec une véritable terreur, que l'ennemi avait forcé les passages de l'Argonne, il faisait voter une loi autorisant le divorce par consentement d'un seul [3]. Ce n'était pas assez d'avoir attiré sur le pays les malheurs de la guerre, ruiné le crédit public, supprimé tout pouvoir, confisqué les propriétés, traqué les individus, l'Assemblée, dans sa rage de dissolution, avait, avant de se séparer, trouvé, à l'instigation de Cambon, un efficace moyen de détruire la famille.

1. *Révolutions de Paris*, n° 66.
2. COUTHON, *Correspondance*.
3. *Journal des Débats et Décrets*, n° 337.

TROISIÈME PARTIE

LE POUVOIR

CHAPITRE PREMIER

DE LA GIRONDE A LA MONTAGNE

C'est à la Législative, peut-être au fauteuil du président, que Joseph Cambon apprit qu'il était nommé, par le département de l'Hérault, député à la Convention nationale. En récompense de son zèle, il passait le premier de la liste, avec 451 voix sur 465 votants [1]. Il est vrai que les élections s'étaient faites sous la poussée des démagogues. La Commune de Paris avait envoyé dans les départements trois cents commissaires qui, pour écarter des urnes les gens paisibles, avaient fait dresser des listes de suspects. Pour n'être pas inscrits sur

---

[1]. L'élection avait eu lieu à Béziers. Cf. *Procès-verbaux des séances des Assemblées électorales de l'Hérault.*

la fatale liste, les opposants se cachaient. Aussi bien, étaient exclus du vote tous ceux qui ne prêtaient pas le serment civique et, pour plus de sûreté dans le résultat, le scrutin avait eu lieu à haute voix [1].

La Convention nationale se réunit, pour la première fois, au palais des Tuileries, le 20 septembre. Les girondins, comme on commençait d'appeler Vergniaud et ses amis, avaient la majorité. Pétion, qui était des leurs, fut élu président contre Robespierre à la presque unanimité des voix. Le 21 septembre, la séance eut lieu dans la salle du Manège que quittait la Législative et il fut tout de suite décidé que la royauté était abolie.

Dans la nouvelle assemblée, comme dans celle qui l'avait précédée, Cambon avait pris tout de suite parti pour Brissot et Vergniaud contre Marat et Robespierre. Toujours simplement mais correctement vêtu, cachant, le plus souvent, sous une réserve courtoise, l'ardeur de ses opinions, il ne pouvait souffrir les égarements de langage, la vulgarité voulue, l'intentionnel cynisme, la mise sordide qui rendaient Marat populaire et, quant à Robespierre, cet homme froid et compassé, mystérieux, ennemi du commerce [2] et grand protecteur des prêtres, lui avait inspiré, dès qu'il l'avait connu, une naturelle et insurmontable antipathie.

Ainsi uni aux girondins, Cambon lutta avec eux contre la Commune insurrectionnelle et les députés

---

1. Il n'y eut, en vérité, aux Assemblées primaires que 700.000 votants sur 7 millions d'électeurs (Taine). Cf. MATHIEZ, *l'Humanité*, février 1922. *Révolutions de Paris*, n° 67, etc.

2. Il le regardait comme un « brigandage ». *Discours* du 2 décembre 1793.

de Paris qui s'appuyaient sur elle. Le 17 septembre, à la Législative, à propos d'une affaire louche, le vol des diamants de la couronne, il avait demandé que la municipalité fût remplacée et, le 25, revenant à la charge à la Convention, il s'écriait, applaudi par la droite et le centre de l'assemblée nouvelle : « Une loi dit que la Commune sera renouvelée... pourquoi ne l'est-elle pas encore ? »

Il ne laissa pas, en septembre et en octobre, de se joindre à ceux qui, chaque jour, reprochaient aux élus de Paris d'avoir provoqué les massacres. Il appuyait les véhémentes dénonciations de Barbaroux et de Rebecqui, coupait la parole à Marat qui injuriait Brissot et, au cours de la fameuse séance où Louvet accusa Robespierre de briguer la dictature et demanda son arrestation, Cambon, tourné vers ceux qui protestaient : « Misérables ! s'écria-t-il, misérables ! » et montrant son bras d'un geste théâtral : « voilà, dit-il, en bravant Robespierre du regard, voilà l'arrêt de mort des dictateurs [1] » !

Malgré cette virulente algarade contre un homme que toujours il abhorra, l'on pouvait discerner, à divers indices, que Cambon se détachait des girondins. Rebecqui, puis Brissot, pour inquiéter Danton qui manquait d'ordre dans les affaires d'argent, avaient sommé le ministre de la Justice de rendre publiquement compte à l'Assemblée de ses dépenses secrètes au conseil exécutif provisoire. Le tribun bondissait sous l'attaque, lorsque le prési-

1. 29 octobre.

dent du comité des Finances à la Convention, Cambon, toujours écouté en cet objet, arrêta les accusateurs en disant qu' « il condamnait l'usage des fonds secrets, mais que Danton s'était conformé aux coutumes » [1]. Quelques jours plus tard, Cambon, après avoir réclamé la veille l'arrestation des officiers municipaux qui étaient venus demander des subsides, faisait accorder à la Commune, ruinée aux profit des égorgeurs, quatre millions de livres sur les six qui étaient nécessaires à liquider les billets de confiance émis par la *Maison de secours* en déconfiture.

Que s'était-il passé ? Cambon, si, en vérité, il avait, jusque-là, soutenu les girondins de ses discours et de ses votes, ne les considérait plus, ainsi que l'année précédente, comme « les plus purs et les plus intègres des législateurs ». Il avait nombre d'opinions semblables aux leurs, mais sa sollicitude patriotique s'était souvent irritée de leurs atermoiements, effrayée de leurs manœuvres. Puis les questions d'affaires, essentielles pour Cambon, n'intéressaient pas les girondins. Elles paraissaient secondaires à ces « hommes d'État [2] » qui les dédaignaient, dépensant leur activité en de théoriques controverses et se montrant, du reste, aussi violents en paroles qu'ils étaient faibles dans l'action.

Ces différences avaient toujours existé ; elles tenaient au tempérament, à l'éducation de chacun.

---

1. 18 octobre. (*Moniteur*, tome XIV.) Cf. *Revue de la Révolution française*, 14 octobre 1888 et Mathiez, *Étude Robespiériste : Les comptes de Danton.*
2. Danton à la Convention nationale, 16 janv. 1793.

Le temps et les circonstances les avaient fait s'accroître, mais elles n'eussent pas suffi à séparer le député de l'Hérault de ces girondins qu'il avait tant admirés et avec qui semblaient l'avoir uni à jamais des luttes solidaires, un même esprit provincial, une égale horreur pour « ceux qui protégeaient ouvertement les assassins de septembre [1] ». Les motifs d'entente étaient si nombreux et puissants qu'une rupture semblait impossible, quand les événements firent pénétrer, dans l'âme inquiète et jalouse de Cambon, deux sentiments très forts, la crainte et le dépit, qui le refoulèrent dans le camp de ses ennemis.

Depuis que, le 20 septembre, les volontaires avaient, sous les obus prussiens, repris les hauteurs de Valmy, des fuyards de Mons et de Tournay, le général Dumouriez avait fait des héros. Sous ses ordres, nos soldats continuaient de se couvrir de gloire. Le 19 octobre, l'ennemi repassait la frontière, le 15 décembre, Bruxelles était à nous, le 18, « le vainqueur des Prussiens [2] » entrait dans Liège en triomphateur. « L'armée avait un chef [3] » et le peuple une idole. Sur tous les points du territoire, on dressait des pavois au libérateur de la patrie, au général victorieux que la clairvoyance des girondins avait fait placer à la tête des armées.

Cette popularité soudaine et irrésistible ne laissait pas que d'effrayer le patriotisme ombrageux de Cambon. Il redoutait l'éclosion d'un « despote

1. Roland.
2. Madame Roland.
3. Rivarol.

unique », « qui pourrait asservir la Convention ».
La victoire, au lieu de le réjouir, le mettait dans
les transes. Il avait, sans cesse, le mot de Cromwell
sur les lèvres et voyait en tremblant « applaudir un
homme [1] », surtout que cet homme, dans la confiance que donne le succès, agissait en véritable
proconsul, brisait, pour vaincre, tous les obstacles, ne se souciant pas davantage du ministre qui
lui était hostile que du comité des Finances de la
Convention.

Ce comité, comme chacun sait, était présidé par
Cambon et c'est Pache qui, depuis le 3 novembre,
était ministre de la guerre. Il avait été élu sur la
recommandation de Roland, mais, aussitôt en place,
ce fonctionnaire qui passait pour « modeste, ennemi de toutes sortes d'éclat [2] », s'était retourné
contre ses bienfaiteurs, était devenu l'humble ser-
viteur des jacobins. Son prédécesseur, Servan, avait
sagement maintenu à leur poste les anciens employés. Pache les congédia. « Tout ce qu'il y avait
de commis expérimentés avait été banni du ministère [3] ». « L'hôtel de la guerre était devenu une
caverne indécente... [4] » « un ramassis de forcenés
et de brigands [5] ». Il en était résulté un effroyable
gâchis. Les services étaient désorganisés. L'armée
était « sans pain, sans fourrage, sans argent [6] ».
« Dumouriez était arrêté à chaque pas dans sa

1. Cambon à la Convention nationale, 25 sept. 1792.
2. Madame Roland.
3. BARBAROUX, *Mémoires*.
4. DUMOURIEZ, *Mémoires*.
5. BUZOT, *Mémoires*.
6. *Lettre* de Dumouriez à la Convention, 2 déc. 1792.

marche par la lenteur dans les fournitures de toutes sortes, dans le numéraire, dans la paye des soldats [1]. » Or, il n'était pas homme à laisser aliéner la victoire ou seulement sa carrière, par les erreurs et les fautes d'un ministre « très peu capable [2] ». Il s'entoura de fournisseurs qu'il rémunérait lui-même et en qui il avait confiance et, quand il ne lui resta que 10.000 francs en caisse, il se procura 300.000 francs de numéraire en acceptant des traites à un mois, payables sur le Trésor [3].

Lorsque ces billets arrivèrent à échéance, les commissaires de la Trésorerie nationale refusèrent de les payer. « Dumouriez dénonça cet acte comme un crime contre la loyauté française... Il demanda qu'il fût réparé... La crainte du général était telle que les commissaires auraient succombé s'ils n'avaient été soutenus avec un courage et une loyauté rares par Cambon qui présidait le comité des Finances [4]. » Cambon considérait la gestion financière du pays comme son domaine ; il n'acceptait aucune intervention de ses collègues, encore moins pouvait-il admettre qu'un agent du pouvoir, si haut placé qu'il fût, foulant aux pieds les règles communes, en usât à sa guise et se passât de son assentiment : « Un général, disait-il, ne doit que commander ; c'est à l'ordonnateur de veiller aux

1. Westermann à la Convention nationale, 29 nov. 1792

2. COUTHON, *Correspondance.*

3. *Lettre* de Dumouriez à la Convention nationale, 25 nov. 1792.

4. GAUDIN, duc de GAETE, *Mémoires et Souvenirs.* (Gaudin qui devint ministre sous l'Empire, était, à cette époque, commissaire à la Trésorerie nationale.)

approvisionnements, au payeur de l'armée à les
solder, au contrôleur de les examiner et à rendre
compte à la Trésorerie, laquelle les fait passer au
comité des Finances institué à cet effet... Si nous
sortons de cette hiérarchie des pouvoirs, la république est perdue [1] ! »

On ne pouvait mieux dire et personne n'eût osé
désapprouver l'homme intègre qui donnait tout son
temps au minutieux contrôle des dépenses. Mais,
d'un autre côté, comment laisser nos troupes souffrir de la disette ? On parlait couramment à l'Assemblée de « la nudité des soldats [2] ». Refuser d'acquitter les traites que Dumouriez avait avalisées,
c'était lui enlever tout crédit et, comme il ne recevait pas ce qui était nécessaire aux besoins de son
armée, arrêter sa marche victorieuse. Lui jugeait
indispensable que « carte blanche » lui fût donnée.
« L'administration est la partie la plus nécessaire
de la guerre, écrivait-il à la Convention nationale ;
le général en dépend ; elle doit être sous sa main [3] »,
et, revenant à la charge : « Oui, je renouvelle ma
demande. Cambon a l'air de s'effrayer d'un général victorieux ; qu'il regarde ma campagne contre
les Prussiens ; je n'ai rien demandé parce qu'alors
la caisse était bien garnie... mais, dans ma campagne contre la Belgique, j'ai débuté sans payeur,
sans hôpitaux, sans argent [4]. »

A cela, encore, que pouvait-il être objecté ?

1. *Révolutions de Paris*, 17-22 novembre 1792, n° 176.
2. Custine à la Convention, 23 janvier 1793.
3. *Quatrième mémoire* à la Convention (*Arch. nat.* F 7 4598).
4. *Moniteur*, tome XV.

Aussi, malgré les efforts de Cambon qui allait répétant : « Je ne conçois pas comment il se fait
qu'avec 198,148,132 millions de dépenses par mois,
tout manque à nos armées [1], » l'Assemblée, pour
ne pas laisser protester la signature de Dumouriez,
ordonna le payement des traites en numéraire métallique [2].

Les girondins, très forts encore, avaient soutenu
leur « chef de guerre ». Cambon, retourné contre
eux, qui accusaient l'incapable Pache de tout le
mal, répondait : « Les hommes ne me font rien [3]...
et, quant à moi, je ne sais qui croire du ministre
ou du général [4]. » Alors, pour donner en partie
satisfaction à l'inflexible président du comité des
Finances, dont, au vrai, personne ne pouvait contester les services, cinq députés furent, pour faire
une enquête, envoyés en mission en Belgique par
la Convention nationale.

A son retour, l'un de ces commissaires, Camus,
vint à l'Assemblée confirmer les plaintes du vainqueur de Jemmapes : « les soldats étaient véritablement sans culottes, véritablement sans souliers. »

L'obstination de Cambon ne fut pas vaincue. Il
ne voulait ni laisser engager, sans qu'il les crût nécessaires, des dépenses nouvelles, ni épargner un
adversaire qui paraissait triompher. Entre ses mains,
le rapport de Camus, favorable à Dumouriez, de-

---

1. *Discours* de Cambon, 5 déc. 1792.
2. 15 déc. 1792.
3. 16 déc.
4. 5 déc.

vint une arme terrible contre le général : « Quel est
l'objet de la guerre entreprise ? dit-il, c'est l'anéan-
tissement des privilèges... Dumouriez a, jusqu'ici,
tout respecté, nobles, prêtres, corvées, féodalité...
Il n'a voulu avoir recours à aucune contribution...
Plus nos armées s'avancent loin des frontières, plus
la guerre devient ruineuse... Si nous portons aux
peuples la liberté, nous devons être dédommagés...
il faut faire payer la guerre par les pays affranchis
par nos armes [1]. » Puis, montrant le trésor vide,
le pays « épuisé [2] », à un moment où « le numéraire coûtait 80 pour 100 de plus que les assignats [3] », dans un âpre discours, au cours duquel
fut prononcée la phrase célèbre : « Guerre aux
châteaux, paix aux chaumières », le farouche gardien des deniers publics demanda l'abolition des
privilèges en Belgique, la suppression des autorités
établies, « la mise, sous la sauvegarde et la protec-
tion de la République française, des meubles et
immeubles appartenant aux princes, aux religieux
et à leurs satellites [4]. »

C'était la prise en tutelle, l'annexion déguisée
d'un pays auquel la Convention nationale avait solennellement déclaré qu'elle accordait « fraternité
et secours [5] ». Ce projet n'allait pas manquer de
transformer en hostilité toutes les sympathies qui
avaient accueilli les troupes françaises à leur en-

---

1. *Rapport* de Cambon. 15 déc.
2. « Nous payions 300 pour 100. Nous étions épuisés. » Cambon
au procès Danton, 13 germinal, an III. *Notes de Topino-Lebrun.*
3. Mallarmé à la Convention nationale, 23 mars 1793.
4. Décret du 15 déc. art. I, III et IV.
5. Décret du 19 nov. 1792.

trée en Belgique. Il fut voté le 16 décembre, et devait, dans l'esprit de celui qui l'avait présenté, remédier au mauvais état de nos finances. C'était, en outre, un démenti donné à Dumouriez qui avait, dans une proclamation ratifiée par la Convention nationale, assuré au peuple belge que nos soldats entreraient dans les Pays-Bas autrichiens « comme des frères et des libérateurs [1] ». Mais le général usa de tous les moyens pour que ne fut pas appliquée « une loi de violence dictée par des conquérants ». Il ne reconnaissait pas à l'Assemblée « le droit de saisir les revenus publics et les biens du clergé » et, par une série de proclamations où il s'élevait contre les « indiscrétions sacrilèges et les vexations tyranniques » des Commissaires envoyés par la Convention, il ordonna la restitution de tout ce qu'ils avaient confisqué [2]. Puis, voulant empêcher que les jacobins ne revinssent « tout gâter avec leur dédain pour les anciennes institutions, leurs insultes à la religion, leurs contributions de guerre [3] », il se rendit à Paris.

Son intention était de renverser le ministre de la guerre, de proposer un plan de campagne, de s'entremettre, s'il était possible, auprès de ses amis pour sauver le roi dont le procès commençait, enfin, le « motif très essentiel de son voyage » était d'obtenir l'abrogation du décret que Cambon avait

---

1. 1er nov. 1792.

2. Cf. Jules DELHAIZE, *La domination française en Belgique à la fin du xviiie siècle et au commencement du xixe*. Cf. aussi ROJAS, *Miranda, le Moniteur, la Gazette de France*, etc..., cités par Chuquet, *La trahison de Dumouriez.*

3. J. DELHAIZE, *op. cit.*

fait adopter le 16 décembre [1]. Aussi, à peine arrivé à Paris, essaya-t-il d'être mis en rapport avec le membre de la Convention qui gouvernait seul les finances. Son ami d'Espagnac se chargea de ce soin. C'était cet ancien abbé de cour, devenu entrepreneur de charrois pour l'armée, auquel Dumouriez avait emprunté 300.000 livres en numéraire. Cambon avait eu naguère des démêlés avec ce fournisseur trop habile ; il l'avait même fait arrêter et traduire à la barre de la Convention. Mais, depuis, Espagnac, « plein d'esprit et de ressources », avait gagné, sur la partie des finances, la confiance de Cambon et il le pria à déjeuner en même temps que le général Dumouriez. L'entrevue fut courtoise. Cambon écouta et ne parla guère, mais, de retour à l'Assemblée, il dit à qui voulut l'entendre que, si le décret du 15 décembre n'était pas appliqué, c'est que Dumouriez y avait opposé son veto.

Quelques jours après, Ducos, député de la Gironde, réunit à sa table les deux adversaires. Après le repas, eut lieu une conférence qui dura six heures. Il y fut non seulement question des Belges, mais aussi de la situation politique. Cambon avait l'apparence d'un homme sage. Aussi Dumouriez ne se cacha pas pour lui dire qu'il trouvait le procès du roi au moins inutile et que la condamnation de Louis XVI serait « capable de bouleverser l'Europe ». Il ajouta qu' « on avait trop fait au 10 août, qu'il fallait une constitution par laquelle la queue

---

1. Cf. *Discours* de Drouet. (*Journal de la Montagne*, du 15 juin) et *Minerva*, tome V, cités par Chuquet, *op. cit.*

et la tête ne commandent pas [1] ». La discussion se prolongea fort tard dans la soirée et dégénéra en querelle.

Dumouriez s'était fait, de Cambon, un ennemi implacable et Cambon, par rancune et esprit de contradiction, se laissa entraîner de plus en plus dans le parti de la Commune. Il en vint à penser, comme les sectionnaires, que les Girondins, dont les amitiés n'étaient pas celles de véritables patriotes, poursuivaient l'extermination du peuple et conspiraient avec le général contre l'unité et l'indivisibilité de la République. Il fit tant pour soutenir auprès de ses collègues le décret du 15 décembre, que Dumouriez quitta Paris, le 26 janvier, « aussi avancé que le premier jour [2] ».

Entre temps, Cambon avait voté la mort du roi sans appel ni sursis et, adhérant de bon gré aux mesures terribles de salut public — mise hors la loi des prêtres et des nobles, établissement dans chaque commune d'un comité révolutionnaire — il lutta sans relâche, au comité de défense générale et à l'Assemblée, contre le « crédit vraiment magique [3] » dont jouissait son adversaire sur la majorité des conventionnels.

Dumouriez passait pour être le « mentor de la Gironde [4] », mais les amis de Vergniaud n'étaient pas seuls à « épauler » le général. La guerre venait d'être déclarée au roi d'Angleterre et au stathouder

---

1. DUMOURIEZ, *Mémoires*.

2. *Lettre* de Dumouriez à Thouvenot, 19 janvier 1793. *Arch. nat.* F7 4598, citée par Chuquet, *op. cit.*

3. *Mémoires* de Sainte-Foy. *Arch. parlementaires*, tome 54.

4. *Le patriote français*.

de Hollande ; on comptait sur « les talents militaires [1] » dont avait fait preuve le vainqueur de Jemmapes. Il était soutenu par Cloots, Desfieux, Proli, qui ne pouvaient être traités de brissotins ou de rolandistes. Danton le « défendait avec acharnement », Barère le glorifiait, Marat, qui l'avait attaqué naguère, le déclarait « lié au salut public par ses propres victoires [2] » et Robespierre lui-même affirmait : « J'ai confiance en Dumouriez [3]. » A peu près seul, le président du comité des Finances conservait ses soupçons. Aux objections qui lui étaient faites de toutes parts, il répondait : « Il faut se soumettre aux lois [4]. » Et, si Lacroix insistait parlant de reconnaissance, si le plus grand nombre des députés continuaient de compter, en dépit d'une attitude équivoque, sur l'homme qui avait sauvé la patrie et qui la sauverait encore, Cambon, sans se laisser déconcerter, reprenait l'irréfutable argument : « Quelle que soit la confiance de l'Assemblée dans le général Dumouriez, je dis qu'il a écarté les commissaires, qu'il veut régir les finances. Il ne le faut pas [5]. »

Encore que Pache eût été remplacé par Beurnouville au ministère de la guerre, Cambon put faire voter par l'Assemblée l'application immédiate du décret du 15 décembre, l'annexion de la Belgique, la suppression de tous les privilèges en Hollande. Il obtint le rappel de Malus, fournisseur

---

1. Danton, 14 mars 1793, à la Convention nationale.
2. 12 mars.
3. 10 mars.
4. *Logotachypraphe.*
5. 2 avril 1793.

des guerres, qui avait lié partie avec Dumouriez, et
fit, à différentes reprises, envoyer aux armées des
commissaires pour appliquer, dans les pays an-
nexés, les lois et les décrets de la Convention nationale.

Or, depuis longtemps déjà, Dumouriez avait
« pris son parti quelque chose qu'en pensent Cambon et ses satellites [1] ». Ne voulant « ni décret du
15, ni commissaires, ni clubs », il s'était juré de
« soustraire la majorité de l'Assemblée à la tyrannie des tribunes et à la dictature financière de Cambon [2] ». Dans son désir ardent de jouer un rôle, il
avait rêvé de marcher sur Paris, à la tête de son
armée innombrable et invincible, pour y rétablir
l'ordre et dicter la paix à l'Europe [3]. Vaincu à Ner-
winden et à Louvain, irrité de ce double échec
qu'il attribuait à l'ingérence de la Convention, il
s'était « porté aux dernières extrémités [4] » et, « devenu traître après de grands revers [5] », avait noué
des intrigues avec les Autrichiens, livré à l'ennemi
les commissaires que l'Assemblée lui avait envoyés,
puis, après avoir vainement essayé d'entraîner ses
troupes, il avait passé la frontrière avec son état-
major [6].

Quand la Convention apprit cette défection, elle
décida, pour lutter contre la désorganisation de l'armée qui en était la conséquence de désigner, parmi

1. *Lettre* de Dumouriez à Miranda (Rojas, *Miranda*).
2. *Lettre* de Dumouriez à la Convention nationale, 2 avril.
3. Dumouriez, *Mémoires*, tome IV.
4. Meillan, *Mémoires*.
5. Mercier, *Nouveau Paris*, tome Ier.
6. 5 avril.

ses membres, neuf députés qui tiendraient d'elle les plus grands pouvoirs d'exécution. Le décret, proposé par Isnard et soutenu par Cambon, fut voté le 3 avril. Cambon, qui avait dévoilé, le premier, les « intentions liberticides [1] » du « nouveau Catilina [2] » était élu le troisième [3]. Avec lui, faisaient partie de ce nouveau conseil exécutif, Barère, Delmas, Bréard, Danton Guyton, Lacroix, Treilhard et Jean Debry qui, sujet à des crachements de sang, fut bientôt remplacé par Robert Lindet. Ils se rattachaient tous à la Montagne, mais à « la Montagne non doctrinaire [4] ». C'étaient des amis de Danton, mais Danton semblait ne plus vouloir être l'homme terrible qui excitait les foules « à boire le sang de leurs ennemis [5] ». « Rapprochons-nous, avait-il dit après son élection, rapprochons-nous fraternellement ; il y va du salut de tous [6]. » Et, en vérité, au début de leur mandat, les membres du comité suprême, d'où avaient été exclus, dans un esprit de conciliation, aussi bien les chefs de la Gironde que Marat et Robespierre, avaient le désir « d'ajourner les haines personnelles », étaient « partisans d'une entente avec les sages et les patriotes » de tous les partis [7].

Le comité de Salut public se réunit d'abord au ci-devant hôtel d'Elbeuf, place du Carrousel, entre

1. CAMUS, *Rapport.*
2. PRUDHOMME, *Révolutions de Paris.*
3. Par 278 voix.
4. Cf. MOUTIER, *Robert Lindet.*
5. *Discours* du 9 mars 1793.
6. *Discours* du 4 avril 1793.
7. Cf. AULARD, *Le Comité de Salut public. Revue de la Révolution française* 1891.

les petites écuries du roi et l'ancien hôtel de Longueville, puis il alla s'installer au rez-de-chaussée du ci-devant Pavillon de Flore, dans le château des Tuileries.

Il y avait deux séances par jour, l'une à sept heures du matin, l'autre à neuf heures du soir. Les membres du comité délibéraient en commun les affaires. Investis de la toute-puissance, ils assumaient tous les pouvoirs. Ils avaient l'initiative des lois, la surveillance des ministères, le droit de prendre des décrets d'urgence et de suspendre ceux qu'avait votés la Convention. Le pays tout entier était en leurs mains. Ils en avaient, hormis pour les finances, le gouvernement et l'administration. Tout avait lieu dans le secret et se préparait dans le silence. Il n'y avait pas de président. C'était une dictature anonyme, un conseil souverain dont les neuf membres étaient solidaires.

Ce premier comité, moins connu que celui qui lui succéda, gouverna pendant trois mois la France au milieu de difficultés sans nombre. Quand il prit le pouvoir, « la République était trahie[1] ». Il fallait défendre les frontières découvertes, soutenir la Révolution. « Dumouriez avait désorganisé l'armée du Nord. Les armées du Rhin et de la Moselle avaient été obligées de rétrograder. Quant aux armées des Pyrénées-Orientales et Occidentales, il n'y avait dans cette partie pour ainsi dire pas un soldat, pas de munitions, pas de canons[2] ». « Le pays

1. Cambon à la Convention nationale, 11 juillet 1793, *Moniteur* 17.
2. d°.

était fatigué [1] ». Cholet venait d'être pris et incendié par les chouans [2] ; le Puy s'était révolté et aussi les Bouches-du-Rhône. « Tous les éléments de la défense vont sortir du cerveau de cette poignée d'hommes : lutte gigantesque contre l'ennemi qui envahit les frontières, contre les conspirations de l'intérieur qui mettent à feu et à sang nos départements de l'ouest [3] ! »

Sans rompre le faisceau qu'ils formaient, les membres du comité s'étaient partagé la besogne. Treilhard et Bréard avaient la marine, Delmas et Lacroix, l'administration matérielle de la guerre ; à Danton et à Barère étaient dévolues les relations extérieures. Danton, au vrai, dominait le comité tout entier, lui marquait le but et la route, mais, affligé par la mort de sa femme, souffrant de vivre seul et incapable, du reste, d'un obscur, continuel et solidaire effort, il ne venait guère au conseil, abandonnant à ses collègues les menus soucis de l'administration [4].

Cambon déployait une admirable activité. Il s'occupait avec Lindet des subsistances, question vitale au moment où la disette affamait les villes, et assumait, tout seul, la tâche écrasante de recevoir la correspondance des départements. Il travaillait quinze heures par jour, s'absorbait à un tel point dans son labeur que, le plus souvent, il lui fallait, pour se reposer, dormir sur un matelas jeté à terre

---

1. Jean Bon Saint-André à Barère, 22 mars 1793.
2. Le frère de Cambon, Auguste, qui était maire de cette ville, avait été fait prisonnier.
3. MOUTIER, *op. cit.*
4. Cf. *Mémoires* de Barère.

ou posé sur la table même des délibérations [1]. Il organisa « un pouvoir exécutif de surveillance » dans l'intérieur du pays, établit dans chaque commune un comité révolutionnaire [2]. Il décachetait scrupuleusement toutes les lettres, les lisait et annotait lui-même, dictait les réponses [3].

A ce poste, il pouvait mieux que personne être renseigné sur l'opinion. Au contraire, « son assiduité au comité » lui fut nuisible. Les rapports qu'il dépouillait étaient si nombreux que, son goût pour la minutie l'empêchant de se faire une vue d'ensemble, il se perdait dans les détails. « Incapable de calculer en politique, se vantant de son ignorance en diplomatie [4] », il ne vit pas les intrigues qui se tramaient à ses côtés. Il s'était tracé une ligne de conduite commode ; c'était de se mettre à la suite si l'on peut dire, et, ainsi, plus par discipline et impéritie que par crainte ou ambition, il se montrait partisan de toute opinion qui paraissait avoir la majorité.

Chaque fois qu'il s'agit de prêtres, de suspects, de royalistes, il rivalisa de violence et de cruauté avec les plus forcenés des montagnards, mais, en bon comptable, il ménagea les girondins qui formaient encore le parti le plus fort de l'Assemblée. Depuis que Dumouriez s'était mis hors de cause, Vergniaud et ses amis ne lui semblaient plus être

1. Cf. *Arch. nat.* AF[II] 32.

2. Loi du 30 avril 1793. Cf. Cambon à la Convention nationale, 17 juillet 1793.

3. Cambon à la Convention nationale, 12 vendémiaire, an III (3 oct. 1794).

4. *J.-P. Brissot à ses commettants.*

« les complices de Pitt et de Cobourg » et il était loin de conspirer, comme les membres de la Commune, la perte d'hommes qu'il ne lassait pas d'admirer encore et qu'il ne craignait plus. Aussi bien, dans l'Hérault, les sociétés populaires étaient d'opinion girondine ainsi que tous les *patriotes* des municipalités, des districts et du département [1]. Le père de Cambon avait partie liée, non seulement avec Albisson, Castilhon de Saint-Victor, Dupin, Fargeon, qui étaient, comme lui, favorables à la Gironde, mais encore avec Durand, le maire de Montpellier, « instigateur et meneur principal de toutes les mesures de fédéralisme [2] ».

Pris entre ses sentiments intimes et la nécessité d'appliquer la « grande loi de salut public », Cambon était désorienté. « Nous devons, disait-il, oublier nos divisions intestines... ramener les esprits [3]... » Mais ces appels à la concorde ne l'empêchaient pas de soutenir Robespierre et Danton contre Vergniaud [4] et de donner, au Tribunal révolutionnaire, dont il avait désapprouvé l'institution, « le moyen de déployer toute la sévérité des lois [5] ». Il écrivait à son père que « la Montagne perdrait la République [6] » et défendait Marat qui,

---

1. *Arch. départementales de l'Hérault* L IV-a *Sociétés populaires*, citées par Wallon. *La Révolution du 31 mai et le fédéralisme.*

2. *Rapport* de Julien (de Toulouse), à la Convention nationale, sept. 1793.

3. 11 juillet 1793.

4. Séance du 10 avril 1793.

5. Discours du président Montané à la Convention nationale, 2 avril 1793.

6. Soulier, *Recherches historiques.*

placé au sommet de la Montagne, excitait le peuple
au meurtre des girondins. Le 18 avril, il trouvait,
comme les bordelais Ducos et Guadet, arbitraire et
dangereuse une taxe sur les denrées réclamée par
la Commune de Paris et, le 4 mai, il votait la loi
funeste du *maximum* [1].

Ces fluctuations n'étaient pas particulières à Cambon ; elles étaient communes aux membres du comité qui assumaient la charge du gouvernement [2].
Au lieu de concilier les esprits, cette collective in-
décision leur aliéna les girondins, surtout que
Danton venait de faire à la tribune de la Convention
des allusions menaçantes. Danton « se voyait, se
croyait » en péril et, « pour se sauver, il franchit
toutes les barrières... provoqua tous les excès [3] ».
S'il ne poussa Desmoulins à écrire, il laissa publier
le pamphlet tristement célèbre où le terrible journaliste réclamait « le vomissement des brissotins
hors de la Convention ».

Les brissotins se vengèrent sur le comité tout entier. « Ils attaquèrent Delmas, Guyton-Morveau,
Lindet, Barère et Cambon de la manière la plus
calomnieuse et la plus atroce, » écrit Barère, qui
ajoute, non sans amertume : « et c'est nous qui
défendions Brissot et ses amis. » Lindet et Barère
étaient traités par Vergniaud d'assassins et d'im-
posteurs [4]. Brissot s'en prenait spécialement à Cambon. Il lui reprochait d'être « sans mesure, sans

1. *Actes du Comité de Salut public*, tome II.
2. Cf. *Discours de Cambon*, 2 vendémiaire an III (3 oct. 1794)
et de Guyton-Morveau, 1er brumaire an III (22 oct. 1794).
3. GARAT, *Mémoires*.
4. Lettre de Vergniaud, 28 mai 1793.

justesse, sans jugement et sans connaissances [1] » il
le présentait comme un « fripon... l'accusait d'a-
voir fait des dépenses énormes, d'avoir acheté des
domaines ». Là-dessus, « on dit et on imprima à
Nîmes que Cambon avait envoyé à son père quarante-cinq livres pesant d'assignats et, quelques
jours après, trois millions [2]. »

Cambon tenait tête à l'orage. Malgré ces bruits
qu'on semait sur lui, personne ne le croyait cor-
ruptible. Sachant combien était justifiée sa réputation de probité, se sentant hors d'atteinte et exempt
de soupçon, il ne se laissa pas entraîner, par représailles, dans la lutte à mort que les montagnards
avaient déchaînée contre ceux qui l'offensaient [3].
Au contraire, ayant appris, par les lettres qu'il décachetait au comité de Salut public, que son collègue Danton se réunissait secrètement à Charen-
ton avec Robespierre et Pache, le maire de Paris,
pour préparer un soulèvement populaire, il fit appeler Danton et Lacroix et il leur dit : « Le fait est
prouvé, il y a eu des repas. Nous pouvons faire un
rapport contre vous. Voulez-vous être domina-
teurs ? » Danton répondit : « Il est vrai, nous avons
été dîner ensemble, mais ne crains rien, nous sau-
verons la liberté [4] ! »

1. *J.-P. Brissot à ses commettants.*
2. Cf. Séance du 17 juillet 1793 à la Convention nationale
(*Moniteur* 27) et aussi *Mémoires* de Barère.
3. Il écrivait : « J'ai dit à ma ville : je voudrais me mettre
en prison après la session de la Convention et, pourvu que la république soit sauvée, j'abandonne ma personne à la vengeance
de mes ennemis. »
4. Cambon à la Convention nationale, 12 vendémiaire, an III
(3 octobre 1794).

Confiant en ces paroles et ne croyant pas au complot qui lui était dénoncé, le comité de Salut public continua son jeu de bascule, proposant, le 18 mai, la nomination de douze députés pour contrôler les membres de la Commune, demandant, neuf jours après, l'abolition de cette commission d'enquête, uniquement composée de girondins, et, après l'avoir fait rétablir, le lendemain, acceptant sa définitive destitution, sous la poussée d'une émeute qu'en dépit des avertissements il avait négligé de prévenir.

C'était le 31 mai, une foule de dix à douze mille pétitionnaires s'était portée vers le château des Tuileries, où, depuis le 10 mai, siégeait la Convention nationale ; ils venaient demander le pain à trois sous la livre, la création d'une armée révolutionnaire, la suppression des douze. « Toutes les avenues de la salle étaient obstruées par une multitude armée. » L'Assemblée, cédant à cette « révolution morale », adopta un décret qui « supprimait la commission des douze et chargeait le comité de Salut public de présenter son rapport sur les vingt-deux députés dénoncés par l'administration de Paris ».

En vain, Cambon avait « invité ses collègues au calme, à l'union, réclamé le silence des tribunes ». L'immuable mise en scène dont on avait usé au 10 août et dans les autres journées révolutionnaires était restée efficace ; les comparses avaient si bien joué leur rôle que la comédie s'était déroulée sans résistance et avait réussi [1]. Aussi bien, « tout le

1. Séance du 31 mai. Cf. VERMOREL, *Œuvres de Vergniaud.*

parti du côté gauche était dans le secret. Le comité de Salut public seul ne savait où l'on voulait le conduire [1] ».

Après la séance, six membres de ce comité se réunirent au pavillon de l'Égalité et passèrent la nuit en délibérations. Les trois autres ne se montrèrent pas. Danton et son fidèle Lacroix « trinquaient » déjà, sans doute, avec le général Hanriot [2] et Treilhard était, par prudence, sagement rentré chez lui. Le ministre de l'intérieur, Garat, fut appelé, ainsi que Pache, le maire de Paris. Pache ne dissimula pas que l'arrestation des vingt-deux députés du côté droit pouvait seule calmer la fermentation du peuple. Les membres du comité présents se récrièrent ; ils avaient bien accepté la suppression des douze, mais il était de leur devoir de ne pas céder à l'émeute et de défendre l'inviolabilité de la représentation nationale. Ils savaient maintenant que « Danton et Lacroix, quoique membres du comité, s'étaient placés à la tête du mouvement mis sur le compte de la Commune », et c'était une raison de plus pour résister aux injonctions séditieuses d'une multitude ameutée [3].

Les six qui siégèrent dans la nuit du 31 mai au 1ᵉʳ juin auraient pu prendre contre leurs collègues absents à dessein les « grandes mesures de salut public ». Ils n'osèrent pas, accoutumés à suivre plutôt qu'à combattre l'opinion de Danton et crai-

1. *Mémoires* de Barère.
2. Cf. ROBINET, *Procès des Dantonistes.*
3. Cf. *Mémoires* de Barère ; Robert LINDET, *Exposition des motifs qui ont déterminé Robert Lindet à voter pour l'arrestation des 32 membres de la Convention nationale.*

gnant, pour le surplus, de faiblir ou de transiger devant les girondins. Ils se contentèrent d'inscrire et de signer leur protestation mutuelle sur un registre qui a été perdu ou qu'on a fait disparaître [1], puis, dans une adresse aux Français, de faire appel à « la réconciliation des cœurs [2] ».

Après avoir ainsi renouvelé en commun le geste de Pilate, les six proconsuls quittèrent la salle du conseil. Le soleil était levé depuis longtemps. « L'orage semblait fini [3]. » Les rues étaient calmes et le restèrent, en apparence, tout le long du jour [4], tandis que, dans l'ombre, les meneurs de l'Hôtel de Ville, mettant à profit le repos du dimanche, préparaient une nouvelle insurrection. Elle éclata le lendemain, selon un plan longuement concerté et qui fut exécuté sans défaut. A la première heure, la générale était battue dans les rues ; on tirait le canon d'alarme ; Marat sonnait lui-même le tocsin. Les troupes d'Hanriot, rassemblées pendant la nuit, étaient massées autour des Tuileries. La Commune vint réclamer pour la dernière fois, au nom du peuple, l'arrestation des vingt-deux. Cent mille baïonnettes entouraient le château, soixante canons étaient braqués. L'Assemblée essaya de résister. Sortant en corps dans le jardin, les députés tentèrent de s'ouvrir un passage dans le cordon des troupes : « Canonniers à vos pièces, commanda

1. Cambon à la Convention nationale, 12 vendémiaire, an II et 2 germinal, an III ; Guyton-Morveau à la Convention nationale, 1ᵉʳ brumaire, an II.
2. *Discours* de Barère, 1ᵉʳ juin 1793.
3. *Patriote français.*
4. *Chronique de Paris.*

Hanriot. » Les conventionnels rétrogradèrent et, rentrés en séance, se résignèrent à décréter l'exclusion de vingt-neuf d'entre eux, les vingt-deux qui leur avaient été désignés par la Commune et sept autres qui avaient fait partie de l'impopulaire commission des douze [1].

Cette fois, l'œuvre était achevée ; la sédition n'avait pas eu, comme celle de l'avant-veille, un simple effet moral : les montagnards devenaient, sous l'égide de la Commune, les maîtres de la Convention [2].

Cambon ne fut pas parmi les soixante-treize représentants du peuple qui eurent le courage de protester contre la pression exercée sur l'Assemblée. Il ne resta même pas simple spectateur. En dépit de ses préférences secrètes, il lui était difficile de prendre le dangereux parti des girondins qui l'avaient outragé. Il résistait mal, du reste, aux mouvements populaires dont il était issu et se trouvait déjà assez compromis.

Cependant, comme il s'imaginait être attaché à la légalité, l'éclatante victoire de ceux qui venaient de la violer ne laissait pas que de l'effrayer. Il aurait voulu, pour la sauvegarde de l'ordre, « foudroyer l'anarchie » de la Commune et, pour libérer sa conscience, sauver les girondins qu'il avait été contraint de proscrire. Il essaya, avec Barère, de « tempérer Danton », lui « faisant craindre que les départements prendraient parti, dans tout

---

1. Cf. WALLON, *La Révolution du 31 mai et le Fédéralisme ;* PÉTION, *Mémoires ;* LANJUINAIS, *Fragments sur le 31 mai et le 2 juin.*

2. Cf. CL. PERROUD, *La proscription des Girondins.*

le Midi, contre les violences faites à leurs députés [1] ».
Il n'obtint rien. Danton, emporté par la passion, fit
rapporter par l'Assemblée « les mesures de douceur que ses collègues du comité avaient proposées [2] » et soutint, avec Robespierre, la nécessité
de l'insurrection contre une « secte impie » de
« conspirateurs misérables [3] ». Pendant un mois,
Cambon et Barère, Lindet, Guyton, Bréard et Delmas furent « sur le point d'être victimes de leur
signature [4]. Ils furent dénoncés à toutes les
tribunes, à toutes les barres [5] », et « menacés à la
fois par les députés mis hors la loi et par ceux
qui voulaient les punir », ils perdirent la confiance
de la Convention [6].

Aussi bien, les périls étaient au comble. Aux
revers de la guerre étrangère, se mêlaient les dangers de la guerre civile. « La République n'était
qu'une grande ville assiégée. » Tandis que les al-
liés cernaient Condé, Maubeuge, Valenciennes, que
l'Angleterre bloquait tous nos ports, Saumur était
tombé au pouvoir des Vendéens insurgés, vingt
départements se soulevaient, presque tous les autres envoyaient des protestations véhémentes contre
la tyrannie de la Commune [7].

---

1. *Mémoires* de Barère.
2. Cambon à la Convention nationale, 2 germinal, an III
(22 mars 1795).
3. Séance des 8 et 13 juin 1793 à la Convention nationale.
4. Cambon à la Convention nationale, 12 vendémiaire, an III
(3 octobre 1794).
5. d°.
6. Cambon à la Convention nationale, 2 germinal, an III
(22 mars 1795).
7. Cf. LOUVET, *Mémoires*.

Au lieu de faire face à leurs adversaires comme certains d'entre eux, la plupart des députés proscrits avaient pris le parti de fuir. Buzot, Pétion, Guadet, échappés de Paris, entraînaient la Normandie à la révolte. Lyon et Caen emprisonnaient les commissaires de la Convention. De Strasbourg aux Alpes, dans l'Ouest et le Midi, l'opposition girondine se transformait en insurrection monarchique. A Bordeaux, on avait entendu le cri de : « Vive le roi ! » Partout, aux girondins, les royalistes se mêlaient [1]. Le but était dépassé. Et Cambon, attaché passionnément à la Révolution, se pouvait demander si cette Gironde, qu'il avait naguère soupçonnée de connivence avec Dumouriez, ne préparait pas, en vérité, une restauration, si Guadet, Isnard, Buzot et Vergniaud lui-même, qu'il avait tant aimés, n'étaient pas devenus, en haine de la Commune, les « lâches conspirateurs », « les misérables individus », que l'implacable Robespierre flétrissait à la tribune de la Convention [2].

« Ils sont allés rejoindre leur armée en Vendée » avait dit Couthon, le 25 juin. Quelle accusation terrible et vraisemblable ! Ah ! qu'importait maintenant l'inviolabilité de la représentation nationale ? Cambon n'avait plus « le droit ni d'être clément, ni d'être sensible [3] ». L'intérêt de la na-

---

1. Cf. WALLON, *La Révolution du 31 mai et le Fédéralisme ;* AULARD, *Actes du Comité de Salut public,* tomes IV et V ; GUIBAL, *Le mouvement fédéraliste en Provence,* etc.

2. 24 juin.

3. Cambon à la Convention nationale, 8 ventôse, an III (26 février 1794).

tion dicterait ses sentiments et sa conduite. La République était menacée, son indivisibilité discutée, son unité, en péril. Il fallait en finir avec la rebellion. « Le premier salut est celui de la République [1] ! » « Les hommes ne sont rien, pourvu que la République soit sauvée [2] » !

Certes, pour Cambon, « l'idée » d'exclure de l'Assemblée une partie de ses membres, « était due à l'intrigue et n'avait pas pour but le salut de la chose publique », mais l'attitude des proscrits prouvait assez qu' « à dire la vérité tout entière, le 31 mai était une époque glorieuse dans les fastes de la Révolution [3] ». « Sans le 31 mai, les conspirateurs faisaient la loi [4]. » Et Cambon, ratifiant le coup de force qu'il avait réprouvé, ne résistait plus aux exigences des sectionnaires. Il était d'avis, avec eux, qu'il fallait « anéantir le fédéralisme ». Il vota la constitution de 1793 qui érigeait l'insurrection en devoir populaire, se laissa nommer, avec Saint-Just, rapporteur contre Brissot et autres [5], « fit mettre hors la loi, c'est-à-dire proscrire, les principaux administrateurs des départements [6] ».

Or, dans l'Hérault, les partisans et les électeurs de Cambon, ses amis et son père lui-même, avaient désapprouvé la journée du 31 mai. La société populaire de Montpellier avait réclamé de nouvelles

---

1. Cambon à la Convention nationale, 11 juillet 1793. *Rapport sur le Comité de Salut public.*
2. Cambon à la Convention nationale, 14 vendémiaire, an III (5 octobre 1794).
3. d°.
4. Danton à la Convention nationale, 24 juin 1793.
5. 16 juin 1793. *Arch. nat.* AF* 11 46.
6. *Mémoires* de Barère.

élections [1] ; le Directoire du département, où l'influence de Cambon père était prépondérante, avait envoyé une « adresse contre la violation de la représentation nationale [2] » ; enfin, un comité central s'était formé pour « épurer et renouveler la Convention [3] ». A la tête de ce comité était Durand, le maire, qui avait avec lui quelques-uns de ses anciens collègues à la Cour des Aydes, des ci-devant officiers de justice et de finances, des négociants, protestants ou catholiques, tout le groupe libéral qui avait annihilé, en 1789, les prétentions des États du Languedoc, désigné Cambon fils comme député suppléant aux États généraux et l'avait fait élire ensuite à l'Assemblée législative et à la Convention nationale.

Ni le souvenir des luttes communes, ni la reconnaissance des services rendus, n'étaient pour fléchir une âme que le fanatisme aveuglait. Cambon, lorsqu'il croyait la République en danger, ne connaissait ni ami, ni ennemi. Confondant avec le sien l'intérêt de la nation, il rompit avec ceux qui l'avaient fait ce qu'il était : « Il faut, dit-il à l'Assemblée, faire rentrer dans la poussière ces révoltés [4] » et, après avoir, sans doute, conseillé à son père, qui ne signa plus les procès-verbaux du Conseil du département, de rester dans une prudente

1. « La République est trahie, la Convention opprimée. Aux assemblées primaires, aux assemblées primaires ! » Cf. Duval-Jouve, *op. cit.*

2. Cf. *Archives* de l'Hérault. L IV/4 et *Recherches historiques* de Soulier.

3. *Bulletin du Comité central*, cité par Duval-Jouve, *op. cit.*

4. 11 juillet 1793.

inaction, quand Jean Bon Saint-André dénonça Durand à la Convention, tandis que Cambacérès essayait de défendre son compatriote, Cambon resta immobile à sa place et vota le décret d'arrestation [1].

En dépit de ces gages qu'il venait de donner à la Montagne, Cambon ne paraissait pas encore « au pas de la Révolution, à la hauteur des principes ». Il ne pouvait plus être suspect de complicité avec les girondins, mais la politique de prudence qu'il avait tenté de faire prévaloir, à l'époque du 31 mai, avait été condamnée. « Un jour de juillet, Danton vint déclarer à la Convention que les affaires n'avaient pas marché assez fort et avec un caractère assez prononcé, qu'il croyait que les membres du comité de Salut public devaient être renouvelés [2]. » Cette proposition fut acceptée et, du nouveau comité qui fut élu le 10 juillet, Cambon ne fit pas partie.

Pour des raisons personnelles plutôt que politiques, Danton, tout à son amour pour la jeune femme qu'il venait d'épouser, s'était éliminé lui-même. Robespierre en profita pour faire nommer Couthon et Saint-Just qui lui étaient dévoués et, quelques jours après, le 24 juillet, quand il fut sûr d'une majorité fidèle, il se joignit à eux.

Ainsi fut constitué, après qu'il eut été complété par la nomination de Carnot et de Prieur (de la Côte-d'Or), de Billaud-Varennes et de Collot-d'Herbois, le comité de l'an II, qui, assumant tous les

1. 9 juillet 1793.
2. *Mémoires* de Barère.

pouvoirs, exerça jusqu'au 9 thermidor, par le régime de la Terreur et sous la domination de Robespierre, la plus tyrannique des dictatures.

L'ancien comité, renouvelé en partie le 12 juin, avait, avant de disparaître, essayé de se débarrasser de Cambon, fort attaqué [1], en le désignant, avec Casanyès et Ramel, pour une mission dans les Pyrénées-Orientales [2]. Mais la Convention refusa; Casanyès partit seul et Cambon, qui, le 29 juin avait été « chargé de surveiller expressément et de suivre chaque jour les opérations de la Trésorerie » fut, à partir de ce moment [3], de toutes les commissions qui s'occupaient de questions financières, devint, en fait et resta pendant plus d'un an, le chef incontesté des finances publiques.

Écarté des luttes politiques, il se confina dans ce rôle. Sans prendre de repos, ni s'accorder de trêve, il passait des jours et des nuits le front courbé sur ses livres de comptes et ne sortait guère que pour aller, dans la fièvre que lui donnaient les excès de travail, voter, à la Convention nationale, les lois de mort qui facilitaient son écrasante besogne ou, au Tribunal révolutionnaire, témoigner contre ceux que Robespierre avait voués au supplice [4]. Il se croyait le maître, et, en effet, personne ne lui disputait le pouvoir sans limite dont il paraissait

1. Le 8 juillet, Chabot avait dit à la Convention : « Cambon ne voit qu'avec une loupe, aussi chaque objet est un géant pour lui. »

2. 5 juillet.

3. 6 juillet.

4. Il fut témoin au Tribunal révolutionnaire contre Lebrun, le 7 nivôse, an III et contre Danton le 10 frimaire, an II. Cf *Arch. nat.* W 3o5/3o5 et C 283/8oo.

investi, mais il était, en vérité, assujetti au comité
de Salut public. Il s'inclinait devant cette force,
se prêtant à tout et cédant toujours. Il vota la loi
des suspects, la loi du 14 frimaire, la loi du
22 prairial. Il avait approuvé les mesures révolutionnaires du 1" août et décrété d'accusation les
députés qu'il avait naguère essayé de sauver. Sans
consentir à croire en Dieu, il reconnut l'Être suprême, laissa imputer à crime l'athéisme d'Hébert
et de Ronsin et, oubliant un passé qui le pouvait
compromettre, déposa contre Danton, accusé par
Saint-Just d'avoir « vu avec horreur » la chute
des girondins.

Il est vrai que le deuil et l'épouvante étaient pour
l'œuvre de Cambon d'un irrésistible secours et
croyait-il, sans doute, à une époque où « il fallait
guillotiner ou s'attendre à l'être [1] » que « c'était
un devoir terrible d'exécuter les lois révolutionnaires [2] ». Mais, pour les finances aussi qu'il ré-
gissait à sa guise, il n'était, en fait, que l'agent du
comité. Robespierre, Saint-Just et Couthon, aussi
bien que Billaud-Varennes et Collot-d'Herbois,
étaient indifférents aux questions financières. Ils
ne demandaient à Cambon aucun compte, pourvu
qu'il tînt à leur disposition les fonds qui leur étaient
nécessaires. Il fallait subvenir aux besoins de quatorze armées, aux frais des multiples comités révolutionnaires, acheter des denrées pour les céder
aux communes, acquitter les dépenses ordinaires

1. Barère.
2. Cambon à la Convention nationale, 12 brumaire, an III
(2 novembre 1794).

du gouvernement. Cambon pourvut à tout. Il ne laissa jamais manquer d'argent le comité suprême. Il dut, en un travail forcé, trouver les ressources obligatoires et, comme il lui était interdit et qu'il s'interdisait lui-même de les demander à la majorité des contribuables, il lui fallut user, plus que naguère, de la planche aux assignats, recourir aux expédients, mettre, pour les biens des citoyens, comme elle l'était pour les personnes, la Terreur à l'ordre du jour.

CHAPITRE II

LA PLANCHE AUX ASSIGNATS

Depuis que la Trésorerie nationale avait, en 1792, pris possession de l'ancien collège du Mignon [1], la rue à laquelle il avait donné son nom, naguère si calme et paisible, s'était emplie de clameurs. C'était, entre l'église Saint-André-des-Arcs, qui était à vendre [2], et le ci-devant cloître des cordeliers, une courte ruelle partant de la rue du Battoir, pour aboutir à la rue du Jardinet. De tout temps, ce coin de Paris avait formé, dans la grande ville, une cité distincte dont les habitants, se connaissant tous, étaient de métiers similaires. Des imprimeurs, des papetiers, des brocheurs, peuplaient ce quartier dont le silence n'était troublé que par le bruit monotone et régulier des presses, le cri des marchands, le chant des ouvriers au travail.

1. Cf. CHRISTIAN, *L'imprimerie nationale.*
2. Cf. MERCIER, *Le nouveau Paris,* an V, et Legrand. *Description de Paris et de ses édifices* 1809.

Maintenant, à toute heure du jour et jusqu'à la nuit tombante, des charrettes viennent avec fracas déposer ou prendre leur charge ; des garçons livreurs se pressent, s'invectivent ; des employés s'agitent devant la voûte, encombrée de paquets, qui donne accès au vieux collège, et les passants, attirés par le bruit, s'arrêtent, regardant ce palais de Midas d'un nouveau genre où, si tout ce qu'on touche n'est pas changé en or, se façonne la monnaie de papier qui remplace le prestigieux métal. C'est là, en effet, dans cette petite rue Mignon, dont un tronçon existe encore, échappé à la pioche des démolisseurs, que fut créée, au coin de la rue du Battoir, la première fabrique des assignats.

Dès le matin, le papier arrive de la rue Honoré, où, dans la bibliothèque des Feuillants, un archiviste a dénombré les rames. Des commis vérifient le bordereau qui accompagne l'expédition et donnent une reconnaissance en prenant livraison. Les ballots sont alors portés dans l'atelier. Sous le berceau que forment les feuilles imprimées la veille et qui sèchent, étendues au plafond, des ouvriers, en un va-et-vient continuel, se portent de la presse à l'encrier et de l'encrier à la presse ; d'autres, d'un geste machinal, abaissent le tympan sur la pierre, tirent le barreau, déroulent la corde.

Quand les assignats sont prêts, séchés et rognés à la forme, on les compte encore, et des charrettes, encadrées par des gendarmes, emportent le précieux fardeau rue des Petits-Champs, à la caisse de l'Extraordinaire, où un commissaire donne quittance, appose son timbre sur chacun des billets et les enferme dans la caisse à trois clés [1].

Mais cette caisse est comme un trou sans fond ; remplie sans cesse, elle se vide plus vite encore. Chaque mois, Amelot, le directeur de l'Extraordinaire, venait annoncer à l'Assemblée que ses ressources étaient épuisées et, chaque mois, sur un rapport de Cambon, une émission nouvelle était votée. En septembre 1792, quand s'était séparée l'Assemblée législative, plus de deux milliards d'assignats étaient déjà fabriqués [2]. Le pli était pris ; la Convention nationale continua en enchérissant. « Il faut, disait Cambon, avoir recours à cette terre en friche qu'on nous a conservée et créer des assignats... Ne nous dissimulons pas que, sans cette ressource, nous serions esclaves... Il faut avoir recours à nos assignats et toujours à nos assignats [3] ! »

Le conseil fut suivi. Insouciants et dociles, les députés votèrent une émission de 400 millions de francs en octobre 1792, de 600 millions en novembre, de 300 en décembre, de 800 en janvier 1793. Et, toutes les fois, Cambon, sans chercher les moyens de faire rentrer les impôts existants, s'excusait de « ne pouvoir avoir recours à une contri-

1. Cf. Cambon à la Convention nationale, 12 thermidor, an II (30 juillet 1794).

2. Cf. *Histoire des assignats par un financier du Consulat ;* Combes de Patris, *L'esprit financier des Girondins.*

3. Cambon, *Rapport et Projet de décret... sur la situation financière et sur la création de 800 millions d'assignats* (1ᵉʳ février 1793, l'an II de la République).

bution extraordinaire » : « Ce serait surcharger
le peuple », disait-il ; et il ajoutait ingénument :
« Il en coûte à tout le monde d'entendre parler de
création d'assignats et il en coûte beaucoup
d'avoir à vous annoncer ces créations, mais il ne
nous reste pas d'autres ressources [1]. »

Cambon avait pris un tel ascendant sur l'Assemblée et ses collègues éprouvaient tant de satisfaction à être débarrassés d'importuns soucis financiers que les émissions étaient toujours votées sans
débats. Même à l'époque où les moyens de fabrication étaient encore rudimentaires, Cambon, avec
la prévoyance d'un commerçant que l'avenir pré-
occupe, avait obtenu de faire confectionner une
provision d'assignats en réserve : « Ce sera, avait-il
dit, un fonds disponible toujours prêt à recevoir
par décret le caractère de monnaie [2]. » Mais, presque aussitôt, il demandait le vote du décret ; le
fonds disponible était épuisé avant qu'on ait eu le
temps de le constituer.

Les émissions se succédaient, d'autant plus fréquentes que la valeur du papier s'amoindrissait.
Les besoins du Trésor augmentaient par le discrédit des assignats. « La fabrication devenait moins
rapide que la dépense [3]. » La caisse de l'Extraordinaire n'était plus fournie à temps. En vain, les
équipes avaient été doublées, triplées ; les ouvriers étaient débordés ; la place manquait ; la
fabrique de la rue Mignon ne pouvait plus suffire.

1. Cambon à la Convention nationale, 10 janvier 1793.
2. Cambon à la Convention nationale, 14 décembre 1792.
3. *Arch. nat.* AF III. 14.

Il fut créé une succursale dans l'impasse Matignon, près de l'Allée des Veuves [1]. Ce n'était pas assez. Il fallait une installation nouvelle, proportionnée aux demandes accrues du Trésor. Le couvent désaffecté des capucines n'avait reçu encore aucune destination. La manufacture des assignats y fut installée en 1793. Situé entre le grand Boulevard et la place des Piques [2], l'ancien monastère était à proximité des autres organes financiers [3], ce qui facilita les services et, l'espace ne manquant plus, il fut possible de subvenir à tous les besoins, en fabriquant, en moins de six ans, à une époque où le million paraissait encore un nombre chimérique, pour plus de quarante milliards de francs en assignats.

A l'origine, pour chaque émission nouvelle, un vote de la Convention nationale était nécessaire. Il aurait suffi à Cambon de le demander pour l'obtenir. Mais il se faisait un scrupule de motiver ses propositions et d'en exposer les avantages. C'était un grand raisonneur. Il n'invoquait pas seulement la nécessité, il se complaisait à produire des chiffres, à dresser des bilans et à démontrer, preuves en mains, qu'il n'était pas imprudent de créer de nouveaux assignats, puisque ces assignats reposaient sur un gage certain.

---

1. Cf. DULAURE, *Histoire de Paris.*
2. Exactement à l'endroit où a été percée la rue de la Paix.
3. Le comité des Finances, qui siégeait d'abord en face du couvent des capucines, dans la maison des capucins, rue Honoré, fut transporté dans le couvent des Feuillants, puis aux Tuileries, dans le pavillon de l'Égalité. La caisse de l'Extraordinaire était rue des Petits-Champs et la Trésorerie nationale, rue Neuve des Petits-Champs, à l'ancien hôtel Choiseul.

Ces sortes de comptes rendus sont de mauvais symptômes. Quand la situation est normale, qu'est-il besoin de si grandes, de si fréquentes justifications ? Puisque personne ne songeait à restreindre les dépenses, que tout emprunt était impossible, qu'on s'obstinait à ne pas lever les contributions, pourquoi établir des comptes et fournir des prétextes, au lieu de déclarer franchement, comme Hérault de Séchelles : « Ruinons-nous, mais soyons libres [1] ! »

Cambon ne croyait pas encore que la ruine de l'État fût prochaine. Il avait foi dans les assignats et croyait qu'il serait toujours possible d'en user pour combler l'abîme grandissant du déficit. C'est sans détours qu'il témoignait une pleine sécurité ; il affirmait que la situation était bonne, parce qu'il en était sûr. Quand il avait des doutes, il revoyait ses comptes, additionnait, supputait, affermissant ainsi sa confiance.

A chacune de ses propositions, il déposait un bilan sur le bureau de l'Assemblée et, après l'avoir commenté longuement : « Il n'y a pas de danger, concluait-il, le gage excède les émissions... Les inquiétudes sont vaines. » Et l'émission était votée, qui permettait de subsister au jour le jour.

La comptabilité est une science perfide ; il ne suffit pas de calculer juste ; une fausse interprétation dans les éléments d'un compte en détruit l'équilibre et le rend erroné. Cambon, qui apportait dans ses travaux une application extrême, attri-

1. 2 août 1793.

buait aux biens nationaux une valeur d'autant plus grande que la baisse des assignats était plus forte. C'est ainsi que ces domaines, il les estimait à 4 milliards de francs en février 1793 [1], à 14 milliards en septembre 1794, enfin à 30 milliards en décembre de la même année. Pour lui, l'État s'enrichissait en fabriquant de la monnaie de papier. Cela tient du délire. Plus l'assignat devenait abondant et plus il s'avilissait, plus la propriété foncière sur laquelle il reposait enchérissait. Il n'y avait pas de crainte à avoir : c'était mathématique. L'actif et le passif s'accroissaient dans des proportions identiques. La balance des comptes s'égalisait avec une telle rigueur, sur les livres, que tout le monde se laissait illusionner, Cambon le premier, qui savait pourtant bien que les domaines nationaux « quand ils étaient vendus, l'étaient presque au même prix que ci-devant et peut-être pas aux deux tiers de leur valeur réelle [2]. » Certes, la propriété de l'État était « immense », accrue tous les jours par les exactions du pouvoir, la confiscation, l'emprisonnement et la mort, mais il était à peu près impossible de la réaliser. C'était une duperie de donner aux biens nationaux une valeur arbitraire sur le papier. Ce qui importait, c'était de s'en pouvoir défaire à un bon prix. Or, « les acheteurs se faisaient de plus en plus rares ». Cambon le reconnaissait lui-même [3], mais, abusé

1. *Rapport et projet de décret* présentés à la Convention nationale par le citoyen Cambon, 1ᵉʳ février 1793.
2. MEISTER, *Journal de mon voyage à Paris*, 1797.
3. « Personne n'ose acheter des biens nationaux », avouait-il le 28 février 1793.

par ses chimères, il se laissait conduire par les événements, non, toutefois, sans continuer de calculer, d'expliquer, de rendre des comptes.

Aussi bien, usait-il de tous les moyens pour justifier les créations nouvelles de papier-monnaie. En septembre 1793, le Trésor public menaçait d'être bientôt vide. Pour conjurer un péril qui se reproduisait, du reste, chaque mois en s'aggravant, Cambon saisit la Convention nationale d'un projet de loi autorisant la fabrication de 2 milliards en assignats. Le chiffre était élevé ; quel motif invoquer, hormis la nécessité, pour justifier une pareille émission ? Les députés ne s'embarrassèrent pas de scrupules. Ils votèrent avec leur habituelle docilité, se retranchant toutefois derrière le prétexte, que leur offrait le comité des Finances, « de remplacer au plus tôt par des assignats soigneusement élaborés ceux dont l'imperfection est un effet de la célérité qu'on a mis à les faire [1] ».

Comme on voit, la crédulité publique était sans bornes. Les subterfuges les plus misérables étaient acceptés et personne ne s'étonnait ni ne s'inquiétait. Sans crainte ni résistance, de 3 à 600 millions, les émissions mensuelles étaient portées à plus d'un milliard. Elles s'accrurent encore et devinrent si fréquentes et excessives, que le comité des Finances, ne sachant comment les motiver, n'osa plus les demander à l'Assemblée, trouvant plus commode de les décréter dans le secret de ses réunions.

---

1. 28 septembre 1793.

En dépit de ce mystère, chaque émission nouvelle faisait baisser la valeur du papier. En janvier 1790, un assignat de 100 livres était changé contre 96 livres en numéraire : il ne représentait plus que 90 livres en 1791, 23 en 1793, 18 en 1795.

Et pourtant, dans cet entraînement irrésistible et général, Cambon qui semblait, plus que tous, avoir perdu la véritable notion des choses, dotait les services qu'il fallait créer d'une organisation bienséante, s'érigeait en gardien vigilant et parcimonieux des deniers discrédités de l'État. Il manœuvre, parmi les embûches, avec une adresse, une diligence, qui retardent l'heure de la déconfiture certaine. Sans lui, la Révolution n'aurait pu faire face aux dépenses et se maintenir. Il ne suffisait pas de créer des ressources, même illusoires, ces ressources, justement parce qu'elles étaient précaires, il fallait en user avec mesure, éviter les dilapidations et le désordre. Cambon est économe du papier qui sort des presses, comme un avare de son or. Il compte ses assignats avec le soin qu'il prenait, dans sa fabrique de Boutonnet, à auner ses cotonnades. Il requiert des fonctionnaires placés sous ses ordres un dévouement absolu, une intégrité semblable à la sienne. Il a su conserver aux anciens officiers de finances la place qu'ils occupaient sous l'ancien régime. Il les soutient et les défend, malgré leurs opinions, souvent con-

1. Cf. *Tableau du Cours des assignats à Paris et dans les départements* (Paris 1825) et *Collection des tableaux de dépréciation du papier-monnaie* (5 messidor, an V).

traires aux siennes, contre les attaques des *enragés*. Il a gardé Dutramblay, Savalette et Gaudin à la Trésorerie nationale, Deville et Allié à la Comptabilité générale [1]. Il a fait nommer, à la fabrication des assignats, trois directeurs dont il est sûr, Grouvelle, Guyot et Mercier, et le chef de la vérification, Deperey, est à sa dévotion. Il a placé, à la tête d'importants services, deux de ses compatriotes, Aigoin de Montpellier et Chausse de Pézenas, parce qu'il les connaît bien et peut se fier à eux [2]. Aussi les employés, qu'ils soient à l'Extraordinaire, à la Trésorerie, à la Comptabilité, à la Liquidation, sachant qu'ils lui doivent non seulement leur situation, mais encore « la vie [3] », secondent ses efforts et facilitent sa tâche.

Tous lui ont rendu justice, même après sa chute du pouvoir, lorsqu'il pouvait être plus nuisible qu'utile de se recommander de lui. Denormandie, le liquidateur de la Dette publique, entretint avec son ancien chef, jusqu'au jour où, malade, n'en pouvant plus, il vint mourir à Montpellier, des relations amicales[4]. Gaudin ne dissimule pas, dans ses *Mémoires*, qu'il n'a eu qu'à employer, sous le Consulat, les moyens dont Cambon avait usé pour réaliser une réorganisation salutaire.

----

1. Cf. *Almanach national* 1794 et 1795.
2. Cf. *Lettre* de La Grange au président de la Convention, 4 messidor, an IV, publiée par l'*Orateur du peuple*.
3. Gaudin, *Mémoires*.
4. Les lettres affectueuses que Denormandie lui adressa ont été conservées par un arrière-neveu de Cambon, M. André Poutingon, qui a bien voulu me les communiquer.

C'est qu'en dépit de ses coupables égarements et de ses faux principes, Cambon « fut sans égal dans l'administration des finances, sous le régime financier le plus désastreux [1] ». Quelle que soit l'opinion que l'on ait sur son compte, si néfastes qu'aient été ses idées de ne demander aucun sacrifice à la majorité du pays et de vivre au jour le jour en fabriquant des assignats, on est obligé de reconnaître qu' « à aucune époque de notre histoire, la comptabilité publique n'a été plus fidèle ni plus régulière [2] ». « Le vieux M. Spire qui, pendant les vingt-cinq dernières années du dix-huitième siècle, a été à la tête de la comptabilité des finances, m'a dit, rapporte dans ses *Souvenirs* le docteur Pommiès de la Siboutie, que, sous le rapport de l'ordre et du désintéressement, la République de 1792 ne laissait rien à désirer. Cambon et tous les membres du comité des Finances étaient l'intégrité même. Jusqu'à la chute de Robespierre, le Trésor éprouva de grands besoins, mais pas un centime ne fut dilapidé, toutes les dépenses furent faites pour le service du pays. »

Cet hommage est mérité. Cambon présentait cette anomalie d'avoir le tempérament d'un homme d'ordre et l'esprit d'un jacobin. Les scrupules, que la nature et l'éducation avaient mis en lui, lui firent appliquer dans la pratique des méthodes contraires aux idées qu'elles servaient, de sorte qu'il joua non seulement « le rôle de contrô-

---

1. WALLON, *La Terreur*.
2. PAGANEL, *Essai historique et critique de la Révolution française*.

leur des finances de la République [1] », mais fut, à la lettre, « l'économe de la Révolution [2] ». Sa « probité intrépide [3] » imposait à tous. Avec une énergie peu commune, une « sévère exactitude [4] », une ténacité que rien ni personne n'arrivait à vaincre, il parvint à « accoutumer la République aux vertus et à l'économie des négociants [5] ». On pouvait le railler à ce sujet, l'appeler « économiste de comptoir [6] », trouver « sa parcimonie ridicule », il ne s'en souciait pas, obtenait, malgré les difficultés, des économies dans tous les services, faisant défense aux receveurs des districts de se démunir, sous aucun prétexte, des fonds contenus dans leur caisse, condamnant les dépenses secrètes des ministres, fixant à 8.000 livres par an le maximum des traitements à allouer aux fonctionnaires de la République.

Il se plaignait sans cesse de « l'excessive cherté inhérente à l'administration révolutionnaire ». « Songez que nos dépenses sont énormes [7], » disait-il, et, tout de même qu'il avait, en octobre 1792, fait licencier les volontaires travaillant au camp retranché de Paris, en 1794, il réclama, avec Durand-Maillane, l'abolition du « fatal décret » accordant quarante sous par jour d'indemnité aux 540.000 citoyens qui désertaient les champs

---

1. Danton à la Convention nationale. *Moniteur*, tome XIV.
2. *Journal des hommes libres.*
3. Massot-Reynier, *Éloge de Cambacérès.*
4. *Journal des Débats.*
5. Condorcet, *Chronique de Paris.*
6. Le Roy (d'Alençon), aux Jacobins, 17 novembre 1792.
7. 14 brumaire, an III (14 novembre 1794).

ou les ateliers pour se rendre dans les sections [1].

Non content de proposer des économies et de les réaliser, Cambon exerçait, malgré qu'on en eût, un contrôle rigoureux sur les dépenses : « Tout le monde veut éviter la surveillance, disait-il, et encore qu'elle ne soit pas assez active, tout le monde crie contre elle [2]. » Il s'efforçait de voir clair dans les comptes des ministères, surveillait la gestion des divers comptables, dénonçait les fournisseurs de guerre, Jacob, Malus, Maréchal, d'Espagnac, instituait une direction des achats, menait contre Dumouriez, qui voulait « régir les finances » de son armée, une lutte implacable.

En même temps qu'il « préservait le pays des dilapidations, cette peste politique, disait-il, qui ravage l'empire de la liberté comme celui du despotisme », il organisait l'administration financière de la nation. La solide armature qui soutenait le gouvernement de la monarchie avait été brisée par l'Assemblée constituante. Cambon en rassembla les miettes et, malgré les difficultés de l'heure, il s'en servit pour créer, en les accordant le plus possible aux idées en cours, les nécessaires rouages d'exécution et de contrôle. Sa fermeté et sa vaillance ne connurent aucun obstacle. Il ne « transigea jamais avec ses devoirs, il dénonça et fit réformer plusieurs abus [3] ». Avec beaucoup de sens pratique et une claire vision des choses, il profita

---

1. 4 fructidor an II (21 août 1794). Cf. *Discours* de Ruelle.

2. 25 mars 1793.

3. *Compte que le citoyen Cambon fils aîné rend de l'état de sa fortune en* 1791. (Bibl. de Montpellier. *Mss.* 11021).

de la réorganisation des services pour les simplifier et en centraliser la direction [1].

Dès 1792, il faisait augmenter les prérogatives
du bureau de Comptabilité, organe de vérification
qui remplaçait en partie les Chambres des
Comptes imprudemment supprimées et, en 1795,
il s'occupait encore de faciliter aux receveurs de
districts la tenue de leurs registres [2]. En 1794,
pensant, comme cela va sans dire, que « la multi-
plicité des caisses est un obstacle réel à l'établissement de l'uniformité, base de la bonne administration », il fit disparaître les diverses caisses
publiques, nombreuses et éparpillées, pour les réunir à la Trésorerie nationale [3]. Et dans cette caisse
unique où affluèrent toutes les ressources et qui
subvint à tous les besoins, il établit un ordre tel
« qu'on pouvait connaître à chaque instant les
créations d'assignats, leurs émissions, le montant
de ceux qui sont en circulation et l'état général des
recettes et des dépenses [4] ». Rien ne se payait que
conformément aux décrets de la Convention nationale ; les avances étaient limitées ; les payeurs se
libéraient par pièces régulières des fonds qu'ils
recevaient [5]. Et, tous les soirs, il était envoyé au
comité des Finances, qui la transmettait au comité

1. Cf. Cambon à la Convention nationale, 14 germinal, an II
(3 avril 1794).
2. 14 fructidor, an III (31 août 1795).
3. *Rapport* de Cambon à la Convention, 15 nivôse an II (4 janvier
1794).
4. *Lettre de Cambon fils aîné à ses commettants sur les finances.*
5. Cambon à la Convention nationale, 14 germinal, an II
(3 avril 1794).

de Salut public, « une feuille contenant le compte de toutes les opérations de la journée, de ce qui a été reçu, de ce qui a été dépensé et de ce qui reste en caisse [1] ». Cette feuille était affichée au pavillon de l'Égalité. « Elle donnait aux représentants du peuple les moyens de vérifier. » Chacun pouvait suivre au jour le jour les opérations de la Trésorerie et voir qu'elles « forment un ensemble qui, liant toutes les parties en les contrôlant les unes par les autres, porte partout la lumière [2] ». L'idéal budgétaire était réalisé, les états et les comptes-rendus publiés par la Trésorerie nationale en font foi. Les députés de tous les partis étaient pleins d'admiration pour les résultats si vite et si complètement obtenus par Cambon, dont Baudot a pu écrire, dans ses *Notes historiques* : « Il a cassé toutes les vitres du temple et le peuple a vu clair, le jour est entré partout ! »

Hélas ! en dépit de cette clarté dans les comptes, d'un rigoureux et lumineux contrôle, le mauvais état des finances empirait. L'honnête labeur de Cambon fut à peu près inefficace et sans profit véritable. Si, grâce à lui, la manière était devenue excellente, la matière ne s'était pas améliorée. Le fond manquait de plus en plus. Les impôts qui existaient encore « n'arrivaient point au Trésor [3] ». Les incessantes créations de papier-monnaie continuaient d'être le principal moyen de se

---

1. Cambon à la Convention nationale 27 floréal, an II (16 mai 1794).

2. *Deuxième compte rendu par les commissaires de la Trésorerie nationale de leur administration.*

3. Cambon à la Convention nationale, 23 septembre 1792.

procurer des ressources. Or, plus on allait, plus
la masse des billets en circulation était grande,
plus ces billets perdaient de valeur et plus, chaque
fois, fallait-il élever le montant des émissions.
C'était une situation sans issue et qui s'aggravait
naturellement d'elle-même.

Cambon cherchait, par tous les moyens, sauf
par le seul qui eût été salutaire, à sortir de cette
impasse. Abolition de la royauté, délit d'émigration, refus de serment, loi des suspects, tout lui
avait été prétexte à procurer à l'État des économies
et des ressources. Après le 10 août 1792, la liste
civile avait cessé d'être payée, les rentes apana-
gères aux princes français avaient été supprimées,
les banquiers avaient dû verser aux districts, dans
les vingt-quatre heures, les fonds mis, par des
émigrés, en dépôt dans leurs caisses. En juin 1793,
Cambon fit voter une loi prescrivant de vendre,
sans délai, au profit de la nation, les ornements
des chapelles supprimées et, bientôt après, quand,
sous l'impulsion de Chaumette et d'Hébert, « il
se fit un grand mouvement de chapes, chasubles,
croix, bénitiers et autres ustensiles [1] », il obtint
que « les communes soient tenues de faire l'inventaire des hochets du fanatisme », que « tout métal,
argent, or, tous bijoux, diamants », provenant
des églises mises au pillage, soient vendus au profit
de la République [2].

Ce n'est point qu'il approuvât les « mascarades

1. Cambon à la Convention nationale. Deuxième sans culot-
tide, an II (18 septembre 1794).
2. 23 et 26 brumaire, an II (13 et 16 novembre 1793).

antireligieuses [1] » dont les sanctuaires étaient le théâtre. Il était trop l'ennemi des manifestations rituelles pour admettre le culte de la Raison : « Proclamez un principe religieux, disait-il, tout de suite il faudra des temples, des ministres, une hiérarchie, des privilèges [2] », et c'était tout cela qu'il avait combattu. Mais il comptait sur « les dépouilles du culte » pour retirer un grand nombre d'assignats de la circulation. Tout le monde s'exagérait l'importance de ces richesses. « Bientôt, écrivait-on dans *les Révolutions de Paris* [3], les assignats disparaîtront ; bientôt un numéraire métallique remplacera le papier-monnaie... par la métamorphose de la vaisselle ecclésiastique. » Cambon n'allait pas jusque-là ; selon lui, cette « métamorphose » devait rapporter au Trésor deux ou trois milliards [4] ; elle produisit à peine 45 millions [5]. Le papier-monnaie ne revint pas au pair, ainsi qu'il le prétendit ; il se releva, pendant quelque temps, de 30 à 40 pour 100, pour retomber ensuite et il fallut plus que jamais avoir recours à la planche aux assignats.

Or, comme aux yeux abusés de Cambon, l'augmentation, même factice, de la garantie justifiait les émissions, il fit tous ses efforts pour accroître effectivement le gage territorial des assignats. Les

1. Danton à la Convention nationale, 6 frimaire, an II (26 novembre 1793).

2. Cambon à la Convention nationale, 9 fructidor, an II (26 août 1794).

3. 30 brumaire, an II (20 novembre 1793)

4. Cambon à la Convention nationale, 26 frimaire, an II (16 décembre 1793).

5. RAMEL, *Les Finances de la République.*

biens des princes, avec lesquels on était en guerre, furent confisqués en mai 1793 et, en septembre, ceux des étrangers, qui n'étaient pas domiciliés en France avant le 14 juillet 1789, vinrent accroître la masse des domaines nationaux. Déjà, tous les hôtels, jardins, enclos, portant encore des armoiries, ont été mis sous séquestre ; bientôt, l'actif des fabriques va devenir propriété nationale et les meubles des anciennes demeures royales se vendront à l'encan [1].

Malgré ces apports continuels, le cours de l'assignat faiblissait tous les jours. En pluviôse an II, la perte était de 60 pour 100, de 62 en ventôse, de 64 en germinal. En thermidor, quand tomba Robespierre, cent francs en assignats valaient à peine trente-cinq francs en numéraire. Le peuple raillait, à sa manière habituelle, cette diminution progressive par des couplets :

> J'ai des assignats
> Dans mon portefeuille,
> J'ai des assignats
> Qu'on ne paiera pas... [2]

Mais s'il chantait, lui aussi ne payait pas, et surtout il se défiait. On eut beau, en effet, les enjoliver en les coloriant, imprimer en grosses lettres sur leur verso : « La loi punit de mort le contrefacteur, la nation récompense le dénonciateur », personne n'acceptait, de bonne grâce, ces billets de valeur instable et dont un grand nombre

1. Brumaire et Frimaire, an II.
2. *Journal de la Cour et de la Ville*, tome IV.

étaient faux. Ils servaient aux menus achats journaliers, mais n'étaient pas employés dans les transactions importantes. Cambon s'irritait de cette élimination : « Les assignats doivent être la monnaie nationale, le numéraire ne doit obtenir aucune préférence [1] », disait-il, et après avoir, donnant l'exemple, fait décréter que « la solde des militaires serait désormais payée en assignats [2] », que « tous les marchés et entreprises pour les services publics seraient stipulés en assignats [3] », il établit, par une série de rigoureuses mesures, le véritable cours forcé.

Le 16 avril 1793, une loi était votée qui « punissait de six ans de fer quiconque effectuerait une transaction autrement qu'en assignats » ; le 1" août suivant, ce fut le décret aux termes duquel « tout Français, convaincu d'avoir reçu en paiement des assignats avec une perte quelconque sur le numéraire, serait condamné, pour la première fois, à une amende de trois mille livres et à six mois de détention, en cas de récidive, à une amende double et à vingt ans de fer » ; enfin, le 3 septembre, les autorités locales furent chargées « d'arrêter, sans autre forme de procès », les délinquants qui seraient punis d'emprisonnement toujours et deviendraient, dans certains cas, passibles de la peine de mort avec confiscation des biens.

Tant de sévérité et d'arbitraire étaient inutiles.

---

1. Cambon aux Jacobins, 25 février 1793.
2. 1" avril 1793.
3. 6 avril 1793.

Personne ne pouvait accepter à sa valeur nominale un papier-monnaie qui s'échangeait au-dessous de cette valeur. Pour appliquer la loi du 1" août, il eût fallu emprisonner tous les Français. La confiance ne se décrète ni ne s'impose, elle s'obtient. En dépit des menaces et des sanctions, l'assignat continua de s'avilir. Cambon attribuait ce dépérissement aux manœuvres des aristocrates et des prêtres, à l'agiotage et à la falsification. Il est vrai que les départements étaient « inondés » de faux billets fabriqués « à Coblentz et à Londres » et que l'affaissement continuel du change stimulait la spéculation à la baisse. Mais Cambon ne voyait et ne donnait que ces motifs accessoires de dépréciation. S'illusionnant lui-même et abusant autrui, il ne voulut jamais admettre que, si le signe monétaire perdait de sa valeur, c'est qu'il était chaque jour plus abondant et que l'État, le créant à son gré, en imposait l'usage.

Contre les faussaires, de terribles lois de répression furent votées, puis, sous prétexte qu'il y avait « combat à mort entre tous les marchands d'argent et l'affermissement de la République[1] », la Convention fit d'abord fermer la Bourse des valeurs[2] et décréta ensuite la suppression des compagnies financières[3]. Ces mesures, que Cambon avait proposées, furent inefficaces. Situées à l'é-

---

1. CAMBON, *Rapport et projet de décret sur la liquidation des compagnies financières.* 25 fructidor, an II (11 septembre 1794).
2. 27 juin 1793.
3. Décrets des 16 et 26 juillet 1793 et du 17 vendémiaire, an II (8 octobre 1793). « Ruinons les financiers », disait Cambon. 10 Brumaire, an II.

tranger, les officines de falsification demeurèrent hors d'atteinte et les spéculateurs, n'ayant perdu que le lieu et non l'aliment de leurs opérations, les continuèrent avec d'autant plus de fruit qu'elles devinrent moins accessibles au public. Quant aux sociétés par actions, leur abolition, loin de vaincre « le monstre de l'agiotage [1] », fut une cause d'affaiblissement pour le pays.

Il était pourtant nécessaire de soutenir le crédit public en empêchant de baisser les assignats, dont, chaque mois, une obligatoire émission augmentait la masse. Il y aurait bien eu un moyen, c'est, puisque, malgré les promesses, on ne brûlait presque pas de billets [2], d'en démonétiser une partie. Quelle aubaine, s'il avait été seulement possible d'en annuler, chaque mois, un aussi grand nombre qu'on était obligé d'en fabriquer !

Drouet, le premier, osa faire une proposition de ce genre. L'homme de Varennes s'était flatté naguère d'avoir reconnu Louis XVI, à Sainte-Menehould, à sa ressemblance avec l'effigie qui était gravée sur les assignats. Il était humain que, devenu représentant du peuple, l'ancien maître de poste ne se souvînt plus de l'heureuse influence qu'avait eue sur sa destinée le petit morceau de papier qu'il avait, au bon moment, songé à sortir de sa poche et que, de son équipée, il eût conservé la haine du *tyran* qu'il se glorifiait d'avoir fait

1. Delaunay (d'Angers), à la Convention nationale, 17 vendémiaire, an II.

2. Cf. au sujet de ces *incinérations* d'assignats, les explications embarrassées de Cambon, les 11 ventôse et 27 floréal, an III (29 février et 16 mai 1794).

arrêter. Il ne pouvait voir, sans frémir, les insignes maudits de la royauté et le portrait du ci-
devant roi illustrer encore la monnaie nationale.
En effet, c'est seulement à partir du mois d'octobre 1792, qu'à la demande de Cambon, « l'effigie républicaine » avait, sur les billets, remplacé
« les attributs de la monarchie ». Mais, à cette
époque, il avait été déjà émis pour 2 milliards
587 millions d'assignats [1] et ces assignats « à face
royale », comme on disait, non seulement continuaient de circuler, mais ils valaient plus que les
autres, les royalistes les accaparant par puérilité et
certains notaires ou banquiers les recherchant par
prévoyance, dans l'éventualité d'une restauration.

A la séance de la Convention du 25 juillet 1793,
Drouet demanda donc que « les assignats portant
l'effigie de Louis Capet n'eussent plus cours. »

Cambon montrait quelques hésitations. L'opération lui semblait d'une grande ingéniosité, mais il
lui était impossible de ne la point combattre. Aussi
bien était-ce la manière qui lui avait toujours
réussi de commencer à se montrer réfractaire aux
motions audacieuses pour les approuver ensuite,
s'il les croyait favorables à ses desseins. Il les soutenait même lorsqu'elles étaient réclamées par la
majorité et les faisait siennes, non sans demander
quelques restrictions dont la modération apparente entretenait sa réputation de sagesse dans
l'Assemblée. « Attaquer le titre de monnaie qu'ont
les assignats royaux, avait-il répondu à Drouet,

____

1. *Rapport* de Cambon à la Convention nationale, le 17 octobre 1792.

n'est-ce pas courir le risque de discréditer les autres ? Les malveillants diront : aujourd'hui on restreint l'usage de ces assignats ; demain on restreindra celui des autres. » Mais comme, quelques jours après, Chabot insistait à son tour, Cambon expliqua que les assignats de dix sous, de quinze sous et de cinq livres étant tous à face royale, il résulterait, parmi les artisans, un grand trouble de leur démonétisation. « Il faut agir avec prudence, ajouta-t-il, et se borner à enlever force de monnaie aux assignats royaux d'au moins cent livres, parce que ceux-là ne peuvent être qu'entre les mains des aristocrates, de ceux qui espèrent le rétablissement de la royauté. » En vain Bazire ripostait-il justement : « Si vous démonétisez les assignats qui portent l'empreinte royale, on craindra pour ceux revêtus des insignes de la République. »

Les objections financières ne pouvaient plus intervenir dans une question que Cambon avait, avec une habileté calculée, fait dévier vers la politique. Aussi bien, Danton, qui était de connivence, montait à la tribune : « Quels sont ceux qui versent leur sang pour la liberté ? s'écria-t-il, ce sont ceux qui n'ont pas un assignat de cent livres. Frappez ! que vous importent les clameurs des aristocrates ? Je ne me connais pas grandement en finances... mais Cambon a longtemps médité la combinaison qui vous est proposée, c'est notre devoir de l'adopter[1]. » L'adoption eut lieu séance tenante. La démonétisation fut immédiate, com-

____

1. Séance du 31 juillet 1793 à la Convention nationale.

plète : « les assignats au-dessus de cent livres cessaient d'avoir cours et ne pouvaient plus être reçus qu'en paiement des biens nationaux, des contributions et de toutes créances dues à la nation[1]. » Ce coup de force était, comme avait dit Bazire, une « banqueroute véritable ». L'État manquait à tous ses engagements, reniait sa signature, appauvrissait, par la violence, quantité de citoyens qui n'étaient pas tous des aristocrates, mais qui avaient eu confiance en lui.

Pour Cambon, c'était une « magnifique opération ». Toutefois, elle n'eut pas « le grand effet » qu'il en attendait[2]. Il y eut des plaintes qui restreignirent, d'obligatoires prorogations qui retardèrent le retour des assignats royaux au Trésor[3]. Puis, de quel secours pouvait être un détournement de 3 ou 400 millions quand le budget, se montant à plusieurs milliards, ne pouvait être équilibré que par des émissions mensuelles de 5 à 600 millions ? Les vignettes républicaines, loin de profiter de la « superbe expérience[4] » qui venait d'être faite, furent d'autant moins prisées qu'un décret de la Convention en pouvait arbitrairement annuler une partie.

Mais Cambon, à mesure que leur valeur baissait, les défendait avec plus de courage. Il avait, pour

1. Décret du 31 juillet 1793.
2. Cf. Cambon à la Convention nationale, 30 juillet 1793 et 24 brumaire, an II (14 décembre 1793) et aussi son *Discours* du 18 brumaire, an III (8 novembre 1794).
3. Arrêté du comité de Salut public, 15 germinal, an II (4 avril 1794).
4. Cambon à la Convention nationale, 28 frimaire, an II (18 décembre 1793).

l'assignat déclinant, la tendresse d'un père pour son enfant malade et, pour la monnaie saine, une aversion véritable. Dès février 1793, il avait dit aux Jacobins : « Les assignats doivent être la monnaie nationale, le numéraire ne doit obtenir aucune préférence. » Quelques mois après il affirmait contre toute évidence : « Je dois dire que l'assignat est au pair avec le numéraire [1]. » Le 16 brumaire, il était signalé à la Convention qu'un citoyen avait bénévolement échangé du numéraire contre des assignats et il était demandé, pour cette action méritoire et singulière, une mention honorable au procès-verbal. Cambon s'opposa à cette motion avec une surprenante violence et il ajouta, avec l'accent de la colère et du mépris : « L'or ne doit être que du fumier aux yeux du sans-culotte républicain ! »

Les députés avaient, comme leurs concitoyens et comme Cambon lui-même, conservé, sans penser à mal, tout l'or qu'ils avaient pu. Ils croyaient à une boutade de leur collègue qui, les détrompant, continuait, impitoyable : « Le comité des Finances ne tardera pas à présenter une loi pour poursuivre le métal odieux et vil que les tyrans sont allés chercher dans l'Amérique afin d'opprimer les peuples ! »

Ce n'était encore qu'une menace ; elle s'accentua le 1ᵉʳ frimaire [2] et, quelques jours plus tard, le 11 frimaire, elle fut près de s'accomplir.

Cambon était monté à la tribune avec un volu-

___

1. Il perdait 66 o/o de sa valeur !
2. « La monnaie est fictive, le papier vaut le numéraire ! »

mineux dossier. Il demanda à présenter le projet de loi qu'il avait préparé « pour détruire la valeur monétaire de l'or et de l'argent ». « Il ne sera plus reconnu, dit-il, que les assignats, les pièces de cuivre et de bronze... Le commerce se fera au moyen d'échanges purs et simples... L'or sera au-dessous du plus vil métal, du fer même qui, au moins, sert à armer les défenseurs de la patrie ! »

La Convention était « abasourdie ». Pour la première fois, elle rejeta les suggestions insensées du président de son comité des Finances. Elle ne lui permit pas de poursuivre la lecture d'une proposition qui, si elle avait été acceptée, aurait ramené notre pays à l'époque des civilisations primitives. Au contraire, le comité de Salut Public « fit rétablir le change » en faveur des particuliers [1], ce qui facilita les transactions et permit aux assignats, malgré l'excès croissant des émissions, de pouvoir conserver encore une valeur amoindrie, mais utilisable.

---

[1]. Arrêté du 8 nivôse, an II (28 décembre 1793). AULARD, *Recueil.*

CHAPITRE III

LE GRAND LIVRE, L'EMPRUNT FORCÉ ET AUTRES EXPÉDIENTS

S'il est vrai, comme sérieusement l'attestent deux de ses apologistes, que la renommée de Cambon ait « fait le tour du monde », ce ne peut être, en vérité, parce que « les mesures adoptées » par le conventionnel « ont répandu, pendant un siècle un second Pactole dans les veines de la France [1] », c'est plutôt parce que son nom est resté attaché à la fondation du Grand Livre. Tous les historiens et la plupart des économistes s'accordent à dire que « le Grand Livre de la dette publique a réalisé l'une des améliorations les plus favorables à l'ordre et au crédit public [2] », qu'il est « une des rares institutions qui fasse honneur à la Convention [3] ». « Gardé au fond du sanctuaire, comme

1. Daniel GRAND et DE LA PIJARDIÈRE, *Lettres de Cambon*, Introduction, 1889.
2. Marquis D'AUDIFFRED, *Système financier de la France*, t. II.
3. Ch. GOMEL, *Histoire financière de la Législative et de la Convention*, t. II.

l'arche sainte…, ce Grand Livre, écrit Barras, dans ses *Mémoires*, est une conception noble, simple, sublime… on peut dire que c'est là le véritable perfectionnement social, la démonstration mathématique comme morale de l'avantage qu'il y a pour les hommes d'être réunis en corps de société. »

Ces louanges sont dans la manière de l'époque, mais, au vrai, si l'opportunité était discutable de remanier tout le système de la dette publique en pleine crise et au moment où les rentiers subissaient, sur leurs arrérages, une réduction progressive, il ne pouvait pas sembler inutile de tenter une réforme pour simplifier le paiement des coupons.

La monarchie n'aurait pas été un gouvernement constitué si elle n'avait eu des dettes. Les rois de France avaient emprunté à leurs sujets des sommes importantes à des conditions qui différaient selon la qualité du prêteur, l'époque et les conventions du prêt. Lorsque les États généraux se réunirent, en 1789, la dette constituée représentait 63 millions d'intérêts annuels ; le montant, en capital, de la dette exigible était de 415 millions de livres. La dette constituée était formée des différentes dettes perpétuelles, c'est-à-dire pour lesquelles aucune date de remboursement n'était prévue. La dette exigible, remboursable à terme fixe, avait surtout pour origine les emprunts contractés, sous le règne de Louis XVI, pour subvenir, sans impôts nouveaux, aux dépenses de la guerre pour l'indépendance de l'Amérique. Le taux de l'intérêt était varié, allant du denier vingt jusqu'au denier quinze et au denier dix [1].

Les porteurs de titres ne pouvaient toucher leurs arrérages qu'à Paris, à l'Hôtel de Ville. L'opération durait au moins six mois pour chaque échéance. Les payeurs de rentes procédaient par ordre alphabétique. Chaque rentier, quand il savait qu'on était arrivé à l'initiale de son nom, déposait sa quittance dans la boîte des payeurs. Après les huit à dix jours demandés pour l'enregistrement du compte et sa vérification, le porteur pouvait se présenter à la caisse où il recevait ce qui lui était dû, en présence d'un contrôleur. C'était long, incommode, compliqué. Les rentiers, dont le nom commençait par les dernières lettres de l'alphabet, étaient payés avec un grand retard ; ceux qui habitaient la province étaient obligés d'envoyer une coûteuse procuration à leur agent de change ; enfin, lorsqu'ils avaient souscrit à plusieurs emprunts — et c'est ce qui existait généralement — ils devaient produire des pièces spéciales pour chacun de ces emprunts. Un même emprunt, du reste, était souvent partagé entre vingt ou trente payeurs, de sorte que, pour avoir un renseignement, il fallait faire vingt ou trente demandes et les intérêts ne pouvaient être perçus qu'à vingt ou trente guichets différents.

---

1. Cf. Necker, *Traité de l'administration des finances*, 1784, Linguet, *De la dette nationale ;* Wuhrer, *Histoire de la dette publique en France.*

Prêter au denier vingt, c'était retirer annuellement le vingtième du capital avancé, c'est-à-dire 5 pour 100 ; au denier dix, 10 pour 100.

Comme on voit, c'était une véritable science de connaître les formalités nécessaires à l'encaissement des coupons. Une réforme paraissait d'autant plus urgente que, depuis la Révolution, sans compter les 3.375.000.000 d'assignats qui circulaient, les dettes de l'État s'étaient encore accrues. La nation, en s'appropriant certains biens, comme les biens d'église, avait pris à sa charge les dettes dont ils étaient grevés. C'était, avec les dettes des communes, qui venaient d'être incorporées à la dette nationale, un capital de 250 millions dont il fallait annuellement payer l'intérêt. D'autre part, la Constituante s'était engagée à servir, aux anciens titulaires des charges et offices qu'elle avait supprimés, la rente des 626 millions de francs auxquels se pouvait estimer la valeur de ces charges.

Au total, et sans tenir compte de ce que les rois de France avaient emprunté en viager, les caisses de l'État avaient à payer, chaque année, à l'Hôtel de Ville, les intérêts de 3 milliards de livres, dans des conditions compliquées, à 1.200.000 créanciers différents. Les difficultés augmentaient tous les jours. « Les pièces de comptabilité étaient multipliées à l'extrême... le contrôle, impossible avant huit ou dix années [1]. » On avait doublé, en vain, le nombre des payeurs ; ils n'étaient pas assez nombreux pour répondre aux demandes. Per-

---

1. *Rapport* de Cambon à la Convention nationale. Cf. LAVOISIER, *État des finances au 1ᵉʳ janvier 1792* ; GEORGES, *Histoire de la rente française*, et Raymond DE WAHA, *Die Finanz politik der Schreckengsherrschaft inder estern französischen Revolution*.

sonne n'était satisfait. C'était un vrai chaos. Un remaniement semblait s'imposer.

Il fut tenté par Cambon qui eut, non seulement le mérite d'étudier à fond, avant de la proposer, mais encore celui de réaliser, en moins de deux ans, « une entreprise considérée comme effrayante par les payeurs [1] ».

Déjà, au mois de juin 1793, il avait fait demander, par le comité de Salut public, dont il faisait encore partie, le vote d'un décret « tendant à consolider la dette [2] ». La Convention avait reculé devant la tâche, mais, si redoutable qu'elle apparût, elle n'était ni pour rebuter, ni pour surprendre l'homme qui en connaissait le mieux les difficultés et s'était préparé, depuis longtemps, à les surmonter. Dès 1789, à Montpellier, au moment des élections aux États généraux, il avait fait insérer, dans les *Cahiers* du Tiers, un plan pour l'extinction de la dette et quand, en avril 1792, il avait présenté, à la Législative, le *Tableau des besoins et des ressources de la nation*, le programme financier, qu'il avait exposé devant ses collègues, comprenait la création d'un registre unique pour l'inscription des rentes. La guerre l'avait obligé à ajourner l'exécution de ce projet, mais il ne l'avait pas abandonné, l'avait mûri et amélioré pour le produire au moment propice.

Le 15 août 1793, il monta à la tribune de la Convention et, au nom du comité des Finances

---

1. Cambon à la Convention nationale, 18 frimaire, an III (8 décembre 1794).

2. AULARD, *Recueil*, t. V.

qu'il présidait, il commença à lire son *Rapport sur
la dette publique, sur les moyens à employer pour
l'enregistrer sur un grand livre et la consolider.*
Cette lecture se prolongea pendant toute la séance
et fut continuée le lendemain et le surlendemain
dans un profond silence. Après avoir posé en principe qu'il importe « d'annuler promptement tous
les anciens titres de créances », Cambon explique
qu'il est nécessaire, à l'exemple de ce qui s'est fait
en Angleterre, « de former un livre sur lequel
toute la dette non viagère sera inscrite ». Le paiement des arrérages aura lieu, non plus seulement
à Paris, mais dans tous les chefs-lieux de district.
« Chaque créancier sera porté sous un même numéro pour toutes les rentes qu'il possède et il lui
suffira de fournir au payeur une attestation du
juge de paix qui certifie que le porteur est réellement un tel, à signer l'émargement de la feuille de
paiement en présentant l'extrait de l'inscription. »
Plus de complications surannées, de difficultés multiples : « Ce grand ouvrage établissait l'uniformité
des créances... la promptitude des paiements et la
destruction des formes routinières et ruineuses
pour le créancier indigent et la comptabilité [1]. »

C'étaient là, il faut l'avouer, de grandes améliorations. Elles n'auraient pas laissé de faire honneur à celui qui les avait étudiées et qui allait les
faire aboutir si elles n'avaient été le prétexte d'une
véritable spoliation.

---

1. *Discours* de Cambon, très satisfait de son œuvre, un an
après la création du Grand Livre, le 2e jour complémentaire de
l'an II (18 septembre 1794).

Cambon avait apporté dans l'élaboration de son projet les qualités de patience, de clarté et de bon sens qui lui avaient réussi dans les affaires. Mais, à la fabrique de cotonnades qu'il dirigeait à Montpellier, il s'agissait, seulement, par une organisation appropriée, de faire œuvre profitable. A la tribune de la Convention, le président du comité des Finances cherchait des conséquences plus lointaines. Son but apparent était bien de simplifier, par de nouvelles règles, l'inscription et le paiement des rentes ; ce qu'il voulait surtout, c'est combiner l'opération de manière à alléger les charges de l'État et à diminuer le nombre des assignats en circulation.

Il dit d'abord, aux applaudissements d'une majorité qu'intéressaient seulement les questions de doctrine, qu'il fallait supprimer « les titres de Louis XIV, Louis XV, Louis XVI, des ci-devant États provinciaux, du défunt clergé, des Parlements... Que l'inscription sur le Grand Livre soit le tombeau des anciens contrats et le titre unique et fondamental de tous les créanciers, continuat-il. Vous verrez le capitaliste qui désire un roi parce qu'il a un roi pour débiteur et qu'il craint de perdre sa créance si son débiteur n'est pas rétabli, désirer la République qui sera devenue sa débitrice, parce qu'il craint de perdre son capital en la perdant. »

Ces puérils arguments firent impression sur l'Assemblée, qui, sans le discuter et sans en comprendre l'exceptionnelle importance, s'empressa d'approuver le projet de loi qui lui était présenté comme « très politique » et « nécessaire à la Révolution ». Pour Cambon, l'opération était plutôt financière et indispensable au Trésor. « Républicaniser la dette », c'était bien, comme il le proclamait, échanger des contrats anciens contre de nouveaux titres, c'était surtout utiliser cet échange pour diminuer insidieusement les charges de l'État et pour en anéantir, par la violence, une bonne partie.

En effet, l'inscription sur le Grand Livre ne portait pas sur les capitaux, mais sur le produit net des rentes et les intérêts de la somme avancée à l'État étaient uniformément fixés à 5 pour 100, c'est-à-dire, par exemple, que, pour 10.000 livres qu'il avait prêtées à 8 pour 100, le créancier était inscrit sur le Grand Livre, non pour 10.000 francs de capital, mais pour 500 francs de rente, alors que ce capital lui avait jusque-là rapporté 800 francs par an. C'était, comme on dit, « un merveilleux moyen de consolider une dette que d'enlever d'abord à tous les créanciers leurs capitaux et de réduire ensuite une bonne partie des rentes [1]. »

Aussi bien, pour échanger des titres royaux contre une inscription nouvelle, était-il nécessaire de se faire délivrer un certificat de résidence [2]. Nombreux étaient les porteurs qui ne pouvaient remplir cette formalité, soit qu'ils ne tinssent pas à indiquer leur domicile, soit qu'ils l'eussent abandonné. Beaucoup de rentiers, du reste, avaient

---

1. *Terray-Cambon traité comme il le mérite par un très petit créancier de l'État*, 1793.
2. Loi du 24 août 1793.

émigré. La plupart des autres craignirent d'appeler sur eux l'attention des comités de surveillance, pour qui tout ce qui possédait était devenu suspect.

L'institution du Grand Livre avait précédé de quelques jours le vote de la loi qui, supprimant toute garantie pour les personnes et pour les biens des citoyens, ordonnait l'arrestation de tous ceux qui étaient « soupçonnés d'être partisans de la tyrannie et du fédéralisme [1]. » De Paris, où elle était à l'ordre du jour, la Terreur avait été portée dans les départements par les représentants du peuple en mission qui « réussissaient au delà de leurs espérances. » Les comités révolutionnaires étaient chargés des arrestations. Tous les Français étaient ligotés dans un réseau de suspicion légale. « Suspects, les nobles, s'écriait Barère à la Convention, suspects, les hommes de loi, suspects les prêtres, suspects, les plaintifs de tout ce qui s'est fait en révolution ! » « Suspects aussi, enchérissait Bazire, les boutiquiers, les commerçants, les ci-devant procureurs, les huissiers [2] », et Chaumette désignait, aux pourvoyeurs des prisons et de la guillotine, « ceux qui ont reçu avec indifférence la constitution républicaine, ceux qui n'ont rien fait contre la liberté, mais qui n'ont rien fait pour elle [3] ».

Qui pouvait ne pas avoir peur de dévoiler son existence et de mettre, pour se faire inscrire sur

1. Loi du 17 septembre 1793.
2. Séance du 17 septembre 1793.
3. Arrêté de la Commune de Paris.

le Grand Livre, sa vie à la merci du premier venu?
Hormis les profiteurs de la Révolution, fournisseurs de guerre, membres des divers directoires,
des comités, des sociétés populaires, la plupart
des gros rentiers « conservèrent leurs anciens
titres [1] ». Les petits, que la Convention avait protégés jusque-là, n'auraient pas eu les mêmes raisons de s'abstenir. Mais Cambon, d'ordinaire en-
clin à ménager « les citoyens pauvres », ne cherchait, pour amoindrir la dette, qu'à faire rendre
gorge aux créanciers de l'État, sans se préoccuper
de leur situation. Sous prétexte de « ne pas multiplier le nombre des inscriptions », il avait fait décréter qu'il n'en serait fait aucune qui fût inférieure à cinquante livres de rente. Ainsi, après
avoir contraint à s'éliminer eux-mêmes quantité
de riches obscurs, il écartait du Grand Livre un
nombre incalculable de petits porteurs qui furent
remboursés en assignats avec une perte de 60 pour
100 sur ce qu'ils avaient prêté.

Il faut dire que, dans l'habile projet qu'il fit
adopter, Cambon autorisait l'État, non seulement
à ne jamais verser le capital des emprunts contractés à terme fixe, mais encore à se libérer, à
n'importe quel moment, aussi bien de la dette
exigible que de la dette perpétuelle. C'était un
double avantage : d'une part, plus d'inflexibles
échéances, d'autre part, un fructueux moyen de
s'acquitter à propos et à bon compte. Car les rentes
étaient cotées tellement au-dessous du pair que

1. Cambon à la Convention nationale, 9 frimaire an II (19 novembre 1793).

ceux qui en étaient détenteurs pouvaient redouter un remboursement qui leur causerait une perte d'argent d'autant plus grande qu'il serait effectué en assignats. L'objection avait été prévue par Cambon : « Un débiteur a toujours le droit de se libérer », affirma-t-il à la tribune de la Convention, sans qu'aucun de ses collègues osât lui répondre que, pour se libérer, le débiteur doit rendre le montant du capital prêté. Or, 50 livres de rente valaient non plus 1.000 francs, mais 4 ou 500 francs. Pour 4 ou 500 francs, le créancier devait donner quittance de 1.000 francs. La faillite était ouverte. Elle allait s'étendre encore en s'aggravant.

Des conditions de plus en plus difficiles à remplir furent exigées de ceux qui voulaient se faire inscrire sur le Grand Livre ; les délais d'inscription furent arbitrairement écourtés ; l'extinction des créances sur l'État possédées par les émigrés fut votée. De déchéance en déchéance, la dette s'amoindrissait. Voilà ce que Cambon entendait par la consolider. Il lui importait peu d'enfreindre la loi du 17 juin 1789 qui avait mis « les créanciers de l'État sous la garde et l'honneur de la loyauté française », de démentir la garantie qu'il leur avait donnée lui-même, le 3 avril 1792 [1]. Pour atteindre le but qu'il s'était assigné, il violait les engagements solennels de la Constituante et de la Législative. « Le grand ouvrage » qu'il s'enor-

---

1. « Tous les Français qui ont juré la Constitution sont responsables du paiement annuel des rentes... La garantie de 25 millions de Français vaut bien la parole d'un ministre. »

gueillissait d'édifier n'était, au vrai, sous sa légale apparence, qu'un frauduleux expédient.

Toutefois, malgré l'adresse avec laquelle l'opération avait été conçue et conduite, elle n'aurait pas été complète pour son auteur, si elle avait seulement allégé le passif de l'État. Ce qu'il voulait aussi, c'est accroître l'actif d'une manière positive et fructueuse. Pour cela, il ne suffisait pas de réduire les dépenses, il fallait augmenter les recettes afin de procurer au Trésor des ressources nouvelles et immédiates.

Cambon ne chercha pas à dissimuler le résultat qu'il s'était proposé d'obtenir. A la fin de son rapport sur la dette publique, il déclara sans ambages : « Le Grand Livre... sera d'une grande utilité pour établir les contributions. Toutes les fortunes en créance sur la nation y seront parfaitement connues. Ce sera un cadastre d'après lequel on pourra répartir l'impôt et le retenir sur la feuille annuelle. »

La Convention applaudit le rapporteur et adopta la création d'un impôt de 20 pour 100 sur le revenu net des rentes. L'État, ce qui ne s'était jusqu'alors jamais vu, imposait ses créanciers. « Voilà encore ce que gagnaient les rentiers : un impôt sur leurs arrérages diminués. » Ayant prêté à 6, à 8, à 10 pour 100, ils étaient inscrits pour 5 et n'allaient toucher que 4. Ils acquerraient, de la sorte, le privilège d'acquitter, malgré qu'ils en eussent, une contribution dont le montant était prélevé sur ce qui leur était dû, à une époque où, les rôles n'étant généralement pas établis, les propriétaires fonciers se pouvaient dispenser, sans risque, d'aller payer leurs impôts. Cambon, ainsi, trouvait des ressources nouvelles et assurées ; il évitait les difficultés, alors très grandes, de perception et il était, en même temps, débarrassé d'une quantité appréciable de créances, certains porteurs ne s'étant pas résolus à échanger leurs anciens titres, dans la crainte que la contribution de 20 pour 100 ne fût, dans la suite, portée à 30, à 40, à 60 pour 100.

Cette appréhension se pouvait justifier sans peine et, aussi bien, les rentiers étaient-ils pour voir accroître leur misère. Dans les années qui suivirent celle où fut institué le Grand Livre, des motions, des décrets, des lois, peu à peu, les dépouillèrent [1]. Cambon n'était plus au pouvoir, mais ceux qui lui avaient succédé s'étaient appropriés sa méthode. « Pressons, pressons l'éponge [2] », avait naguère conseillé Marat. La pression fut si forte que, en 1797, la loi du 9 vendémiaire rayait définitivement du Grand Livre les deux tiers des rentes et stipulait leur remboursement en papier sans valeur. Au lieu de 150 francs de revenus, pour lesquels il avait été inscrit en 1793, le rentier n'en avait plus guère que 50 et qui lui étaient payés en assignats [3].

---

1. Motion du 27 thermidor an IV (14 août 1796). Loi du 5ᵉ jour complémentaire de l'an V (21 septembre 1796). Loi du 2 ventôse an V (20 février 1797).

2. 27 avril 1793.

3. Cf. STOURM, *les Finances de l'ancien régime et de la Révolution ;* SCIOUT, *Histoire du Directoire ;* Marcel MARION, *Histoire financière de la France,* t. II ; WUHRER, *op. cit.,* et *Revue de la Révolution française,* 1884 : *La dette publique.*

Quatre ans après cette mémorable faillite des deux tiers, en 1801, un nouveau Grand Livre fut créé. C'est celui qui existe encore. La réforme, qui a emprunté son renom à celui dont jouit le Grand Livre actuel, avait abouti à une banqueroute se pouvant évaluer à 2 milliards !

Cambon croyait pourtant, et on a cru avec lui, qu'il avait édifié un monument. Il n'a fait qu'en poser les bases. Certes, quiconque a voulu après lui réglementer la dette publique n'a eu qu'à s'inspirer de son lumineux rapport ; c'est l'étude la plus complète qui ait été faite, la critique la plus sagace de l'organisation antérieure à la Révolution. Mais, des matériaux qu'il avait réunis avec beaucoup de soin et de clairvoyance, il ne se servit que pour faire œuvre transitoire. Il para, avec l'habileté d'un commerçant gêné par ses échéances, aux difficultés du moment, usant de tous les moyens, aux dépens des rentiers, pour procurer au Trésor les ressources indispensables.

Même dans les temps de révolutions, il est toujours possible à un homme public de ne pas plier sous l'événement en se retirant des affaires. Cambon se laissa emporter par la nécessité des circonstances ; rien ne lui eût été plus pénible que d'abandonner la partie qu'il avait engagée ; « dictateur en finances », il lui fallait soutenir son système, justifier sa conduite et son optimisme. Or, en dépit de son assurance extérieure, il était effrayé par la masse grandissante des assignats en circulation. Cette circulation, il cherchait comment la restreindre et il crut en avoir trouvé le moyen par l'institution du Grand Livre, en autorisant une conversion en rentes des assignats.

L'opération semblait, au premier abord, intéressante : 10.000 francs en assignats ne rapportant rien pourraient être versés au Trésor contre une inscription de rente donnant un revenu annuel de 400 francs, retenue comprise. C'était, au demeurant, un emprunt déguisé. Personne ne s'y trompa. Toujours à la recherche de ressources pour l'État, Cambon attribuait à celles qu'il croyait découvrir une importance qu'elles n'avaient point. Il évaluait à un milliard la quantité de papier-monnaie qui, convertie en rentes, serait retirée de la circulation. Rien ou presque ne rentra. Nul ne faisait collection d'assignats, ne gardait un papier-monnaie perdant chaque jour de sa valeur. Ce papier circulait, servait aux échanges, mais ne s'amassait point. Les économies, si elles étaient encore possibles à quelques-uns, c'est en or sonnant qu'elles se faisaient, non en billets encombrants, dépréciés, et que le bon plaisir de la Convention pouvait démonétiser par décret. La conversion, dont Cambon attendait de si bons résultats, ne diminua pas davantage la circulation des assignats que la facilité qu'il donna, en même temps, d'acheter des domaines nationaux avec des titres de rente ne réduisit le montant de la dette.

« L'assignat était dans un tel discrédit qu'en plusieurs endroits on n'en voulait plus du tout [1] ».

1. HENTZ et GOUJON, représentants en mission, au Comité de Salut public, *Correspondance des représentants en mission*, t. XIII.

En avril 1794, 100 francs de cette monnaie fabriquée sans mesure valaient 40 francs en espèces ; ils n'en valaient plus que 37 en mai, que 34 en juin. Il fallait, à tout prix, diminuer la circulation et, si l'on ne voulait multiplier les émissions désordonnées, trouver d'autres ressources. Cambon chercha à resserrer les contributions, à mobiliser les biens fonciers, à créer une banque nationale [1]. La désorganisation des services et le manque de confiance empêchèrent l'exécution de ces divers projets et, comme il ne pouvait, faute de prêteurs, recourir à un emprunt volontaire, il imagina d'en créer un qui serait obligatoire aux riches ainsi qu'un impôt véritable.

L'idée n'était pas neuve ; en mars 1793, Barère, Ramel et Nogaret avaient demandé qu'on instituât « une subvention de guerre » qu'auraient seuls supportée les riches, et Vernier (du Jura) avait proposé le vote d'une « contribution graduelle sur les parties du revenu qui excèdent le nécessaire [2] ». « Je voudrais, dit Cambon, que la Convention ouvrît un emprunt civique d'un milliard qui serait rempli par les égoïstes et les indifférents [3] ». Quelques jours auparavant, il avait déclaré, pour qu'il n'y eût pas d'équivoque : « Tu es riche, tu as une opinion qui nous occasionne des dépenses ; je t'enchaîne malgré toi à la Révo-

---

1. Cambon à la Convention nationale, 14 germinal an II (3 avril 1794) 3 pluviôse an III (22 janvier 1795), 27 pluviôse an III (15 février 1795).

2. Vernier publia un ouvrage intitulé : *Impôts sur le luxe et les richesses.*

3. 20 mai 1793.

lution. Je veux que tu prêtes à la République [1] ! »

Cette idée que la richesse pouvait être impunément frappée était générale parmi les montagnards de la Convention [2]. Ils votèrent donc, à l'instigation de Cambon, la loi du 20 mai 1793 qui établissait le principe d'un emprunt forcé. Mais la peur de faire des mécontents, à un moment où la lutte politique était le plus aiguë, les fit reculer devant l'application de cette loi. La question était restée ouverte, paraissait même abandonnée, lorsque, mettant à profit la création du Grand Livre, Cambon présenta, comme la conséquence naturelle de la réforme qui venait d'être adoptée, la ratification immédiate d'un « emprunt obligatoire qui ramènerait au niveau de l'égalité toutes les fortunes qui en sont sorties ». Ramel fut chargé d'un nouveau rapport. Il le lut à la séance du 19 août 1793. Quelques jours après, le 3 septembre, la loi était votée et une instruction, en date du 7 septembre, en ordonnait l'application sans sursis ni délai.

Au vrai, cet emprunt n'était qu'une contribution déguisée, un impôt progressif et global sur les revenus à l'exception des salaires. Les assujettis avaient quinze jours pour faire la déclaration de leurs revenus aux municipalités. Les récalcitrants devaient être taxés d'office, d'après la commune

1. 27 avril 1793

2. Robespierre voulait faire supporter à ceux qui possèdent toutes les charges de l'État au profit de la petite propriété, Danton préconisait un impôt progressif, « conforme à la justice éternelle », et Marat affirmait sans rire : « Imposer les riches, c'est les servir. »

renommée, et leur imposition annuelle était « doublée en raison de leur résistance à la loi ». Le taux de la contribution était le plus élevé qu'il soit possible d'imaginer. On payait 600 francs pour 3.000 livres de revenu, 4.500 pour 9.000 ; à partir de 9.000, l'État s'emparait du surplus, de sorte que personne ne pouvait avoir un revenu global supérieur à 4.500 francs par an, en sus de celui qui était exempté d'office pour charges de famille.

L'impôt était si lourd et d'une si révoltante injustice que les contribuables furent mis dans l'obligation de dissimuler leurs revenus. Les commissaires locaux, chargés d'établir les rôles, prenaient le parti des fraudeurs. On eut beau les déclarer responsables sur leurs propres biens, en dépit de l'arbitraire et des exactions, malgré les risques de prison et de mort, cette loi sur l'emprunt forcé aboutit à un échec. Au lieu du milliard prévu, elle rapporta à peine 180 millions et encore parce que les délais de paiement furent prorogés [1].

Cet insuccès n'était pas pour abattre l'habituel optimisme de Cambon. Mais « la livre de pain coûtait de 20 à 30 sous [2] » ; le régime du maximum avait « réduit au désespoir le peuple mourant de faim ». Il fallait que l'État se fît le pourvoyeur de la nation, grevant encore le budget de dépenses

___

1. Cf. CAMBON, *Rapport sur les moyens à prendre pour retirer les assignats de la circulation,* 3 pluviôse an III (22 janvier 1795), et *Rapport sur la fixation de la contribution foncière pour la 3e année de la République,* 16 ventôse an III (6 mars 1795).

2 MALLET DU PAN, *Correspondance avec la Cour de Vienne.*

nouvelles [1]. Cambon essaya de mobiliser les biens fonciers, de faire rentrer les impôts. Comme ce n'étaient que moyens illusoires dans un pays appauvri, il songea à instituer une loterie gigantesque, dont les 400.000 billets à 1.000 francs chacun eussent rempli les caisses du Trésor et théoriquement permis de retirer de la circulation 4 milliards d'assignats [2].

En supposant que l'aventure eût été tentée et qu'il eût été possible de placer une telle quantité de billets, ce système de loterie n'aurait, comme, lorsque pour se sauver on a recours au jeu, donné que des déceptions. Et, aussi bien, ajournant, sans l'abandonner, l'exécution de cette idée qu'il croyait salutaire, mais dont l'application ne se pouvait improviser, Cambon, incapable de trouver, sauf par des émissions répétées, les ressources indispensables, se contenta, tant la chose était aisée, de restreindre encore les dépenses par une nouvelle spoliation.

Quand il avait créé le Grand Livre, il n'avait pas osé s'attaquer aux rentes viagères, parce qu'elles étaient, pour le plus grand nombre, possédées par de petites gens qui avaient placé leur capital à fonds perdu, pour être, leur vie durant, à l'abri du besoin et exempts de soucis. Or, sous le prétexte de simplifier le paiement des arrérages, pourquoi ne pourrait-on « républicaniser cette partie de la

1. Cf. *Correspondance du Comité de Salut public*, t. X, XI, XII et XIII.

1. Cf. CAMBON, *Rapport sur les moyens à prendre...*, *loc. cit.*, et *Résumé des diverses opinions... pour le retirement des assignats*, 7 ventôse an III (25 février 1795).

dette publique, comme on avait fait pour la dette consolidée[1] ? » Rien n'était plus facile, malgré les complications de détail, d'alléger ainsi les charges de l'État, voire d'en supprimer une importante part. Le 18 pluviôse an II, six mois après qu'avait été votée la loi consolidant les autres dettes, Cambon faisait rendre, par la Convention nationale, un décret portant que « le paiement des rentes viagères aurait lieu à bureau ouvert et que les anciens titres seraient échangés par des titres républicains ». Le premier pas était fait et déjà se trouva complété « le parfait cadastre des fortunes[2] » qui permettait, non seulement de soumettre à l'impôt la dette viagère, mais aussi de la réduire en l'unifiant.

Les emprunts viagers, dont le total s'élevait, en 1793, à un milliard de francs environ[3], avaient été contractés par la monarchie, spécialement pendant que Necker était ministre ; ils étaient de diverses sortes et reposaient souvent sur plusieurs têtes. Selon la coutume au dix-huitième siècle, le taux normal d'un intérêt viager était de 10 pour 100, quel que soit l'âge du prêteur. C'est sur cette base que l'État avait emprunté. Le montant des rentes viagères s'élevait donc à 100 millions de francs par an environ.

Cambon, sans se soucier qu'il allait encore porter atteinte à des droits acquis, fit adopter, le 2 ger-

---

1. Cambon à la Convention nationale, 18 pluviôse an II (6 février 1794).

2. CAMBON, *Rapport* du 1ᵉʳ germinal an II (21 mars 1794).

3. Exactement 1.090.674.468 francs d'après un tableau dressé par les commissaires de la Trésorerie nationale.

minal, la revision des rentes et leur conversion en un capital représentant leur valeur actuelle. Il proposa ensuite de ramener tous les intérêts, avec quelques exceptions pour les personnes âgées, au taux généralisé de 5 pour 100. La loi fut votée le 22 floréal, mais elle souleva tant de clameurs et de plaintes, malgré les modifications qu'y apporta le comité de Salut public en faveur des rentiers pauvres [1], que les intéressés trouvèrent, pour les défendre, l'énigmatique maître de l'heure : Robespierre.

1. *Rapport* de Barère, 24 prairial an II (12 juin 1794).

CHAPITRE IV

De mémoire d'homme, jamais printemps n'avait
été si beau que celui de l'an II [1]. C'est au milieu des
fleurs, par une journée de radieux soleil que, le
20 prairial, Robespierre avait, à la « sainte montagne » du Champ de Mars, mis le feu au groupe
de l'Athéisme. Depuis « ce jour à jamais fortuné,
où le peuple français tout entier s'était élevé pour
rendre à l'Auteur de la Nature le seul hommage
digne de Lui [2] », une sorte de torpeur panique s'était
sous le ciel pur et dans l'air étouffant, emparée
de la capitale. La vertu régnait avec la terreur :
« les terrasses des cabarets étaient vides », les bals,
désertés. De peur d'être arrêtées, les filles ne des-
cendaient plus dans la rue et, tous les soirs, sauf le
décadi, avait lieu la salutaire hécatombe. Le Tribunal révolutionnaire envoyait, chaque jour, à

1 Cf. LEGOUVÉ, *Soixante ans de souvenirs.*
2 *Discours* de Robespierre, 8 thermidor, an II.

l'échafaud, trente, quarante, cinquante victimes [1], accusées, pour la plupart, d'avoir « dépravé les mœurs ». Du 22 prairial au 8 thermidor, plus de 1.300 têtes tombèrent [2]. Il fallait évacuer les prisons, disait Barère, « les purger en un instant », renchérissait Herman. Or, on les remplissait sans cesse et tout le monde était sous le coup d'une arrestation...

> « Sachez que des cœurs corrompus,
>   L'Éternel rejette l'offrande »,

avaient chanté, le 20 prairial, un chœur de jeunes filles en robe blanche. Semblable à l'Éternel, Robespierre, qui se croit « mis au monde pour en devenir le régénérateur [3] », rejette de la Salente [4] qu'il rêve de fonder, tous ceux qu'il n'en juge pas dignes : « Soyons inexorables envers les méchants », a-t-il dit, et les méchants sont ceux qui n'appartiennent pas à sa faction. Il faut les écarter, les détruire. Contre eux, aucune pitié ne retient son bras. A-t-il songé, comme on a dit, à clore l'ère des supplices ? La nécessité l'a obligé à verser, chaque jour, plus de sang. Pour faire triompher la Vérité, celui qui s'en tient pour le Maître [5], frappera sans merci et sans trêve. Afin que soit facilitée l'épuration, il a fait voter, par l'Assemblée servile, cette

---

1. « La dernière décade n'a pas mal rendu, il faut que celle-ci aille à 400, 450 », disait Fouquier-Tinville. (*Procès Fouquier*, déposition de Tavernier, huissier.)
2. Cf. Duchesse DE BRISSAC, *Pages sombres.*
3. Bailleux.
4. Lindet.
5. M. Aulard l'appelle « le Maître de la Vérité ».

fameuse loi de prairial, qui, permettant d'atteindre les représentants du peuple sans un vote de la Convention, établit, comme unique règle des jugements, la conscience des jurés, supprime la défense et n'admet qu'une seule peine, la mort[1].

Depuis, la mort, comme la vertu, est à l'ordre du jour. « Personne ne pouvait compter sur un mois de vie en ces temps orageux[2]. » Comme les poursuites par tête prennent trop de temps, sous prétexte de conspirations collectives, des fournées vont être organisées, qui amèneront au prétoire surchargé des lots de prévenus. Il n'y a plus d'instruction, à peine d'interrogatoire et seulement de forme. Il suffit de comparaître : le Tribunal ne juge plus, il condamne, sans quelquefois prendre la peine de vérifier l'identité de ceux qui sont amenés à sa barre[3].

Par Coffinhal et Dumas, Robespierre peut dicter ses sentences au Tribunal de sang. La mort d'Hébert l'a rendu maître de la Commune, la mort de Danton, arbitre de la Convention. Les Jacobins lui sont assujettis. Il jouit d'une « popularité monstrueuse ». Partout, il règne en souverain et, au comité de Salut public, qu'il fait surveiller par Couthon et par Saint-Just, revenu de sa mission aux armées, quelques membres ayant essayé de

1. *Articles* 8, 16 et 7.
2. BAUDOT, *Notes historiques.*
3. Le 7 thermidor, Loizerolles père fut condamné à la place de son fils ; le 9, madame Mayet à la place de madame de Maillé. (Cf. WALLON, *Le Tribunal révolutionnaire* ; CAMPARDON, *Histoire du Tribunal révolutionnaire de Paris* ; G. LENOTRE, *Le Tribunal révolutionnaire.*)

résister, il fait planer sur eux une continuelle menace en ne plus assistant à leurs délibérations.

Il y avait un parti-pris d'isolement dans cette allure singulière. C'est à dessein qu'il ne se montrait pas. Il voulait donner à croire qu'il n'avait « plus d'influence sur le gouvernement ». A partir du 24 prairial, après être descendu du fauteuil pour accuser Bourdon et Tallien, il n'était pas retourné à la Convention. Aussi bien, depuis qu'ils étaient dépouillés de leur immunité, le plus grand nombre des députés s'abstenaient d'assister aux séances de l'Assemblée. « La peur s'était glissée sur les bancs de la Montagne » et les avait dégarnis. « Le côté droit était désert depuis que les girondins en avaient été arrachés. » Les représentants du peuple qui avaient encore le courage de se réunir ne discutaient plus. « Chaque membre observait ses démarches et ses paroles dans la crainte qu'on ne lui en fît un crime ! » Ils erraient de place en place, n'osant en occuper aucune, s'esquivant au moment de voter. « Quelques-uns ne s'asseyaient jamais » ; beaucoup « habitaient les tanières les plus inaccessibles de la capitale », d'autres s'en allaient, chaque soir, « coucher hors barrière dans la maison ignorée de quelque ami [1] ».

Cette tyrannie occulte ne pouvait durer. Le peuple jugulé ne trouvait pas d'agrément à la Vertu et, de la Terreur, les exibitions journalières le lassaient. Il ne cachait plus sa répulsion pour les

---

1. Cf. LEVASSEUR DE LA SARTHE, *Mémoires* ; THIBAUDEAU, *Mémoires* ; GARNIER DE SAINTES, *Correspondance* ; COURTOIS, *Réponse aux détracteurs*, etc.

condamnations de plus en plus nombreuses ni sa pitié pour les malheureux que l'on conduisait à l'échafaud. Les charrettes étaient huées sur leur passage. De la place de la Révolution, la guillotine avait dû être portée à la place Antoine, puis, sur les réclamations des habitants, plus loin encore, presque hors de Paris, à la Barrière renversée [1].

Nombre de députés auraient voulu se libérer de l'oppression et détourner le danger qui les menaçait. « Tu veux faire guillotiner la Convention », avait dit Collot-d'Herbois [2] à Robespierre, après la loi de Prairial, et, une semaine auparavant, à la Fête de l'Être suprême, des « imprécations avaient été prononcées assez haut pour parvenir aux oreilles du sacrificateur [3] ».

Robespierre ressentait profondément les hostilités qui régnaient autour de lui. Il résolut de ne pas tarder à se débarrasser de ses ennemis. Il fit exclure Fouché des Jacobins [4] et se disposa à demander, aux représentants qu'il avait fait rappeler de leur mission dans les départements, des comptes sévères. Puis, « comme tous ceux que les regards publics avaient distingués étaient à ses yeux des rivaux [5] », il noua une « intrigue sournoise [6] » contre les membres des divers comités.

Cambon, encore qu'il pût passer pour « un

---

1. Thibaudeau, *op. cit.*
2. Cf. D'Héricault, *La Révolution de Thermidor*.
3. Baudot, *op. cit.*
4. Le 26 messidor.
5. Daunou, *Mémoires pour servir à l'histoire de la Convention nationale*.
6. Barras, *Mémoires*.

apôtre impur de l'athéisme », qu'il eût manqué de vigueur, au 31 mai, contre les girondins et se fût compromis, dans le premier comité de Salut public, à côté de Danton, ne se croyait pas en péril. Absorbé par sa besogne, la sachant lourde et inaccessible, il se reposait dans la certitude de ne pouvoir être remplacé. Il savait que Robespierre ne l'aimait pas et, aussi bien, lui-même, comme Buzot, « avait pour cet homme à figure de chat une aversion invincible ». Entre eux, qu'une série de votes identiques semblait avoir liés, existait un sentiment d'inimitié instinctive. Aux premières séances de la Convention nationale, en 1792, Cambon avait, avec les girondins qu'il devait laisser immoler, accusé Robespierre d'aspirer à la dictature et Robespierre, qui jamais n'oublia une offense, avait noté sur ses tablettes, pour s'en souvenir toujours, les paroles de celui qui l'avait attaqué[1]. Quelques jours après, les deux hommes s'étaient affrontés aux Jacobins et à l'Assemblée, Cambon ayant proposé de supprimer le budget des cultes que Robespierre fit maintenir. Depuis, chaque fois qu'il s'était agi de questions religieuses, le désaccord s'était accentué, sans toutefois que ces divergences, sur un sujet aussi important, eussent empêché Robespierre et Cambon de suivre une voie commune et d'atteindre, par des moyens analogues, chacun selon ses desseins, à une suprématie véritable. Cambon s'était ainsi « arrogé une sorte

---

1. « Les dictateurs ne périront que de ma main », avait écrit Robespierre à côté du nom de Cambon. Cf. *Révolution française* du 14 janv. 1898.

de dictature financière [1] », et, pour Robespierre, d'ambition et de valeur plus hautes, on sait que « tout lui était soumis ».

Cependant, la peur que l'Incorruptible avait de l'argent et son éducation hors du réel l'avaient, jusqu'alors, fait se désintéresser des finances et, encore qu'il eût, en cette matière, « par des considérations générales sur les principes », des idées différant de celles qui étaient appliquées, il ne s'était « pas mêlé à cette partie [2] » et avait laissé, de toutes les commissions parlementaires, seul le comité présidé par Cambon, indépendant du comité de Salut public. Ainsi, Cambon, libre dans sa gestion et s'y confinant, se sentait-il d'autant plus hors d'atteinte qu'il ne descendait de sa tour d'ivoire que pour soutenir le régime dont Robespierre avait formulé le dogme. Pour lui, plus que pour d'autres, la Terreur était nécessaire, puisque, par les mises hors la loi et les confiscations qui en résultaient, s'accroissait le gage territorial des assignats, mais elle était légitime aussi pour empêcher les ennemis de l'intérieur et de l'extérieur de détruire le crédit de l'État. « Pas de demi-mesures », répétait-il sans cesse à la tribune de la Convention, « il ne faut rien épargner pour conserver notre indépendance [3] ! »

S'il a pu se vanter de « n'avoir fait arrêter personne », puisqu'il ne fut pas envoyé en mission

---

1. DUMOURIEZ, *Mémoires.*
2. Cf. *Discours* de Robespierre, le 8 thermidor.
3. Cambon à la Convention nationale, 1er février 1793. *Moniteur,* XV.

et ne fit partie, ni du comité de Sûreté générale,
ni, après la proscription des Girondins, du comité
de Salut public, il n'en reste pas moins que son
système financier ne pouvait être maintenu que
par les « grands moyens » de la Terreur. Ce n'est
point que, comme tous ses collègues, il n'ait eu des
élargissements à son actif. Il a fait mettre en liberté
son compatriote Baude, le notaire, ainsi que Per-
régaux, le banquier parisien [1]. Il a sauvé de la
proscription Chaptal [2], qui lui avait rendu service
et, de la mort, quarante-huit receveurs généraux
des finances [3] qui étaient utiles à son administration. Mais il a laissé guillotiner le maire de Montpellier, Durand [4], avec qui, naguère, il avait lié
partie, et, en les accusant faussement d'avoir volé
trois cents millions à l'État, « il a excité la persécution générale et sonné le tocsin de la mort pour les
fermiers généraux [5] ».

On sait quelle fut son attitude au 31 mai. Après
avoir hésité à condamner, il n'eut pas le courage
d'absoudre et se laissa charger, sans honte, d'un
Rapport contre Brissot et autres [6]. Plus tard, il témoigna au Tribunal révolutionnaire contre Cla-
vières [7] et Lebrun [8], qu'il n'aimait guère, mais

---

1. *Moniteur*, tome XIX.

2. Duval-Jouve, *op. cit.*

3. Gaudin, *Mémoires*.

4. Renseignement particulier.

5. Dupin à la Convention nationale, 16 floréal an III (5 mai
1795).

6. 16 juin 1793 (*Arch. nat.* AF* 11 46).

7. *Lettre* de Fouquier-Tinville, 19 frimaire an II (9 déc. 1793).
Arch. nat. C. 283.

8. 6 nivôse, an II (26 déc. 1793). *Arch. nat.* W. 305-365.

aussi contre Danton qui souffleta son ancien collègue au comité de Salut public de cette railleuse apostrophe : « Voyez, il rit... écrivez qu'il a ri [1] ! »

En vérité, quoi qu'on ait pu dire ou croire, et encore qu'il ait combattu la création du Tribunal révolutionnaire, non, du reste, parce qu'il n'en était pas partisan, mais, parce qu'inféodé encore à la Gironde, il avait peur que ce tribunal ne fût, par sa composition, sous l'influence de la Commune, Cambon, « pour sauver son pays [2] », soutenir le crédit public et s'affermir au pouvoir, fut non seulement l'un des complices, mais un instigateur de la politique qui déchaîna la Terreur. Ses mains, pures de concussion, restent tachées de sang. S'il ne le versa pas, il le laissa répandre. La planche de la guillotine servait de renfort à la planche aux assignats. Tout le système se tenait. La peur d'être arrêté faisait endurer les spoliations ; le papier-monnaie circulait par la violence ; la prison et la mort alimentaient le budget de l'État.

Cambon, plus audacieux que Robespierre en matière sociale, avait, par la création du Grand Livre et les exactions qui en découlèrent, mécontenté les rentiers. Une nouvelle réforme, proposée par le comité des Finances, l'unification de la dette viagère, avait été, comme bien on pense, aussi mal accueillie que celles qui l'avaient précédée [3]. Cam-

---

1. Cf. Docteur ROBINET, *Procès des Dantonistes et Notes* de Topino-Lebrun.

2. C'était l'excuse habituelle. Cf. par exemple le procès Carrier.

3. Cf. *Rapport* de Cambon, 2 germinal an II (22 mars 1794) :

bon, jugeant « mal fondées les clameurs » de ceux qui allaient être injustement atteints dans leurs intérêts, ne se laissa pas arrêter par « l'opposition de Robespierre », assez peu au courant de la question, et, après avoir facilement déjoué « les petites intrigues » des rentiers viagers et de leur défenseur[1], il s'était remis à sa tâche, sans songer qu'il venait ainsi d'aviver, à un bien mauvais moment, la rancune du « pontife infaillible » qui « était extrêmement sensible à toutes sortes de choses[2] » et « ne voulait que des applaudissements[3] ».

Comme Carnot, l'organisateur de la victoire, Cambon, qui « remplissait le rôle de contrôleur général des finances », négligeait la cabale. Tous les deux se croyaient nécessaires et, partant, invulnérables. Mais d'autres, des terroristes aussi, et parmi les pires, Tallien, Fréron, Collot d'Herbois, Fouché, sachant que leur tête était en jeu, étaient résolus à la défendre et, décidés à tout, redoublaient d'activité. « Fouché voyait Carnot, voyait Cambon, voyait Barras[4]. » Il attisait les haines, exaspérait la peur. « Je ne m'amusai point, raconte-t-il dans ses *Mémoires*, à disputer ma tête ni à délibérer longuement dans des réunions clandestines avec ceux de mes collègues menacés comme moi... Il me suffit de leur dire : « Vous êtes sur la liste, vous êtes sur la liste, ainsi que moi, j'en suis sûr »... J'allai

loi du 23 floréal, an II (12 mai 1794) et séance du 22 floréal, an II, à la Convention nationale.

1. Cf. Cambon *Rapport* du 12 fructidor an II (29 août 1794).
2. Charlotte ROBESPIERRE, *Mémoires*.
3. *Le Patriote français*, déc. 1792.
4. Louis MADELIN, *Fouché*.

droit à ceux qui partageaient le pouvoir de la Terreur avec Robespierre et que je savais être envieux
et craintifs de sa popularité... Je leur révélai les
desseins du moderne Appius et je leur fis séparé-
ment un tableau si énergique et si vrai du danger
de leur position, je les stimulai avec tant d'adresse
et de bonheur que je fis passer dans leur âme plus
que de la défiance, le courage de s'opposer à ce
que le tyran décimât la Convention. »

Par ailleurs, Robespierre, poussé par son entourage, ne ménageait plus à ses adversaires d'impré-
cises menaces. Presque tous les soirs, il se rendait
aux Jacobins dont il avait fait son empire. Il y parlait aux applaudissements de tous. « Son langage
était vague, obscur, ambigu comme la situation » :
« Quand les circonstances se développeront, disait-
il, je m'expliquerai plus clairement... Maintenant,
j'en dis assez pour ceux qui comprennent [1]. » Comprenant, ceux qui se savaient le plus en péril,
comme Collot ou Tallien, n'osaient plus se présenter au club. Les autres y venaient de peur que
leur absence ne fût mal interprétée et, en écoutant
Robespierre, ils se demandaient s'ils n'étaient pas
parmi « les tyrans », « les conspirateurs » dont
l'Incorruptible voulait « purger la Convention ».

Le 13 messidor, aguerri par le retour du fidèle
Saint-Just, « l'ange exterminateur », Robespierre,
pour se concilier les pourvoyeurs de la guillotine,
prononça un discours contre « ceux qui veulent
soustraire les aristocrates à la justice ». Le 21, il

1. Cf. AULARD, *Société des Jacobins.*

s'en prenait insidieusement à Barère, son collègue au comité de Salut public, et, quelques jours après, parlant en son nom, Couthon déplorait la détresse financière, critiquait l'administration de l'armée, affirmait qu'il y avait « des agents de l'étranger à la Convention nationale ». Le triumvirat, sans désigner personne, n'attaquait plus seulement « les ultraterroristes qui repoussaient toute idée religieuse », mais aussi « les dépositaires de l'autorité publique ». Barère, Cambon, Carnot, Vadier, n'étaient pas plus à l'abri que Tallien et Fouché. Ils n'étaient pas hommes à se laisser immoler, mais ils se sentaient sans appui suffisant à la Convention, si bien que, lorsque, le 2 thermidor, à l'Assemblée, Barère avait tenté une allusion hostile à Robespierre, « personne n'osa ramasser le gant qu'il avait jeté dans l'arène ».

Cambon, d'ailleurs, sournoisement dénigré, se voyait maintenant d'autant plus menacé que la société populaire de Montpellier avait dépêché à Paris, Espinas, l'aveugle, un enragé terroriste, pour réclamer des représailles contre « les fédérés de l'Hérault » et contre tous ceux qui, de près ou de loin, les avaient soutenus. Pour parer le coup qui n'allait pas manquer de l'atteindre ainsi que son père, Cambon, habitué d'aller droit au but, avait préparé un acte d'accusation contre Robespierre : les autres membres du comité des Finances, craignant d'être eux-mêmes compromis s'il se découvrait, le dissuadèrent de mettre son projet au jour.

C'est que rien ne pouvait être entrepris sans le concours de la droite. Les députés qui la composaient et avaient siégé naguère au centre de l'Assemblée avaient été décimés, mais ils étaient le nombre, restant encore deux cents qui avaient voté contre la mort du roi. En vain, Fouché et Tallien, avec la ténacité que donne le désespoir, avaient essayé de se concilier cette majorité précieuse. Ils avaient été éconduits. « Têtes froides et lentes », ces hommes de la Plaine « savaient que les vaincus n'ont jamais raison contre les vainqueurs [1] » et, du reste, à Tallien et Fouché qui leur avaient jusque-là été hostiles et leur paraissaient méprisables, ils préféraient Robespierre qui les protégeait en secret et défendait avec eux, contre « les impies et les corrompus », « les principes de la Civilisation et de la Morale [2] », tout de même que les droits de la propriété. « Tu sais ou tu dois savoir, écrivait Durand Maillane à Maximilien, que, sans que je te voie, sans que je te parle, je te suis entièrement attaché [3]. » Boissy d'Anglas le comparait poétiquement à Orphée et tous les autres députés de la droite lui savaient gré de ménager leurs intérêts, sans compter qu'ayant acheté, pour la plupart, des biens nationaux, ils ne craignaient rien tant qu'un changement de régime, accompagné de dépossession ou de représailles.

Toutefois, malgré leur timide prudence et leur crainte de déplaire à l'Incorruptible, ces « crapauds du Marais [4] », comme on les appelait, com-

1. DUSSAULT, *Fragments pour servir à l'histoire de la Convention nationale.*

2. BOISSY D'ANGLAS, *Essai sur les fêtes nationales.*

3. Cf. HAMEL, *Histoire de Robespierre.*

4. HUA, *Mémoires.*

mençaient à être ébranlés par le nombre et l'iniquité des condamnations prononcées par le Tribunal révolutionnaire. « Il n'était pas possible, écrira l'un d'eux [1], de voir tomber plus longtemps soixante ou quatre-vingt têtes par jour sans horreur. » Mais qui faisait tomber ces têtes et, pour arrêter la Terreur, ne pouvait-on compter, en dépit de son inflexible cruauté, plutôt sur « l'amant de la Vertu », que sur des hommes couverts de boue, de rapines et de sang, comme Collot et Fouché, Tallien et Fréron ?

Et, tous les soirs, à quatre heures, de la Conciergerie, partait une fournée nouvelle. Le 6 thermidor, après tant d'autres, vingt-six accusés de prétendus délits contre-révolutionnaires, avaient été jugés et, le procès-verbal d'audience en fait foi, tous condamnés sans témoin [2]. Le lendemain, septidi, tandis que le soleil déclinait, brûlant encore et éclairant tragiquement les charrettes qui avaient conduit vingt-quatre nouvelles victimes [3] au supplice, on apprit à l'Assemblée que Robespierre viendrait, sans doute, prononcer, à la prochaine séance, le grand discours qu'il préparait depuis un mois.

Le lendemain, 8 thermidor, des députés nombreux s'étaient, de bonne heure, rendus au pavil-

---

1. Durand-Maillane.

2. Cf. WALLON, COMPARDON, LENOTRE, *op. cit.* et *Arch. nat.* W. 431. Parmi les condamnés, la veuve Bocquet, âgée de 72 ans ; Daubarède, 72 ans ; Dublaizel, 78 ans.

3. A l'exception d'un prêtre, nommé Auphant, que le tribunal acquitta, tous les accusés furent condamnés à mort. Parmi eux, on remarque le poète André Chenier et Roucher, l'auteur des *Mois.*

lon de l'Unité où, dans l'ancien théâtre du Château, depuis plus d'un an, siégeait la Convention nationale.

Tout a été changé dans la salle rectangulaire décorée dans le goût du temps. Sur les murs peints en marbre jaune veiné, se profilent les statues « en manière de bronze », des héros antiques : Numa Licurgue, Platon, Pithagore, Brutus. L'amphithéâtre, avec ses rangées de fauteuils en reps vert, s'étage, en forme d'ellipse, autour de la tribune [1]. Au-dessus, est le fauteuil du président occupé, ce jour-là, par Collot d'Herbois. C'est un homme robuste, au teint brun, avec une chevelure crépue et très noire, un regard soucieux et sombre.

La séance s'est ouverte sur des questions sans intérêt. On a parlé des voyageurs assassinés dans une diligence entre Vitré et Laval, d'un secours demandé par la veuve Mathon dont le mari a été fusillé après sa condamnation par un conseil militaire. Un membre faisait connaître, à ses collègues qui avaient voté l'épouvantable loi de prairial, quelques « traits d'humanité [2] », lorsque, tout d'un coup, les tribunes du public se garnirent, en même temps que pénétraient dans l'hémicycle, Lebas, avec Couthon et Saint-Just.

Presque aussitôt après, dans un grand silence, Robespierre faisait son entrée. Il était vêtu du même costume qu'il avait porté le jour de l'apothéose, à la proclamation de l'Être suprême [3]. Sans

1. Cf. MEISTER, *Voyage à Paris, à la fin de* 1793.
2. *Moniteur.*
3. LAMARTINE, *Les Girondins.* Cet ouvrage de Lamartine a été

tarder, il demande la parole et, ses notes à la main, il monte à la tribune. « Sa présence fait l'effet de la tête de Méduse [1] » ; on se regarde avec une sorte d'effroi. Mince, dans son habit bleu célèbre, bien poudré, rasé de frais, il est d'une « pâleur formidable [2] » et jamais son attitude n'a été si solennelle. Toute la salle attend avec une curiosité mêlée d'inquiétude. Que croire de cette âme fermée qui n'entretenait personne d'elle-même ? Les masques allaient-ils tomber, les accusations devenir précises ? « Tout de suite, il le prit de haut sur un ton despotique qui commençait à lasser [3]. »

« Que d'autres vous tracent des tableaux flatteurs, je viens vous dire des vérités utiles... je veux étouffer, s'il est possible, les flambeaux de la discorde par la seule force de la vérité... Je vais défendre devant vous votre liberté outragée et la liberté violée. Je me défendrai aussi... »

On écoutait le tribun dans l'angoisse. Chacun s'attendant à des révélations terribles, tremblait pour sa vie. Lui ne se pressait pas ; il lisait lentement le discours dont il avait disait-on, cherché l'inspiration dans la forêt de Montmorency, auprès de l'Ermitage qu'avait habité Jean-Jacques Rousseau :

« J'ai besoin d'épancher mon cœur. Ne croyez pas que je vienne ici intenter aucune accusation... Je viens, s'il est possible, dissiper de cruelles er-

revu par le fils de Lebas et donne de précieuses indications sur ces journées de thermidor.

1. Boucher-Sauveur.
2. Barère.
3. Crevelier, *Lettres*, publiées par la *Revue de Paris*, 1908.

reurs, je viens étouffer de terribles ferments de discorde ! »

Après avoir justifié les condamnations d'Hébert, de Ronsin de Chabot, de Danton et assuré la Convention nationale de son « respect sans bornes », il se tourne vers ceux qui lui sont le plus hostiles et, dans son manichéisme mystique : « Je ne connais que deux partis, s'écrie-t-il, celui des bons et celui des méchants... »

Quels sont les méchants, qui vont périr ? Robespierre va-t-il les désigner enfin ?

« Ils m'appellent tyran, si je l'étais, ils ramperaient à mes pieds. Qui suis-je, moi qu'on accuse ? un esclave de la Liberté, un martyr vivant de la Révolution... Otez-moi ma conscience. Je suis le plus malheureux des hommes ! C'est ici que je dois laisser échapper la vérité. Les affaires publiques reprennent une marche perfide et alarmante. Le système des Hébert et des Fabre d'Eglantine est poursuivi avec une audace inouïe... On veut détruire le gouvernement révolutionnaire ! »

L'Assemblée attend dans des transes mortelles, que lui soient révélés « les secrets redoutables [1] » dont l'orateur a parlé l'avant-veille aux Jacobins. Mais lui, éludant encore, se défend maintenant d'avoir proscrit ou fait condamner. A ceux qui l'accusent et le calomnient, aux fripons qui l'outragent, aux misérables qui ont murmuré derrière lui à la Fête de l'Être suprême, il abandon-

[1]. Robespierre aux Jacobins, 6 thermidor. Cf. AULARD, *op. cit.*

nera sans regret sa vie ; et, donnant alors à sa vision la forme qui pouvait avoir le plus de prises sur les âmes :

« La mort n'est pas, comme on a dit, un sommeil éternel... Effacez des tombeaux cette maxime qui décourage l'innocence opprimée et insulte à la mort. Gravez-y celle-ci : « La mort est le commencement de l'immortalité ! »

Après ces paroles sereines, introduites dans la polémique, éclatent des récriminations haineuses et implacables :

« Dans quelles mains sont aujourd'hui les finances et l'administration intérieure de la République ? Dans celles de la coalition qui me poursuit !... »

Et, sans « déchirer entièrement le voile », n'osant encore ou ne voulant prononcer aucun nom, Robespierre prend un à un à parti « les tyrans ligués contre lui » : Barère, qui a eu le front de l'attaquer, un jour qu'il le croyait perdu ; Carnot, dont Saint-Just est jaloux ; Cambon qui a poussé à l'abolition de toute idée religieuse et dont les réformes menacent les fortunes moyennes :

« On vous parle beaucoup de vos victoires avec une légèreté académique qui ferait croire qu'elles n'ont coûté à vos héros ni sang, ni travaux... Ce n'est ni par des phrases de rhéteur[1], ni par des exploits guerriers[2] que nous subjuguerons l'Europe, mais par la sagesse de nos lois... Notre situation intérieure est beaucoup plus critique. Un

1. Allusion à Barère.
2. Allusion à Carnot.

système raisonnable de finances est à créer, celui qui règne aujourd'hui est mesquin, prodigue, tracassier, dévorant et, dans le fait, absolument indépendant de votre autorité suprême... »

Cambon n'est pas nommé, mais tout le désigne. Son économie minutieuse, les émissions multiples d'assignats qu'il a réglées, le contrôle sévère auquel il a soumis les services, l'excès obligatoire des dépenses, le système entier est, dans quatre mots, condamné. Et Robespierre n'en a pas fini avec l'homme qui l'a offensé naguère et qui lui résiste encore :

« La contre-révolution est dans l'administration des finances, continue-t-il. Elle porte toute sur une innovation contre-révolutionnaire sous les dehors du patriotisme. Elle a pour but de fomenter l'agiotage, de favoriser les riches créanciers, de ruiner et de désespérer les pauvres, de multiplier les mécontents, de dépouiller le peuple des biens nationaux et d'amener la ruine de la fortune publique. Quels sont les administrateurs suprêmes de nos finances ? Des brissotins, des feuillants, des aristocrates et des fripons connus. Ce sont... »

L'orateur interrompt sa lecture ; il hésite une seconde. A-t-il deviné une réprobation dans le regard des députés confiants en leurs collègues du comité des Finances ? Il n'a pas le courage de lire les noms de Cambon, de Mallarmé et de Ramel qu'il avait écrits en toutes lettres dans le manuscrit qui nous a été conservé. Il dit seulement :

« Ce sont... les campagnons et les successeurs de Chabot, de Fabre, de Julien (de Toulouse). » Et,

continuant, inexorable : « Pour pallier leurs perni-
cieux desseins, ils se sont avisés, dans ces derniers
temps, de prendre l'attache du comité de Salut
public... C'est un nouveau stratagème imaginé pour
multiplier les ennemis du comité... La Trésorerie
nationale seconde parfaitement leurs vues par le
plan qu'elle a adopté de mettre des entraves à toutes
les dépenses urgentes sous le prétexte d'un attachement scrupuleux aux formes... La contre-révolution
est dans toutes les parties de l'économie politique... »

Et, quittant un sujet sur lequel il s'est, pour
atteindre Cambon, le plus longuement appesanti,
il conclut :

« Disons qu'il existe une coalition contre la liberté publique, qu'elle doit sa force à une coalition
criminelle qui intrigue au sein même de la Convention... Quel est le remède à ce mal ? Punir les
traîtres, renouveler les bureaux du comité de Sûreté
générale, épurer ce comité et le subordonner au
comité de Salut public, épurer le comité de Salut
public lui-même, constituer l'unité du gouvernement sous l'autorité suprême de la Convention...
et écraser ainsi toutes les factions du poids de l'autorité nationale pour élever sur leurs ruines la puissance de la justice et de la liberté. »

Robespierre a fini. Il vient se rasseoir à son banc.
Ses collègues, qui l'ont écouté avec stupeur,
ne savent s'ils doivent murmurer ou applaudir.
Sans en oser nommer aucun, il a suspendu la menace sur la tête d'un si grand nombre d'entre eux
que chacun se peut croire en péril. « Le gouffre

était ouvert » et l'on ignorait « quelle partie de la ville serait engloutie ou si la ville le serait tout entière [1]. »

L'Assemblée était « comme sous la foudre [2] ». Le silence pesait. Il fut brisé par la voix de Lecointre qui, ennemi avoué de Robespierre, demande, à l'étonnement de tous, l'impression du discours, sans doute pour obliger ceux qui ont été le plus spécialement attaqués à se défendre sur l'heure. Bourdon (de l'Oise), qui ne comprend pas la manœuvre de son collègue, s'oppose à cette motion qu'au contraire Barère soutient avec son habituelle duplicité. Aussi bien, Couthon, parlant de sa place : « Je demande, dit-il d'une voix triomphante, non seulement que le discours soit imprimé, mais aussi qu'il soit envoyé à toutes les communes de la République. » On vote. La proposition de Couthon est adoptée.

La partie semblait perdue aux ennemis de Robespierre, quand Vadier monte à la tribune pour justifier le comité de Sûreté générale auquel il appartient. Mais Cambon s'était levé, dominant, de sa stature massive, Robespierre assis non loin de lui, à côté de Couthon : « Je demande la parole aussi, dit-il, en s'élançant les poings fermés dans l'hémicycle ; avant d'être déshonoré, je parlerai à la France ! » La parole était à Vadier ; elle lui fut maintenue ; après un quart d'heure d'attente exaspérée, Cambon, tremblant de colère, put gagner la tribune :

1. Helen Maria WILLAMS, *Lettres.*
2. THIBAUDEAU, *Mémoires.*

« Je me présente dans la lice, dit-il, de sa voix rude, quoique je n'aie jamais formé un parti autour de moi... Je me contenterai de repousser une attaque dont ma conduite, connue depuis le commencement de la Révolution, aurait dû me garantir... Etranger à toutes les factions, je les ai dénoncées tour à tour lorsqu'elles ont tenté d'attaquer la fortune publique. Tout dévoué à mon pays, je n'ai connu que mon devoir... J'ai méprisé toutes les attaques... Il est temps de dire la vérité tout entière : un seul homme paralyse la volonté de la Convention ; cet homme est celui qui vient de faire le discours ; c'est Robespierre ; ainsi, jugez ![1] ».

A ces mots « qui éclatent comme la pensée comprimée d'un homme de bien », l'Assemblée reste un moment interdite. Puis, tout d'un coup, ainsi que, dans les champs, s'inclinent les épis au gré du vent qui tourne, les députés, depuis les bancs de la gauche jusqu'à ceux de la droite, applaudissent dans un commun élan.

Robespierre est tout déconcerté de ce revirement. Il tente, devant un auditoire qu'il sent, pour la première fois, hostile, de justifier ses attaques et croit habile de les atténuer.

Il s'explique, parmi les murmures, avec une douceur hypocrite qui décelait son embarras : « S'il est quelque chose qui ne soit pas en mon pouvoir, dit-il, c'est de paralyser la Convention surtout en fait de finances. Jamais je ne me suis mêlé à cette partie, mais... j'ai cru m'apercevoir que les idées de

1. Buchez et Roux, *op. cit.*

Cambon ne sont pas aussi favorables à la Révolution qu'il le pense. Voilà mon opinion... j'ai osé la dire, je ne crois pas que ce soit là un crime... sans attaquer les intentions de Cambon, je persiste à dire que tel est le résultat de son décret sur les rentes viagères qu'il désole les citoyens pauvres. »

Cambon voulait avoir le dernier mot : « Cela est faux ! » cria-t-il de sa place. Et il donna des explications techniques que Robespierre n'eût pas été à même de rétorquer, si ses ennemis lui avaient permis de le faire. Mais ceux-ci, rendus plus nombreux par le succès, se pressaient à la tribune, le geste menaçant et l'invective aux lèvres. Billaud-Varenne reprochait à l'homme, tout à l'heure applaudi, maintenant aux abois, d'avoir calomnié les comités. Panis, Bentabole, Charlier, Amar, Fréron, lui demandaient de justifier ses dénigrements, de préciser ses menaces et se plaignaient d'avoir été inscrits sur ses listes secrètes de proscription :

« J'ai fait mon devoir, répétait Robespierre, on me menace, on veut ma mort !

— Tu l'as méritée cent fois.

— Je n'ai flatté personne, je ne crains personne, je n'ai calomnié personne.

— Et Fouché ? demandent plusieurs voix. »

Ce nom, encore odieux à la Plaine, pouvait, jeté imprudemment dans le débat, rallier la droite de l'Assemblée à Robespierre. Son mépris pour Fouché, le trouble plutôt où l'avait plongé la diatribe de Cambon, lui firent éluder la question :

« Je ne m'occupe pas de lui actuellement, » répondit-il d'une voix blanche.

Profitant de cette faute, Billaud-Varenne revenait à la charge :

« Le discours, avant d'être imprimé, doit être envoyé à l'examen des comités de Salut public et de Sûreté générale », dit-il, au milieu des approbations.

Robespierre se sent perdu : « Quoi, proteste-t-il, j'aurais eu le courage de venir déposer dans le sein de la Convention des vérités que je crois nécessaires au salut de la patrie et l'on renverrait mon discours à l'examen des membres que j'accuse ?

— Nommez ceux que vous accusez, réclame Charlier.

— Oui, oui, nommez-les, crie-t-on de toutes parts.

— Je persiste dans ce que j'ai dit, répond Robespierre. Je déclare en outre que je ne prends aucune part à ce qu'on pourra décider pour empêcher l'envoi de mon discours.

— Ce discours inculpe les comités, dit Amar, il faut que l'accusateur nomme les membres qu'il désigne. »

L'accusateur reste muet à sa place, impénétrable et glacé. Après une nouvelle attaque de Bréard, l'Assemblée, se déjugeant, révoque le décret d'impression qu'elle avait voté une heure auparavant. Robespierre était battu ; c'est ce jour-là, en vérité, s'il fut achevé le lendemain, qu'il fut blessé à mort. Lui ne se croyait pas atteint. Après la séance de la Convention qui fut levée à cinq heures, il alla souper tranquillement ; puis, comme il faisait très

chaud et que la nuit était belle, il se promena avec
Éléonore Duplay aux Champs-Élysées. Vers neuf
heures, il se rendit aux Jacobins.

Comme il y avait fait annoncer sa venue, Billaud-Varenne et Collot d'Herbois étaient aux
aguets dans la salle. Ils assistèrent à la triom-
phale entrée de Robespierre qui, porté par les membres du club à la tribune, relut, au milieu d'ova-
tions enthousiastes, le discours dont l'impression
avait été refusée par la Convention nationale. Découverts et attaqués de toutes parts, les deux suspects voulurent prendre la parole. Leur voix fut
couverte par des injures et des menaces et, échap-
pant avec peine à la fureur qu'ils avaient déchaînée, ils s'en furent en hâte aux Tuileries, où le
comité de Salut public, dont ils faisaient partie,
était en séance.

Autour de la table ronde garnie de drap vert, Carnot, Prieur, Lindet et Barère travaillaient en silence. Sur un guéridon tout proche, Saint-Just
écrivait. Collot se précipita dans la salle. « Nous
l'assiégeâmes de questions, raconte Carnot. Saint-
Just, sans lever la tête, lui demanda froidement :
« Qu'est-ce qu'il y a de nouveau aux Jacobins ? »
Collot arpenta deux ou trois fois la pièce à grands
pas sans répondre, puis, s'arrêtant brusquement
devant Saint-Just et lui saisissant le bras avec force :
« Tu rédiges notre acte d'accusation ? » lui cria-t-il
de sa voix de tonnerre. Saint-Just balbutia et voulut retirer ses papiers. « Ces ruses sont inutiles,
poursuivit Collot, tu rédiges notre acte d'accusation ! » Saint-Just alors se relève avec audace :

« Eh bien oui ! tu ne te trompes pas, Collot, j'écris ton acte d'accusation. » Puis, se tournant vers Carnot : « Tu n'y es pas oublié non plus, ajouta-t-il, et tu t'y verras traité de main de maître ! »

Carnot se contenta de hausser les épaules, puis, après une discussion assez vive, Saint-Just ayant promis de soumettre son discours au comité avant de le lire à la Convention, on le laissa achever son travail.

Pendant ce temps, les ennemis de Robespierre les plus menacés essayaient, dans un suprême effort, de se concilier les députés de la Plaine. Ils allèrent les trouver chez eux et, toute la nuit, négocièrent. Des promesses furent faites. Les Montagnards, Robespierre tombé, ouvriraient les portes des prisons ; la guillotine serait abattue ; la Terreur cesserait. Mais ni Durand-Maillane, ni Boissy d'Anglas, ni les autres survivants du côté droit ne voulaient se compromettre. Ils hésitaient encore et se réservaient. Ils s'engagèrent toutefois à rester neutres. C'était une sorte d' « adhésion » qu'ils donnèrent, mais combien incertaine de la part de ces hommes « prudents et timides », « phalange immobile pour le bien et qui ne se remuait que par la peur [1] ».

Aussi, Cambon ne croyait-il pas à la victoire. Au milieu de la nuit, il était allé au Pavillon de l'Égalité pour avoir des nouvelles. Dans les couloirs, il rencontra Fréron et jugea avec lui qu'il serait nécessaire, dans la crainte que Robespierre ne prépa-

---

1. Hua, *Mémoires*.

rât un nouveau 31 mai, de faire arrêter les membres de la Commune. Après le départ de Fréron, Cambon entendit la dispute qui avait lieu au comité de Salut public et, ne voulant pas y être mêlé, il sortit du Palais et, traversant le jardin des Tuileries, il rentra chez lui, rue Neuve du Luxembourg [1].

Il était découragé et s'attendait à être, après tant d'autres *patriotes*, traduit devant le Tribunal révolutionnaire. Depuis qu'il était à Paris, il n'avait pas laissé un seul jour ses parents sans nouvelles. Quand il n'avait pas le temps d'écrire à Montpellier, il mettait à la poste un journal et ce régulier envoi, dont l'adresse était de sa main, suffisait, faute de mieux, à contenter sa mère et à la rassurer.

Ce soir-là, ne voulant pas, s'il était arrêté, que sa famille apprît sa condamnation sans qu'il la lui ait fait pressentir, il écrivit, avant de le mettre sous bande, dans une marge du *Moniteur* :

« Demain, de Robespierre ou de moi, l'un des deux sera mort [2]. »

Puis, comme la levée du courrier pour le Midi avait lieu tous les matins à huit heures, il sortit pour jeter, dans une boîte aux lettres, son journal. Tout en marchant, dans la nuit chaude, il songeait que Robespierre pourrait bien soulever les sections contre les députés de l'Assemblée. Fréron avait raison : il fallait prendre un parti. Il se rendit sur le champ à l'autre bout de Paris, dans la rue Mêlé, où habitait son ami Lecointre, le notaire. C'était

---

1. Aujourd'hui rue Cambon.
2. Cf. Duval-Jouve, *op. cit.* Ce numéro du *Moniteur* a été longtemps entre les mains de M. Rouché, petit-neveu de Cambon.

lc frère du député de Versailles ; il était commandant de sa section, fort influent, aimé de ses
hommes, pour la plupart anciens gardes de Paris
et tout dévoués à la Convention nationale. A trois
heures du matin, Cambon, suivi de Lecointre, était
introduit au comité de Salut public. « Lecointre,
écrit Barère, nous offrait son bataillon pour veiller
à notre sûreté et nous défendre. Cambon insista,
nous refusâmes. »

C'est que les membres du comité redoutaient de
s'engager à fond, puis il avaient auprès d'eux et
comptaient retenir le maire de Paris, Fleuriot Lescot et l'agent national Payan, sans qui une insurrection de la Commune ne pouvait être préparée ni
réussir.

La matinée se passa en conciliabules. La séance
de la Convention s'ouvrit à dix heures. A une heure,
Saint-Just était à la tribune. Il avait, reniant sa
parole, écrit aux membres du comité : « Vous avez
flétri mon cœur, je vais l'ouvrir à la Convention ! »
Pris à partie par Billaud-Varenne et par Tallien,
on ne lui laissa pas lire son réquisitoire. Les montagnards empêchèrent Robespierre de parler : « A
bas le tyran ! » criaient-ils. Tallien s'empara de la
tribune, ensuite Barère et Vadier, puis encore Tallien. Robespierre faisait de vains efforts pour prendre la parole. La sonnette du président Thuriot
couvrait sa voix. Enfin fou de rage, il put se faire
entendre : « Président d'assassins, me donneras-tu
la parole ? » cria-t-il. Ce fut un signal pour les conjurés. Robespierre insultait l'Assemblée. Quelqu'un
demanda l'arrestation immédiate du « monstre ».

Elle fut votée ainsi que celle d'Augustin Robespierre, de Lebas, de Couthon et de Saint-Just.

On sait la suite de cette séance tumultueuse dans
laquelle Cambon, qui avait, la veille, porté les premiers coups, ne joua qu'un rôle de comparse :
Robespierre, conduit au Luxembourg par des gendarmes, délivré par la Commune, porté en triomphe à l'Hôtel de ville, où il fut arrêté à deux heures
du matin, était, le soir du 10 thermidor, après un
simulacre de comparution devant le Tribunal révolutionnaire, envoyé à l'échafaud, avec vingt et un
de ses partisans.

Cambon avait sauvé sa tête ; mais se doutait-il
qu'en abattant Robespierre, il s'était donné à soi-
même la mort ? Sa vie politique fut close ce jour-
là ; en vain, le verra-t-on s'efforcer de se maintenir au pouvoir ; de tous côtés il fut sommé de
disparaître et, comme il s'attardait, un augure
gouailleur, Richer Sérizy, dans l'*Accusateur public*,
l'apostropha en ces termes :

« Meurs, Cambon, meurs bien vite, ou sinon tu
pourras jouir vivant de ce beau spectacle et tu te verras conduire en voiture au tombeau ! »

QUATRIÈME PARTIE

LA CHUTE

CHAPITRE PREMIER

« LA QUEUE DE ROBESPIERRE »

Le soir du 10 thermidor, quand les charrettes arrivèrent à la place de la Révolution, où venait d'être spécialement dressée la guillotine, Robespierre blessé avait, pendant le dur calvaire du trajet, plusieurs fois perdu connaissance. Après que son corps défaillant eut été « attaché à la planche », le linge taché de sang enveloppant sa mâchoire lui fut « si brusquement arraché » par le bourreau qu'il « poussa un rugissement terrible de douleur. » Ce cri, « semblable à celui du tigre mourant », retentit, dans le silence angoissé de la foule, comme un signal de délivrance. Les poitrines oppressées longuement respirèrent, jetant, lorsque le couteau fut tombé, des acclamations que suivit, répété par trois fois, un tonnerre d'applaudissements [1].

La place était pleine de monde. Personne n'attendit que fût guillotiné Fleuriot-Lescot, le dernier des condamnés. C'était fini. « On se jetait dans les bras les uns des autres... Le tyran n'était plus... La France était libre [2] ! »

Cette allégresse s'étendit sur la ville, gagna, en quelques jours le pays entier et, tous les soirs, des spectateurs, plus nombreux que dans les autres salles [3], allaient, au théâtre de la République, applaudir, à cause des allusions qu'elle contenait, *Epicharis et Néron*, la pièce de Legouvé [4] ; et, dans les carrefours, des groupes affranchis chantaient la complainte populaire :

> « L'infâme Robespierre,
> Du peuple l'ennemi,
> A mordu la poussière
> Et son règne est fini !
> Eh mais ! oui da !
> Voilà le sort de tous ces traîtres-là [5] ».

« Qu'il est différent, lisait-on dans la *Gazette historique et politique de la France*, le spectacle que présente aujourd'hui la ville de Paris, comparé à celui qui a précédé la mort du tyran ! Partout ré-

---

1. Cf. Duval, *Souvenirs thermidoriens ; Journal de Perlet* et *Courrier républicain* du 12 thermidor.

2. *Gazette française*, 12 thermidor.

3. « Les spectacles sont pleins », *Rapport* de police du 20 thermidor.

4. Louise Fusil, *Souvenirs d'une actrice*.

5. *Arch. nat.* DXXXVIII 5, cité par Savine et Bournand. *Le 9 thermidor*.

gnait un silence morne, précurseur de la mort...
Aujourd'hui... tout a changé de face... on s'embrasse, on se félicite de tous côtés, on bénit mille fois la Convention et la joie est universelle. »

C'est que le 9 thermidor ne pouvait rester, ainsi que le croyaient certains de ceux qui avaient triomphé ce jour-là, un « simple déplacement de la majorité parlementaire [1] ». C'était « un immense événement [2] ». La Terreur et Robespierre ne faisaient qu'un aux yeux du grand nombre. On le rendait responsable de tout le mal. Il incarnait l'implacable régime qui, depuis plus d'un an, bouleversant la conscience humaine, avait érigé la guillotine en moyen ordinaire de gouvernement. Robespierre mort, le cours terrible de la Révolution allait être arrêté, l'ère des massacres était close.

Après qu'eurent été « châtiés », le 11 et le 12 thermidor, « les complices de la rebellion », les exécutions, sous la pression de l'opinion publique, furent suspendues, puis, la loi de prairial abrogée et l'accusateur public Fouquier-Tinville décrété d'arrestation, une foule de prisonniers détenus comme suspects furent mis en liberté sans jugement.

« Le temps du crime était passé [3]. » On venait de vivre des semaines affreuses. Messidor avait été un mois terrible et brûlant. Les têtes étaient » tombées comme des ardoises » et, faute de pluie, les

---

1. Lavisse, *Histoire de France*.
2. Madelin, *La Révolution*.
3. *Discours* de Petit, président du Tribunal révolutionnaire, le 25 thermidor an II (12 août 1794).

plantes se mouraient. L'orage bienfaisant, qui avait éclaté sur Paris dans la nuit du 9 au 10 thermidor, entravant le soulèvement des sections, avait ranimé les arbres rabougris et les fleurs étiolées. Dans l'air adouci, la nature elle-même participait au contentement des hommes et le complétait. Chacun, le péril écarté, ne pensa plus qu'à jouir de la vie et se rua au plaisir. Il semblait que personne ne pouvait plus mourir, que la souffrance était abolie pour toujours. On cacha ses larmes, ses regrets. Il fallait oublier la tristesse des heures révolues dans l'épouvante, se donner du bonheur, profiter des êtres revenus et des choses retrouvées. Ce fut une contagion, une frénésie. « Les terroristes avaient affecté la simplicité des vêtements, le mépris des spectacles et des fêtes. Une réaction élégante et parée réveilla le goût des festins et des bals, les fantaisies du luxe, une impudence raffinée [1] ». La Vertu était morte avec la Terreur. Dans le branle de joie, se dénouèrent les ceintures des femmes que la peur ou la prison avaient privées d'amour et, chassées de la rue, par Robespierre, les filles reparurent sans qu'on les inquiétât [2].

A la Convention nationale, en contraste avec les scènes violentes des précédentes séances, les délibérations étaient « calmes et majestueuses [3] ». Mais l'Assemblée offrait un aspect étrange et nouveau. Beaucoup de montagnards, et de ceux qui avaient

---

1. NODIER, *Souvenirs, épisodes et portraits pour servir à l'histoire de la Révolution*.

2. Cf. *Arch. nat.* F[ie] III, Seine. *Rapports de police et l'Orateur du peuple*, n° 42.

3. *Journal de Perlet*, 17 thermidor.

été les plus violents, siégeaient maintenant à droite ou au centre. D'autres, thermidoriens aussi, comme on commençait de dire pour désigner ceux qui avaient renversé Robespierre, n'avaient pas quitté les bancs de la Montagne. C'est là que se tenait Cambon. Il n'avait changé ni de place, ni de costume, assis à gauche comme naguère et portant toujours l'habit large et sombre qui « le faisait ressembler à un quaker hollandais [1] ». A Montpellier, où s'était passée sa laborieuse jeunesse, de traditionnels préjugés séparaient les classes de la société. Cambon ne pouvait fréquenter les travailleurs de la terre et n'eût pas été admis chez les officiers du roi et de la province. Il était surtout en rapport avec des industriels et des négociants qui faisaient partie, comme lui, de ce qu'on appelait le second état. Or, les manufactures étaient, en grand nombre, aux mains des protestants qui, exclus par la loi des professions libérales, s'étaient adonnés au commerce. De ses relations avec eux, Cambon avait gardé l'empreinte, alliant à une gravité toute puritaine le souci des intérêts matériels et le goût de l'épargne. On ne lui connut jamais aucun luxe de table, ni de maison ; il économisait sur son indemnité de député [2] et l'amour du travail fut sa seule passion. S'il avait peu d'idées communes avec Robespierre, il était, comme lui, un adepte de la Vertu. Il avait toujours vécu loin

---

1. Cf. Prieur (de la Marne), *Mémoires et Souvenirs inédits*, publiés par M. G. Laurent, dans le n° 8 de la *Revue historique de la Révolution française*.

2. *Papiers* de Joseph Cambon. (*Arch.* de M. le capitaine de vaisseau Camille Cambon.)

des plaisirs et, tenant pour pernicieuses les joies du
monde, il réprouvait les divertissements de Paris
en liesse et le relâchement des mœurs qui en était
la conséquence. Il ne discernait pas la cause réelle,
ne comprenait pas la raison profonde de ces réjouissances, croyant que la révolution de thermidor était
un épisode et non le dénouement du drame dans
lequel il avait tenu l'un des principaux rôles. Sans
désirer, peut-être, comme Collot d'Herbois ou Billaud-Varenne, un redoublement de terreur, il sou-
haitait avec eux de maintenir, après Robespierre,
un régime dont il n'éprouvait pas l'horreur et
d'affermir un système politique qui, « pesant sur
tous les citoyens comme une verge de fer [1] », faci-
litait singulièrement sa tâche au comité des Finances. Aussi fut-il parmi les députés qui, le
24 thermidor, à la Convention nationale, s'écriè-
rent, en soulevant leur chapeau en signe d'allégresse : « Nous voulons le gouvernement révolutionnaire ! »

Jamais paroles plus sincères ne furent prononcées. Ce gouvernement révolutionnaire, Cambon le
voulait déjà en 1791, quand il faisait demander, par
les Jacobins de Montpellier, la proclamation de la
République ; il en revendiqua l'application à l'Assemblée législative, en usa sans remords tant qu'il
fut au pouvoir, le regretta ensuite et le souhaita
toujours. Cet homme était immuable. La passion
politique avait fait pénétrer en ses veines de tels
ferments de violence qu'il en avait le jugement

1. Tallien à la Convention nationale, le 24 thermidor (11 août
1794).

obscurci et l'intelligence brouillée. Avec une aptitude merveilleuse pour les calculs, une grande souplesse à éluder les difficultés financières, le génie de l'organisation et de l'économie, il était incapable, non seulement de prévoir les événements, mais encore de comprendre la signification de ceux auxquels il participait. Il avait la haine de la monarchie et de la religion, la crainte de la dictature. Ses principes furent le mobile de toutes ses actions, l'inquiétude de toute sa vie. Il n'était, en vérité, « rangé sous l'étendard d'aucun individu [1] » et, parce qu'ils lui apparurent, tour à tour, dangereux pour la République, il s'attaqua à Dumouriez, laissa proscrire les girondins, exécuter les dantonistes après les hébertistes.

Il ne croyait pas que la chute de Robespierre aurait d'autre conséquence que n'en avait eu celle de Vergniaud, d'Hébert ou de Danton. Il se réjouissait seulement d'avoir, en abattant le tyran, échappé à la mort, et de pouvoir, d'une part, spécialement en ce qui avait trait aux rentes viagères, poursuivre, sans contestations, son œuvre financière, d'autre part, en finir avec les prêtres, que protégeait en secret le parangon de l'Être suprême.

Sans se soucier des sons et des chants qui retentissaient jusque sous ses fenêtres de la rue Neuve du Luxembourg, Cambon continua, comme si rien ne s'était passé, à donner la plus grande partie de son temps aux questions de comptabilité publique.

---

1. Réponse de Cambon aux Jacobins de Montpellier qui le félicitaient d'avoir renversé Robespierre. (*Arch.* de l'Hérault La IV 2413, citée par BORNAREL, *op. cit.*)

Maintenu à la tête du comité des Finances, dont les attributions furent encore augmentées [1], il réfuta les accusations portées à la tribune de la Convention par Gaston et Tallien contre les administrateurs des biens nationaux [2], s'opposa à ce que ces biens fussent distribués aux pauvres [3], combattit la suppression de la contribution foncière [4] et fit voter par l'Assemblée de sages décrets relatifs à la conservation du gage affecté aux assignats, à la vente des domaines de la nation, au paiement de la dette publique [5].

Le 12 fructidor, il montra que les « dispositions législatives adoptées au sujet des rentes viagères avaient produit les résultats les plus satisfaisants » et, le quatrième jour des sans-culottides, il put annoncer, avec orgueil, que, grâce à un travail « effrayant », le Grand Livre de la dette publique était achevé : les rentiers avaient reçu les bulletins d'inscription définitive ; le paiement des arrérages pour le premier semestre de l'an II était en train de s'effectuer [6].

En même temps qu'il obtenait l'approbation de ses collègues pour l'heureux aboutissement des réformes auxquelles il s'était voué, le président du comité des Finances, en lutteur acharné et tenace, n'oubliait pas que le moment était propice de re-

---

1. 15 fructidor an II (1ᵉʳ sept. 1794).

2. 21 fructidor an II (7 sept. 1794).

3. « Il faut les vendre et pas les donner », répondit-il à l'auteur de la proposition, 28 fructidor an II (14 sept. 1794).

4. 28 fructidor.

5. 27 et 29 fructidor (13 et 15 septembre 1794).

6. *Rapport de Cambon au Comité des finances.* Cf. aussi son *discours* du 18 frimaire an II (8 décembre 1794).

prendre, contre ce qui restait de religion et de prêtres, une offensive que Robespierre avait toujours
obstinément entravée.

Il avait été mortifié que lui eût été refusée, en
novembre 1792, la suppression des traitements ecclésiastiques et, malgré cet échec, il avait, à diverses reprises, essayé de procurer au Trésor des économies sur le budget des cultes ou des ressources
par de nouvelles spoliations. C'est ainsi que, le
18 septembre 1793, refusant de reconnaître des
fonctionnaires dans les évêques, il avait obtenu une
réduction de leur pension et qu'il avait, le 25 brumaire an II, proposé d'affecter les presbytères aux
« infortunes publiques » : « L'opinion nous pré-
cède, avait-il dit ; tous les jours, elle annonce la
destruction de la superstition ; vous devez la remplacer par des établissements d'humanité [1]. »

A l'époque où ces paroles étaient prononcées à
l'Assemblée, la Commune de Paris venait, en li-
vrant au pillage les églises et les monastères, de
provoquer dans le pays une grande excitation anti-
religieuse. Il semble que Cambon aurait pu profiter
de cet état d'esprit. Il s'abstint, au contraire, re-
buté par les manifestations théâtrales qui se pro-
pagèrent. S'il croyait nécessaire au salut de la République de « détruire le prestige qui courbait le
peuple sous le joug des prêtres [2] », il tenait pour
dangereux « le fanatisme des hommes immoraux [3] »

---

1. 15 novembre 1793.
2. Buonarotti (*Mss. Bib. nat. ff. nouv. acq.* n° 20.804, publié
par Mathiez. *Études robespierristes.*)
3. Discours de Robespierre aux Jacobins. 1ᵉʳ frimaire an II
(21 novembre 1793).

qui, appelant la Raison à la présidence d'un culte national, poussaient la multitude à l'observance de pratiques ridicules, dont le scandale ne pouvait que ranimer la foi catholique. Il n'admettait pas davantage le fétichisme antireligieux que les autres religions ; « à voir les processions, les fêtes qu'on instituait, les autels et les saints sépulcres qui se levaient, il lui semblait qu'on ne faisait que changer de lit le malade[1]. » Aussi, lorsque les déesses Raison eurent quitté les sanctuaires, c'est à son corps défendant qu'il fit mine de reconnaître l'Être suprême et qu'il assista, dans l'habit bleu barbeau qui lui fut imposé, à la célébration solennelle du dogme nouveau que la Convention nationale avait proclamé.

Depuis, malgré qu'il en eût, il avait dû se taire, sous peine d'être, comme les hébertistes, accusé « d'avilir ce qui peut élever l'âme[2] » et empêché, à la manière dont le furent ces « apôtres impurs de l'athéisme », de « verser au peuple le deuil et le désespoir[3] ». Aussi, dès qu'eut été renversée la tyrannie de Robespierre, Cambon, qui avait une revanche à prendre, s'empressa-t-il de proposer, à la Convention, l'abrogation des décrets de tolérance que le « nouveau vicaire des croyants » avait fait adopter. C'était à la séance du 9 fructidor. Fréron avait parlé en faveur de la liberté de la presse. Cambon combattait le projet : « Gardons-nous, disait-il, d'établir des principes qui puissent devenir

1. Camille Desmoulins, *Le vieux Cordelier*, n° 2.
2. *Discours* de Robespierre, 18 floréal an II (7 mai 1794).
3. *Discours* de Robespierre, le 8 thermidor (26 juillet).

des couteaux à deux tranchants. » Et, détournant la question vers l'objet qui lui tenait à cœur : « C'est ainsi que Robespierre, en faisant décréter la liberté des cultes, étendait son système de terreur » ajoutait-il, et il obtenait incidemment un vote contre les prêtres.

Un mois plus tard, étant monté à la tribune pour parler de questions budgétaires, Cambon s'exprima en ces termes : « Je viens au nom du comité des Finances pour vous entretenir des prêtres. Vous vous demandez, sans doute, quel rapport peut exister entre les finances de la République et les prêtres. La nation a assez universellement manifesté son opinion contre les préjugés religieux... je vous demande de déclarer solennellement que la République ne paye plus les salaires ni les frais d'aucun culte. »

Cette proposition fut mise aux voix et adoptée, avec la seule restriction qu'il serait « procuré, par humanité, aux ministres n'ayant pas abandonné leurs fonctions, le secours annuel de huit à douze cents livres qui était servi à ceux qui avaient renoncé à la prêtrise [1] ». C'était fait. Le principe d'une séparation, vainement réclamée deux ans auparavant, était proclamé. Cambon se pouvait féliciter d'avoir attendu, dans un patient silence, la chute d'un adversaire qu'il avait, en grande partie pour atteindre ce but, « prodigieusement » contribué à renverser [2].

Mais, s'il ne cachait pas la satisfaction qu'il

1. Séance du 2e jour des sans-culottides an II (18 sept. 1794).
2. Cf. BAUDOT, *Notes historiques*.

éprouvait, il ne laissait pas de protester contre les « semeurs de division » qui réagissaient avec violence et dénonçaient à la Convention les membres des anciens comités de Salut public et de Sûreté générale.

De ces comités, Cambon n'avait pas fait partie. Il ne pouvait donc être personnellement mis en cause, ainsi que l'étaient Barère, Billaud-Varenne et Collot d'Herbois, Amar, Vadier, Vouland et David. Mais il se solidarisait avec eux ; il avait approuvé et soutenu d'un indispensable appui financier les mesures qu'ils avaient prises pour le salut de la République et, du reste, il n'était pas dans son caractère de se rétracter : « Gardons-nous, disait-il à la Convention, d'accuser des citoyens qui ont été chargés du devoir d'exécuter les lois révolutionnaires [1]. » Et, comme chaque jour de nouveaux témoins venaient grossir le dossier des crimes qui avaient été commis par les agents ou les détenteurs du pouvoir, il reprochait, à « ceux qui se plaignaient de ce qu'on eût guillotiné leurs parents, de ne savoir pas faire ce sacrifice nécessaire à la patrie ! [2] ».

Quand, un mois à peine après le 9 thermidor [3], Lecointre (de Versailles) porta, contre les sept conventionnels ayant appartenu aux comités de Salut public ou de Sûreté générale, vingt-six chefs

---

1. 12 Brumaire an II (2 novembre 1794).

2. Déposition des employés du bureau de la comptabilité centrale à la Trésorerie nationale au sujet d'une conversation que Cambon tint devant eux le 9 germinal an III (29 nov. 1795). *Arch. nat.* F7 4632.

3. Le 12 fructidor an II (29 août 1794).

d'accusation et les inculpa de complicité avec Robespierre, Cambon protesta avec colère : « Aujourd'hui, s'écria-t-il, on a créé le mot de robespierrisme et l'on veut accuser des citoyens de ce nouveau crime que l'on crée ! » L'Assemblée, intimidée par la parole impétueuse d'un homme [1] qui n'avait pas à se défendre lui-même et n'osant encore condamner les actes qu'elle avait ratifiés, refusa de prendre en considération la proposition de Legendre, député versatile, du reste, et « fort dédaigné pour son extérieur ridicule ».

Mais l'opinion publique n'allait pas tarder à exiger de légitimes représailles. Ce n'étaient pas seulement des nobles et des prêtres qui avaient été envoyés à la guillotine par le Tribunal révolutionnaire ; les deux tiers des condamnés étaient d'origine et de situation modestes. Pour venger ses victimes, le peuple de Paris demandait des comptes à leurs bourreaux. La cabale débuta par une guerre de pamphlets. Libelles, brochures, journaux et gazettes pullulèrent. Tous les représentants qui ne reniaient pas leur passé et avaient été membres des comités, envoyés en mission ou mêlés au gouvernement étaient, chaque jour, pris à partie.

Fréron, le mitrailleur de Toulon, habilement rallié avec Barras, son comparse, à la contre-Révolution la plus violente, a, dans son journal l'*Orateur du peuple*, donné, aux terroristes impénitents, un nom qui a fait fortune. Il les appelle, avec une

---

1. « Un homme austère, loyal, ami de la justice et de la vérité » a écrit Collot d'Herbois que Cambon défendait (*Collot d'Herbois, représentant du peuple à ses collègues*, 1794).

méprisante malice, « la Queue de Robespierre », et, de tous côtés, se distribuent, encore humides d'encre, des feuilles satiriques — *Défends ta queue ; Coupons la queue ; Voyez la queue ; Avis à la queue de Robespierre ; Jugement du peuple qui condamne à mort la queue de Robespierre* — où les montagnards sont livrés « aux maudissements de la postérité [1] ». Cambon n'est pas épargné. Fréron l'a si bien désigné aux vengeances du peuple — « Vous en êtes aussi Montaut, Duhem, Cambon... de cette queue infernale qui remue dans tous les sens comme celle d'un animal venimeux » — que, dès le 8 fructidor, moins d'un mois après l'exécution de Robespierre, « Cavaignac, officier de paix et plusieurs inspecteurs de police » trouvaient, « l'un placé à la grille du marché de l'Abbaye, l'autre à la porte de la rue du Four, des placards en forme de bande » posant les menaçantes questions :

> « Peuple trop bon
> Quand écartelleras-tu Cambon ?
> « Peuple trop bon
> Quand guillotineras-tu Cambon [2] »

Quelque temps après, était vendu un violent pamphlet : *Leurs têtes branlent. A votre tour, messieurs Barère, Collot d'Herbois, Vadier, Vouland, Amar et de suite après le docteur Duhem et le financier Cambon.*

1. Cf. E. et J. de GONCOURT, *La Société française pendant le Directoire.*

2. *Rapport de police* du 8 fructidor (24 août 1794). *Arch. nat.* F¹ᶜ III, cité par Aulard. *Paris pendant la réaction thermidorienne.*

Cambon, sans paraître s'occuper de ces attaques, n'abandonnait pas la rude besogne qu'il avait à cœur de mener à bien. Mais il s'y acharnait en vain. La situation empirait. L'édifice financier, que ne soutenait plus la peur de la mort ou du séquestre, craquait de toutes parts. Le crédit des assignats s'affaiblissait, leur baisse s'accentuait. On échangeait cent francs de papier monnaie contre un louis d'or. Tout enchérissait. Le pain valait soixante francs la livre et la viande, cent vingt francs [1]. Il fallait plus que jamais recourir aux émissions qui se multiplièrent et, quitte à affronter l'impopularité, réaliser des économies. Dans ce but, Cambon refusa de porter de trois à cinq francs l'indemnité journalière que recevaient les commissaires civils des sections de Paris et fit réduire le nombre des comités de ces sections [2].

Cette mesure fut si mal accueillie par la partie remuante de la population à qui elle était opposée, que le président du comité des Finances, poussé par ses amis jacobins, proposa, pour apaiser les esprits et quoique la plus grande prudence s'imposât dans les dépenses, de relever les traitements de tous les fonctionnaires publics [3].

Tallien monta à la tribune pour combattre le projet. Depuis que, sur un rapport de Cambon [4], qui pouvait maintenant regretter une démarche hâtive,

---

1. Cf. Schmidt, *Tableaux de la Révolution* (fructidor et vendémiaire).

2. 28 vendémiaire an III (19 octobre 1794).

3. 18 brumaire (8 novembre).

4. *Opinion de Cambon sur l'organisation des comités*, 18 thermidor an II (5 août 1794).

la Convention nationale avait détruit à son profit
la dictature du comité de Salut public, les détenteurs du pouvoir étaient les chefs de la majorité
nouvelle : Tallien, Barras, Fréron, Merlin de Thionville. Sans leur concours, aucune réforme n'était
possible. Or Cambon avait, quelques jours auparavant, reproché durement à Tallien d'être « l'un
des véritables auteurs de la Terreur [1] ». Et, de vrai,
si la part que Tallien a prise aux massacres de
septembre n'était pas encore bien définie, personne
n'ignorait qu'il était revenu de Bordeaux « les
mains pleines des richesses de la République et
dégouttantes du sang des innocents qu'il avait im-
molés [2] ! » Mais il avait oublié lui-même et fait
oublier ses méfaits depuis que, le premier, il avait
démasqué Robespierre. Heureusement exclu de leur
club [3] par les jacobins devenus impopulaires, ayant
échappé à un attentat dont il disait avoir failli
être victime [4], ce fantoche sinistre était regardé par
les députés du centre comme un héros « dont rien
n'égale le patriotisme et le courage [5] ». Chaque fois
qu'il parlait contre les « continuateurs de Robespierre », il était acclamé. Il lui suffit de paraître, le
soir du 18 brumaire, pour se faire applaudir et,
comme Cambon essayait de l'interrompre, il fit

---

1. Cambon à la Convention nationale, 14 vendémiaire an III
(5 octobre 1794).

2. Couthon à la Convention nationale, 6 thermidor (24 juillet).

3. Avec Lecointre et Fréron le 21 fructidor (7 sept.).

4. Le 23 fructidor (9 septembre).

5. *Lettre* de Goupilleau (de Montaigu), à Rovère (1" jour des
sans-culottides (17 septembre 1794). *Correspondance intime du
conventionnel Rovère avec Goupilleau (de Montaigu)*, publiée
par Jouve et Giraud-Mangin.

mine de quitter la tribune, en disant : « Il y a de la perfidie dans la discussion ! »

Cambon avait adhéré au régime de la Terreur parce qu'il le croyait nécessaire au salut public ; mais il n'admettait ni les exécutions sans jugement, ni les déprédations et méprisait de tout son être les hommes qui avaient profité de leurs fonctions souveraines pour exercer une tyrannie sanguinaire et vivre dans la débauche. « Cette tête méridionale était comme un volcan [1]. » Il ne put supporter d'être accusé de perfidie par le député le plus compromis de la Convention. Dressé à sa place, désignant d'un doigt vengeur son adversaire, il le défia : « Viens m'accuser, cria-t-il, je n'ai rien manié... je n'ai fait que surveiller... Nous verrons si tu as montré le même désintéressement !... »

Tallien, rejetant, avec une habile présence d'esprit, les gênantes questions de personnes, se contenta de répéter que la motion de Cambon pour l'augmentation des traitements n'était pas recevable, qu'elle aggraverait les charges de l'État, entraînerait la mise en circulation d'une grande quantité d'assignats et aurait pour conséquence une nouvelle élévation du prix des denrées. Cette réponse était irréfutable. L'Assemblée passa à l'ordre du jour, désapprouvant le mandataire qu'elle avait jusqu'alors pris pour guide et dont elle avait accoutumé d'adopter les propositions en toute confiance.

La Convention se libérait ainsi d'une sujétion qui lui était reprochée depuis plus de deux mois

---

1. *Leurs têtes branlent... loc. cit.*

que les rapports de police signalaient le mécontentement général dont Cambon et ses projets sur les finances étaient l'objet [1]. Les députés subissaient, chaque jour davantage, la pression de l'opinion publique et, entraînés dans le mouvement de réaction populaire, ils avaient « décrété que le Tribunal révolutionnaire informerait contre les nombreux partisans et complices de Robespierre », demandé la mise en liberté de leurs collègues arrêtés après le 31 mai pour avoir protesté contre la proscription des girondins, suspendu, enfin, comme « subversives », les séances des Jacobins [2].

Cette politique valut à l'Assemblée les approbations chaleureuses des sections parisiennes. Fréron déployait une frénétique violence contre « la queue de Robespierre ». « L'existence des idoles populaires est irrévocablement finie », notait Mallet du Pan dans ses *Mémoires*, et Goupilleau (de Montaigu) écrivait à Rovère : « Faites donc rage, patriotes de bonne roche, et purgez la Convention de tous les scélérats [3] ! »

Au vrai, les scélérats, sauf ceux qui, comme Tallien et Fréron, avaient fait une audacieuse volte-face, allaient être à leur tour mis en accusation. Le procès du comité révolutionnaire de Nantes venait de dévoiler les affreux détails des noyades. Du Tribunal, l'indignation avait gagné Paris ; il s'éleva dans le public de si terribles clameurs contre

1. Cf. *Arch. nat.* F[ic] III (Seine). Rapports de police.
2. 12 vendémiaire, 22 vendémiaire, 25 vendémiaire, 21 et 22 brumaire an III (3 octobre, 13 octobre, 16 octobre, 11 novembre et 12 novembre 1794).
3. 5 brumaire an III (26 octobre 1794).

Carrier, que les députés nommèrent une commission pour rechercher si leur collègue devait être mis en jugement. Cambon avait fait des réserves : « Quelle confiance doit-on accorder en révolution à des dépositions contre ceux investis de pouvoirs illimités ? » Mais, lorsque le rapport eut été lu à la tribune, tandis que Romme défendait Carrier, le président du comité des Finances, qui avait demandé la parole, « rengaîna prudemment sa pointe [1] » et, quelques jours plus tard, dans le scrutin par appel nominal, il n'osa pas être seul à voter contre le décret d'arrestation [2].

Carrier, en effet, avait réuni contre lui l'unanimité de l'Assemblée. Beaucoup de députés l'avaient livré au Tribunal révolutionnaire pour se décharger sur lui de leurs iniquités. Cambon, ne croyant pas avoir de vengeances à redouter, n'avait pas voté par peur des représailles. Il avait plutôt été ébranlé par le récit des atrocités qu'il pouvait se repentir d'avoir laissé commettre, encore qu'elles eussent efficacement secondé sa politique financière. Puis, le courant qui « faisait rebrousser chemin à la Convention » était irrésistible. Malgré qu'il en eût, il se laissait entraîner. Il ne renonçait à aucune de ses idées, continuait de justifier le régime de la Terreur et de le regretter, mais, sans croire se détourner de l'action entreprise, il revenait involontairement de ses erreurs passées. Partisan, comme on a pu voir, des impôts arbitraires, il demanda la suppression des taxes révolution-

1. *L'Orateur du peuple*, 23 brumaire.
2. Nuit du 3 au 4 frimaire (23-24 novembre).

naires [1] qu'il avait laissé lever par les représentants
en mission, et, auteur de « l'infernal système qui
consistait à gagner la sympathie du peuple en lui
promettant les dépouilles des riches [2] », il convint
que « les contributions devaient être réparties en
raison des facultés [3] ». Ces contributions, du reste,
qu'il avait négligé de faire rentrer naguère « pour
ne pas surcharger le peuple », il les considérait
maintenant comme « l'unique moyen d'affermir
le crédit public [4] » et, un an environ après avoir
proposé de ne plus reconnaître que les assignats
comme monnaie [5], il demandait, pour mettre en
valeur le numéraire qu'il avait voulu discréditer,
d'autoriser les négociants à payer en or les impor-
tations [6].

En dépit de cette sagesse tardive, les attaques
contre Cambon se faisaient plus fréquentes et précises. Ce n'était plus maintenant l'homme politique qui était pris à partie en même temps que
d'autres montagnards ; c'était le financier de la
Terreur, l'organisateur de l'inévitable banqueroute,
qui était directement visé. On s' « étonnait qu'après
avoir attaqué les propriétés de la manière la plus
sensible, il prêchât le respect le plus religieux pour
ces propriétés » et que, « formulant une doctrine

---

1. *Rapport sur les taxes révolutionnaires*, 6 frimaire an III
(27 novembre 1794).

2. Boissy d'Anglas à la Convention nationale (21 ventôse an III,
11 mars 1795).

3. 6 frimaire an III (26 novembre 1794).

4. *Résumé des diverses opinions... pour accélérer le retirement
des assignats de la circulation*. 7 ventôse an III (25 février 1795).

5. 1ᵉʳ décembre 1793.

6. 13 nivôse an III (2 janvier 1795).

contraire à son caractère et à sa conduite, il défigurât son chef-d'œuvre ». Ainsi s'exprimait Fréron qui ne se lassait point, revenant à la charge dans chaque numéro de son journal, d'éclairer ses collègues de la Convention nationale sur « l'indigne abus que Cambon avait fait de leur confiance [1] » et de leur montrer « l'abîme qu'il avait creusé sous ses pas » : « Eh ! pauvre Cambon, écrivait-il, le temps des charlatans est passé et l'on ne te croira plus sur parole ! [2] ».

En vérité, de jour en jour, le président du comité des Finances voyait diminuer son crédit : « Il est dans les finances, disait Bourdon de l'Oise [3], une certaine magie qui les fait réussir ou perdre. Cambon a perdu la confiance de la nation ! » *Cambonade* [4] est le mot qui sert à flétrir une fiscale oppression et par, *cambonisme* [5], on désigne le système financier qui a ruiné le pays et mécontenté tout le monde. Si, à la charge de Robespierre, sont mis les attentats contre la liberté et la vie des citoyens, Cambon est rendu responsable des exactions qu'ils ont subies dans leurs biens. *Robespierristes* et *cambonistes* sont liés dans une même réprobation : « Il n'y a que les *robespierristes* et les *cambonistes* qui puissent soutenir des maximes éversives de tout contrat social » écrira Rovère, qui

1. 3 frimaire (23 nov. 1794).
2. 15 frimaire (5 décembre 1794).
3. A la Convention nationale le 14 germinal an III (3 avril 1795).
4. Rovère à Goupilleau 3 brumaire an III (24 octobre 1794). *Correspondance intime... op. cit.*
5. Le même au même, 9 brumaire an III (29 octobre).

félicitera Berlier (de la Côte-d'Or) d'avoir fait donner la paix à ceux dont les biens ont été saisis par le *cambonisme*.

Personne n'ignorait au prix de quels laborieux efforts Cambon était parvenu à établir un rigoureux contrôle des dépenses. Il ne lui fut tenu compte ni de sa clairvoyante ténacité, ni des résultats qu'il avait obtenus : « Examinons, écrit l'orateur du peuple [1], le degré de confiance que mérite Cambon du côté qu'il a prétendu lui-même être son talent par excellence : l'économie. Il l'a toujours prêchée avec affectation et l'a effectivement pratiquée dans les minuties ou bien aux dépens des propriétés des citoyens. » Cette critique était d'une sévérité excessive, mais elle pouvait encore trouver un semblant de justification. Il n'en était pas de même des attaques grossièrement diffamatoires qui suivirent. « Le républicain le plus pur de la Convention nationale [2], » l'honnête homme, dont la probité scrupuleuse est demeurée hors d'atteinte, fut indignement « suspecté d'agiotage avec l'étranger [3] », accusé « d'avoir, pour en voler dix, coûté cent cinquante millions à la France [4] ». « Je t'ai vu en sabots, noir, déguenillé, sâle comme un lépreux, pauvre Cambon ! » persiflait faussement Richer-Sérizy [5] et, chaque jour, de tous côtés, étaient lancées

---

1. N° du 3 frimaire (23 novembre 1794).

2. *Souvenirs et anecdotes de l'Ile d'Elbe par Pons de l'Hérault*, publiés d'après un mss. original de la Bib. de Carcassonne, par Léon-G. Pélissier.

3. *L'Orateur du peuple*, n° 9.

4. *L'Orateur du peuple*, n° 5.

5. Dans l'*Accusateur public*, le 17 frimaire an III (7 décembre 1794).

de pitoyables injures : Aristide Cambon, petit Terray, grippe-sou, bourreau des finances, vampire, flibustier, tyranneau, charlatan, médecin de mort !

Cambon, sachant bien qu'aucun soupçon ne le pouvait même effleurer, aurait dédaigné les outrages d'un Tallien ou d'un Fréron, si ces corrompus, ces renégats qu'il méprisait n'avaient été approuvés par la majorité de la Convention. Ce n'est pas que les deux ou trois cents députés de la Plaine eussent des doutes sur l'honnêteté évidente de leur collègue. Mais ces hommes, parce qu'ils avaient été trop « prudents et timides » et s'étaient astreints à « se taire [1] » pendant de longs mois, étaient, depuis qu'ils n'avaient plus peur, résolus à parler, à agir, à gouverner à leur guise. Or, d'une part, leur hostilité était d'autant plus grande à l'égard de ceux qui ne rejetaient pas leur passé terroriste qu'ils avaient, eux-mêmes, sanctionné par crainte, le régime de la Terreur ; d'autre part, le système fiscal qui continuait d'être appliqué devenait, chaque jour, plus impopulaire, inefficace et désastreux.

Cambon « ne voyait les finances que par les moyens révolutionnaires ». Il ne comprenait pas que tout était changé, qu'un monde nouveau se reformait. Il restait attaché aux principes, croyait à « la résurrection des Jacobins, à la chute de la faction des perfides modérés et des égoïstes [2] », et

___

1. Cf. Dussault, *Fragments pour servir à l'histoire de la Convention nationale.*

2. Cf. Dénonciation du citoyen Poublé, 23 brumaire et 11 nivôse an III (13 novembre et 31 décembre 1794). *Arch. nat.* D III 357 et F7 4599.

arrivait à convenir, avec Billaud-Varenne [1], qu'il s'était perdu en perdant Robespierre : « J'aurais dû me faire guillotiner ce jour-là », dit-il, en parlant du 9 thermidor au restaurant Doyen [2], et, le 8 nivôse, il déclara à l'Assemblée : « Nous courbons la tête sous une tyrannie plus pesante que celle de Robespierre ! [3] ».

« S'il était moins obstiné, insinuait un pamphlétaire, on essayerait de lui faire entendre raison. On lui dirait à l'oreille : « Cambon, c'est moins à toi qu'on en veut qu'aux finances de la République... Nous avons un plan dans lequel tu pourrais jouer un rôle, si tu voulais [4]. » Cambon repoussait ces avances, soutenait, contre tous, le système financier qu'il avait fait sien. Aussi était-ce désormais une opinion générale que, « tant qu'il conserverait quelque degré de confiance à la Convention, il n'y aurait pas moyen de rétablir l'ordre dans les finances [5] ». Or, sans que l'ordre se fût rétabli encore, cette confiance naguère sans limite, Cambon l'avait perdue au point que, s'il était resté au comité, le bruit s'était répandu dans le public qu'il en avait été exclu [6] et, aussi bien, lorsque les cinq principales commissions de l'Assemblée avaient désigné chacune un de leurs membres pour diriger les affaires, il n'avait pas été choisi.

---

1. Cf. *Mémoires inédits de Billaud-Varenne sur les événements du 9 thermidor* publiés par Ch. Vellay dans la *Revue historique de la Révolution française*.

2. Cité par F. Bornarel, *loc. cit.*

3. 28 décembre 1794.

4. *Leurs têtes branlent... loc. cit.*

5. *L'Orateur du peuple*, 3 frimaire an III (23 novembre 1794.)

6. *Le Sans-culotte* du 22 frimaire (12 décembre.)

Depuis que Ramel et Johannot s'étaient impatronisés au comité des Finances, Cambon, encore qu'il continuât de le présider, n'y jouait plus un rôle essentiel. Pendant tout le temps qu'il fut investi d'une sorte de dictature, il ne s'était pas permis de quitter son poste. Il profita des loisirs qui lui étaient imposés, pour aller à Montpellier embrasser « la bonne mère » qu'il n'avait pas vue depuis deux ans, oublier, au milieu des siens, l'injustice des hommes et voir, sur place, en quel état se trouvait la fabrique, dont il s'était, à partir de son élection à l'Assemblée législative, fait un devoir de ne pas s'occuper [1].

Des quatre frères associés, un seul, le troisième, Jean, qui s'était marié dans le pays [2], était resté à Montpellier. Le cadet, Pierre, d'humeur aventureuse, s'était engagé dans l'armée des côtes de la Rochelle [3]. Il était devenu aide de camp du général Menou et, ayant participé aux combats que les armées républicaines avaient livrés dans le département du Maine-et-Loire [4], il avait, avec trente méri-

---

1. Cf. *Papiers de Joseph Cambon* (*Arch.* de M. le capitaine de vaisseau Camille Cambon) et *Compte rendu que le citoyen Cambon fils aîné rend de l'état de sa fortune. Mss.* 11921 de la Bib. de Montpellier.

2. Il avait épousé, le 30 ventôse an II (20 mars 1794), Julie Méjean, la fille d'un filateur de Ganges. Son père lui avait reconnu en dot les 50.000 francs qu'il lui avait prêtés. De son côté, Julie Méjean apportait 42.000 francs en assignats. Ils furent versés à la Société les frères Cambon et Cie. (*Papiers de Joseph Cambon.*)

3. Titre de permission (1er août 1793). *Papiers* de Pierre Cambon. (*Arch.* de M. le capitaine de vaisseau C. Cambon.)

4. *Certificat* de Menou, général de division, 16 novembre 1793. *Certificat* des représentants du peuple 17 septembre 1793 (signé Richard) et témoignage authentique par les officiers municipaux de Cholet (2 novembre 1793) (même dossier).

dionaux, délivré son frère Auguste, qui était maire de Cholet et avait été « fait prisonnier par les brigands [1] ».

Après la Terreur, Jean, Pierre et Auguste étaient réunis à Montpellier où leur frère aîné les vint rejoindre dans les premiers jours de nivôse. Ils examinèrent la situation de leurs affaires. Il y avait plus d'un an que, faute de commandes, la fabrication était arrêtée. Des stocks, avilis par les lois du maximum, s'accumulaient dans les magasins. Aucun débiteur ne payait. La succursale de Cholet avait été mise à sac par les Vendéens. Les quatre frères, d'un commun accord, se résolurent au parti le plus sage qui était de dissoudre la société et d'en poursuivre, à l'amiable, la liquidation. Jean fut nommé liquidateur. Auguste alla s'installer au Terral, resté dans l'indivision, et se chargea de « faire valoir » le domaine. Pierre partit pour l'Espagne et Joseph, après avoir restitué à son père, qui avait un peu hardiment spéculé sur les biens nationaux, une partie des cinquante mille livres qu'il lui devait, revint prendre à Paris sa place à la Convention nationale [2].

Il y trouva, renforcée des soixante-treize députés proscrits après le 31 mai, une majorité de droite plus hostile qu'elle n'avait jamais été aux anciens montagnards et à lui-même. L'Assemblée reflétait l'opinion. Dans les cafés, les clubs et les autres lieux

1. Cambon à la Convention nationale, 19 mars 1793.

2. Cf. *Papiers* de Joseph Cambon ; *Papiers* de Pierre Cambon ; *Lettre* de Joseph Cambon à sa sœur, madame Theule, pluviôse an VIII ; *Papiers* relatifs à la mort de Pierre Cambon (*Arch.* de M. le capitaine de vaisseau Camille Cambon).

publics, Cambon était « défavorablement traité ».
On lui reprochait d'avoir « ruiné le crédit républicain » et « discrédité les assignats ». On l'accusait ouvertement de « malversations [1] ». Aux Variétés, se jouait une pièce, *les Aristides modernes*, où le président du comité des Finances était pris à partie et des couplets, où il était accablé d'injures, se chantaient, tous les soirs, au théâtre Favart, sous le titre : *Le Financier d'État ou Cambon en vaudeville*. Fréron écrivait dans *l'Orateur du peuple* : « Ils sont tombés les conspirateurs, Robespierre, Couthon, Saint-Just. Comme eux, tu tomberas, pauvre Cambon, et la Convention dégagée de ta funeste dictature méritera les bénédictions du peuple français et de la postérité pour avoir réparé les maux que tu lui as fait éprouver. » Traité de « coquin [2] », de « brigand », de « voleur éhonté [3] », accusé de tous côtés, Cambon pouvait, de surcroît, « envisager comme précaire son existence », étant

---

1. Rapport de police du 28 pluviôse an III (16 février 1795). *Arch. nat.* F1c III, Seine.

2. Affiché aux piliers du Palais Égalité :

> *De par un certain comité*
> *Défence à la nation*
> *D'oser dire la vérité*
> *En parlant du coquin Cambon.*

3. Autre chanson contre Cambon :

Cambon le chipotier, successeur de Calonne,
Portait, la larme à l'œil, sa plainte au Comité
Disant que tout Paris, dont il est la colonne,
Le traite de brigand, de voleur éhonté.
Quoi donc, répond Mathieu, vit-on jamais Cartouche
Qui fut, de son vivant, pareillement traité,
A ceux qu'il détroussait vouloir fermer la bouche ?
Collègue, dit Cambon, était-il député ?

de ceux auxquels Courtois criait dans ses *Catilinaires* : « Vous sentez la mort ! »

Il faisait fi des menaces et « négligeait la calomnie au point de n'y pas répondre ». Il avait vu la mort frapper si près de lui qu'il ne la craignait pas et, « ayant rempli son devoir sans s'occuper de son intérêt personnel et de celui de sa famille », il jugeait « suffisante la conviction » qu'il avait de « sa probité [1] ». Mais il supportait mal le blâme et la critique l'avait toujours irrité. Sous l'aiguillon des attaques, il rétracta les concessions qu'il avait faites et, tenant tête à ses adversaires, il écrivit un volumineux rapport où se décèle, en une sorte de testament politique, ce que furent jusqu'au bout l'intègre dévouement de l'homme, l'application experte du comptable, les décevantes illusions du financier.

Les embarras de la trésorerie, loin d'être conjurés, augmentaient de semaine en semaine. « Nos assignats sont entièrement discrédités, était-il constaté dans un rapport de police du 16 nivôse [2], on n'ose pas les refuser, mais on les prend pour une si petite valeur qu'à peine tiennent-ils lieu d'une représentation monétaire. » Cambon ne voulait pas admettre que la hausse des prix fût une conséquence des « émissions excessives ». Dans son *Rapport sur les moyens à prendre pour retirer les assignats de la circulation* [3], il fit, une fois encore, l'éloge de la monnaie révolutionnaire : « Sans les

---

1. Testament de Cambon (*Arch.* de M. le capitaine de vaisseau Camille Cambon).

2. Cité par Schmidt, *op. cit.* t. II.

3. 3 pluviôse an III (22 janvier 1795).

assignats, dit-il, la France n'aurait pu entretenir ses armées, procurer du travail à tous les citoyens, des indemnités aux familles des défenseurs de la patrie et des secours aux indigents. » Puis, il affirma de nouveau qu'il n'y avait pas lieu de s'alarmer, que la situation restait saine, malgré les dépenses et en dépit des critiques, puisque la masse du papier fabriqué était toujours inférieure à la valeur croissante qu'il donnait aux domaines nationaux.

Toutefois, comme ses auditeurs, moins crédules que naguère, étaient justement effrayés de la nécessité où le Trésor était acculé de recourir, de plus en plus souvent et chaque fois davantage à la planche à graver, le président du comité des Finances fut bien obligé d'en venir à l'objet même de son rapport et de faire des propositions sur les moyens à prendre pour retirer de la circulation la plus grande quantité possible d'assignats. Il se contenta de remettre au jour le système de loterie qu'il avait préconisé avant le 9 thermidor. Cette loterie « gigantesque », s'il était tant qu'il eût été possible d'en placer les billets, n'aurait pas amélioré la situation monétaire. Elle aurait simplement permis de substituer à quatre milliards d'assignats discrédités une égale somme de bons à lots qui auraient valu moins encore.

Les députés ne furent pas dupes. Ils renvoyèrent à la commission des Finances, qui ne l'avait pas approuvé, du reste, un projet si aléatoire et si peu séduisant [1] qu'il fut accueilli, dans le public, par des

---

1. La loterie ne comportait que 400 lots importants.

railleries [1]. Et, lorsque Cambon, quelques jours
après [2], revenant à la charge, lut un nouveau rapport, le dernier et l'un des plus sages qu'il ait écrit,
il ne fut même pas contredit. Ses paroles tombèrent dans le vide. Ses adversaires le savaient condamné.

La lutte contre « les buveurs de sang » était à son
apogée. Carrier avait été guillotiné le 20 frimaire.
Les membres des anciens comités, Collot d'Herbois, Vadier, Barère et Billaud-Varennes avaient été,
le 12 pluviôse, décrétés d'arrestation. Au Tribunal
révolutionnaire, transformé par la loi du 8 nivôse,
« les jours de Terreur sont finis, ils ont fait place aux
jours heureux de la justice [3]. » Les juges et les jurés
qui ont siégé aux temps maudits ont tous été chassés ; des protégés de Cambon, il ne reste plus un :
le menuisier Trinchard est en accusation ; Aigoin
se cache à la Trésorerie nationale et Subleyras, à
Montpellier. Toutes les lois révolutionnaires sont
revisées. Cambon a beau protester, ses interven-
tions tournent à sa confusion. Le 3 ventôse, il demanda la vente des presbytères au profit de la nation. Cette motion fut repoussée et, grâce à Boissy
d'Anglas, la liberté des cultes, dont Cambon était

1. « Apportez-nous des assignats, plaisantait Richer-Sérizy
dans *l'Accusateur public*, vous aurez des lots ou vous n'en aurez
pas, mais ou vos lots ou votre mise vous seront payés en lots
portant 3 pour 100 d'intérêts. Vous n'en pourrez acheter que des
biens nationaux, mais vous pourrez ausi vous faire porter sur le
Grand Livre et, quand vous vendrez votre rente, vous perdrez
trente pour cent sur le capital. »

2. Le 7 ventôse (25 février).

3. Discours d'Aumont, commissaire des administrations civiles,
à l'inauguration du nouveau tribunal, 8 pluviôse (27 janvier).
Arch. nat. W. 499.

l'adversaire passionné, fut hautement proclamée :
« Nous irons tous à l'abbaye, avait-il dit en parlant des jacobins. » Il se plaignait qu'il n'y eût
« plus de liberté de défense. » « Toutes les lois sont
frappées de nullité, ajoutait-il avec amertume,
même la déclaration des droits de l'homme ! »

Les victoires de ses adversaires le mettaient dans
une véritable fureur. Le 9 germinal, il entra au
bureau de comptabilité centrale de la Trésorerie nationale. Comme les commis parlaient politique, il
dit : « Oh ! la Montagne est forte encore. Elle
l'a prouvé et le prouvera. Tous ceux qui ont été
guillotinés l'ont bien été ! Nous sommes deux cent
soixante-quinze à la Montagne. Il faut qu'ils nous
tuent ou que nous les tuions. Au reste, on verra![1] ».

On vit, quelques jours après, le 12 germinal, une
grande foule, composée surtout de femmes, des-
cendre des faubourgs et envahir la Convention. Le
peuple affamé avait écouté les terroristes. A grands
cris, pour lui, il réclamait du pain pour eux, la
constitution de 1793. Les députés croyaient leur
dernière heure venue. Mais bientôt la jeunesse do-
rée de Fréron arriva avec ses matraques. Aidée de
la garde nationale, elle dégagea l'Assemblée.

Cambon, pour des raisons personnelles, n'assistait pas à la séance et ne vit pas l'échec d'une
journée qu'il avait peut-être préparée ; mais, le lendemain, après qu'eut été votée la déportation, sans
jugement, de Barère, de Collot-d'Herbois, de Bil-

---

1. *Arch. nat.* W 4632. « Il y a 40 employés environ, lit-on dans
ce dossier, qui sont à même d'attester ces propos tenus dans le
bureau du citoyen Leclerc, directeur. »

laud et de Vadier, il fut accusé par Tallien d'avoir
conspiré et Saladin rapporta les propos séditieux
qu'il avait tenus aux employés de la Trésorerie.
Le 14, au début de la séance, il fut sommé de donner sa démission de président du comité des Finances. Bravement, il refusa : « Je sais seulement
céder aux vœux de la majorité, » dit-il. La majorité
vota son exclusion et, le 16 germinal, Tallien obtenait, contre lui et huit autres de ses collègues, un
décret d'arrestation.

Quand on apprit cette nouvelle à la Bourse, le
change monta.

CHAPITRE II

LE REFUGE

Le matin du 12 germinal, tandis que le peuple des faubourgs envahissait la Convention, Cambon qui, s'il l'avait préparée, n'attendait assurément pas pour ce jour-là l'émeute jacobine, se mariait à la mairie du IXe arrondissement ! Il avait près de quarante ans, mais, jusqu'alors, aussi bien à la fabrique que dans les assemblées et au pouvoir, il s'était si complètement absorbé dans les affaires d'argent, qu'il n'avait pas eu le temps de songer à se créer un foyer. On ignore où cet homme grave, qui n'allait pas dans le monde et ne fréquentait que des hommes politiques ou des fonctionnaires de la République, avait connu la jeune fille qu'il épousait. On sait seulement qu'elle s'appelait Marie-Sophie Hottegindre, avait quatorze ans de moins que lui et était née à Paris où elle habi-

1. *Arch.* de la Seine.

tait, avec ses parents, dans le quartier de la Grève, derrière le temple de la Jeunesse [1].

Lorsqu'il était allé à Montpellier, en nivôse, Cambon avait fait part de ses projets à son père et à sa mère, qui lui avaient volontiers donné leur consentement. Mais, « par prudence, à cause de la position où il se trouvait, il n'avait pas demandé la dotation qui ne lui aurait pas été refusée » et qu'avaient reçue sa sœur, madame Theule et son frère cadet, Jean, au moment de leur mariage [2]. Aussi bien, ses « besoins n'étaient pas grands » et comptait-il sur les économies qu'il avait faites et ses émoluments de député. La jeune fille apportait, en dot, « une inscription de 300 livres de rentes viagères dues par la nation, quelques meubles » et rue des Barres, à Paris, la moitié d'une maison que son père avait acquise, quatre ans auparavant, pour 22.000 livres [3]. Les Hottegindre possédaient, en outre, une propriété à Mitry-en-Brie et des revenus suffisants pour vivre dans l'aisance.

Cambon se montrait prévenant pour tout le monde et paraissait fort épris. Pour la première fois de sa vie, il était heureux autant qu'on peut

1. Cidevant église Saint-Gervais.

Marie-Sophie Hottegindre, née à Paris, en 1770, fille de Guillaume et de Catherine-Gabrielle Chandelier. (Actes de décès de la commune de Saint-Jean de Védas, pour l'an IV de la République.)

2. Lettre de Cambon à sa sœur, madame Theule, 10 pluviôse an VIII (*Archives de M. le capitaine de vaisseau Camille Cambon*).

Ils avaient reçu, chacun, 5o.ooo francs de dot.

3. *Compte rendu que le citoyen Cambon rend de sa fortune,* *loc. cit.*

l'être et la joie qui était dans son cœur lui faisait oublier les soucis de la politique et les injustices des hommes, lorsque ses ennemis le rappelèrent brutalement à la réalité.

Trois jours seulement après son mariage, un décret d'arrestation l'obligeait à quitter sa femme et à se cacher pour échapper à la prison et peut-être à la mort [1].

La police de Tallien s'était mise en campagne. Le 4 prairial, le comité de Sûreté générale avait ordonné des recherches [2]. Quelques jours après, Crassous, Granet, Lecointre, incriminés en même temps que Cambon, étaient arrêtés. Lui restait introuvable. Toutefois, le comité de surveillance du VIIIe arrondissement avait été avisé qu'aux Messageries nationales, rue Montmartre, venaient d'arriver « une malle et un porte-manteau jaune » destinés au citoyen Cambon [3]. Ces objets étaient adressés 25 quai de la Ferraille, où le citoyen Labbé tenait boutique de marchand de vins, à l'enseigne de la Levrette, et logeait quelques pensionnaires. Parmi eux, il en était bien un portant le nom de Cambon, mais la piste était fausse, ce n'était pas le député proscrit !

D'autres dénonciations suivirent. Un instituteur, Dabat, prétendit avoir des renseignements importants à communiquer au comité de Sûreté générale. Interrogé, il ne put faire aucune révélation.

<hr>

1. 16 germinal an IV (5 avril 1795). *Arch. nat.* F7 4443.
2. *Arch. nat.* F7 4632.
3. *Arch. nat.* F7 4632. — L'adresse était inscrite sur une vieille carte à jouer, le 9 de cœur.

Le maire de Bercy écrivit au commissaire de police de la section des Quinze-Vingts que, dans sa commune, Cambon avait été rencontré se promenant avec une blanchisseuse, la veuve Pinard, qu'il avait été vu aussi chez Chevalier, un marchand de vins de la rue Mêlé. Des perquisitions furent ordonnées. Elles n'aboutirent point, puisque, si c'était peut-être un citoyen Cambon, ce n'était pas celui que l'on cherchait qui avait été rencontré [1].

Le 14 prairial, des « officiers de paix furent envoyés à Mitry-en-Brie ». Ils n'y trouvèrent que la citoyenne Cambon et, à sa réponse qu'elle ignorait où était son mari, ils se retirèrent sans demander d'autres explications [2].

Les recherches en restèrent là. Le 11 prairial, six autres députés, David, Jagot, Ricard, Panis, Bernard et Forestier avaient été arrêtés. Pour Cambon, on feignit de l'oublier. Le bruit courait, du reste, qu'il avait passé la frontière et vivait en Suisse, à Lausanne, sous un faux nom [3].

En vérité, il avait trouvé un refuge dans une maison de la rue Honoré, chez la citoyenne Anson, une amie de ses beaux-parents les Hottegindre. « Elle m'a rendu les plus grands services, écrira-t-il plus tard, et je ne saurai comment lui exprimer ma reconnaissance ainsi qu'à son respec-

1. *Arch. nat.*, même dossier. De précédents biographes ont confondu aussi divers inculpés portant le nom de Cambon avec le député à la Convention nationale, que, par exemple, les perquisitions faites, rue de Grammont, nº 4, et dans la commune de Choisy n'ont jamais concerné.

2. Le commissaire de police administrative de Paris au comité de Sûreté générale. *Arch. nat.*, même dossier.

3. Cf. DURUY, *Esquisses de l'Histoire de la Révolution.*

table mari [1]. » Il vécut là, ignoré de ses meilleurs amis, se gardant de sortir et ne recevant de visites, très rares d'abord, ensuite plus fréquentes, que celles de sa femme qui, risquant chaque fois sa vie et celle de son mari, prenait des précautions infinies pour ne pas éveiller le soupçon. L'aventure eût été plaisante si elle ne s'était passée en une période tragique. Au lieu de courir les routes pour échapper aux recherches, Cambon était tranquillement resté à Paris, où ceux qui l'avaient connu naguère n'auraient pu s'imaginer qu'ayant dépouillé le vieil homme, l'ancien président du comité des Finances vivait dans un grenier, caché comme un amant coupable, dans l'attente de voir apparaître sa bien-aimée ou la joie de la presser dans ses bras.

Plus de huit mois ainsi s'écoulèrent, au cours desquels, après leur échec de prairial, les montagnards qui restaient à la Convention nationale furent ou décrétés d'arrestation ou condamnés à mort. Partout, dans le pays, on faisait la chasse aux jacobins. Paris était « rempli de chouans et d'émigrés [2] ». Un complot se fomentait pour renverser la Convention qui, malgré son action contre les anciens terroristes, était en majorité restée républicaine.

Le matin du 13 vendémiaire, Cambon, de l'asile sûr où il vivait à l'abri des poursuites et tout à son amour, entendit le canon tonner à sa porte. Une

---

1. *Lettre* de Cambon à Pons (de l'Hérault), 1er pluviôse an IX 20 janvier 1801 (*Arch.* de M. le capitaine de vaisseau Camille Cambon).

2. MALLET DU PAN, *Mémoires*.

lutte très vive était engagée dans une rue voisine, la rue de la Convention, entre les troupes régulières et les royalistes insurgés. Qu'allait-il advenir ? Si les conventionnels étaient vaincus, c'était le retour à la monarchie légitime, l'effondrement de ce qui avait été fait, en France, depuis six ans ! Mais les « patriotes de 89 » repoussèrent l'attaque ; les royalistes, chassés de la ci-devant église Saint-Roch, puis du quai Voltaire et de la rue Richelieu, se débandèrent. A dix heures du soir, tout était terminé.

Cette victoire amena un revirement. Les modérés de l'assemblée furent écartés. Les cinq directeurs qui, suivant la constitution nouvelle, allaient devenir les chefs du pouvoir exécutif, seront choisis parmi les régicides et, avant de se séparer, les députés de la Convention voteront une amnistie générale pour tous les faits relatifs à la Révolution [1].

Cambon était libre. Il ne se montra à personne. Aussitôt après que ses papiers lui eurent été rendus par le comité de Sûreté générale [2], il partit avec sa femme pour Montpellier, où il était décidé à vivre dans l'oubli, sans plus s'occuper jamais des affaires publiques.

Il ne se pouvait agir pour lui d'aller demeurer au faubourg de la Montagne, ci-devant Boutonnet, où se trouvait la maison paternelle. Les habitants de Montpellier avaient voué à leur compatriote une haine d'autant plus grande qu'ils l'avaient

1. Loi du 4 brumaire an IV (26 octobre 1795).
2. 6 brumaire an IV (28 octobre 1795). *Arch. nat.* F7 4632.

naguère plus admiré. En germinal, la société populaire régénérée des sans-culottes avait envoyé à la Convention une adresse pour la féliciter d'avoir voté le décret d'arrestation qu'avaient, en même temps, approuvé le Directoire du district et la municipalité [1]. Cambon père avait dû disparaître du Directoire du département et il ne pouvait sortir de chez lui sans entendre chanter, dans les carrefours, un des multiples couplets où son fils était bafoué [2].

Il fut entendu que, de peur des représailles, l'ancien conventionnel s'installerait au Terral, avec sa femme, et que son frère Auguste, qui gérait le domaine depuis un an, irait habiter la maison

---

1. Cf. Duval-Jouve, *op cit.*
2. On chantait :

> *Français, chantons notre victoire,*
> *Le grand Cambon est abattu !*

Ou encore :

> *Hélas ! que le monde est méchant*
>
> *Dans ce siècle de calomnie*
> *On nomme voleur et brigand*
> *Cambon, l'ami de la patrie.*
> *C'est, de la France, le soutien,*
> *Il est exempt de tout reproche,*
> *Mais parce qu'il veut notre bien*
> *On dit qu'il le met dans sa poche.*
>
> *D'homme de sang, on a traité*
> *Ce républicain débonnaire,*
> *Cet ami de l'humanité,*
> *De nos trésors dépositaire.*
> *Les faits parlent pour lui ; je crois*
> *Qu'il est exempt de tous reproches.*
> *Comment tuerait-il, dites-moi,*
> *Quand il a les mains dans nos poches ?*

P.-J. Lecomte, *Mémoire ou Journal historique de la Révolution,* cité déjà par Duval-Jouve, *op. cit.*

qu'il venait d'acheter dans un village voisin, à
Lavérune.

Les voyageurs étaient attendus à Montpellier,
mais, par prudence, aussitôt après être descendus
de la diligence devant la tour de Babotte, ils re-
montèrent en voiture pour être conduits au Terral.

Ils arrivaient dans la saison magnifique qui fait,
du pays où Cambon était né, une terre bénie de
Dieu. Après avoir traversé le faubourg de la Saunerie, la route s'élevant parvenait à une hauteur
appelée la Croix d'Argent, à cause d'un vieux calvaire que les révolutionnaires avaient récemment
démoli. De là, la plaine entière apparaissait, s'é-
tendant, à gauche, jusqu'aux étangs et à la mer,
à droite, jusqu'au pic de Saint-Loup, qui semblait
tout proche, tant la limpidité transparente de l'air
augmentait la vision des choses et donnait de netteté à leurs contours.

Une lieue encore, et l'on quittait la route ci-devant royale pour prendre, à droite, le chemin du
Terral, une avenue courbe parmi les vignes et
bordée de pins qui, sans cesse battus par le vent,
avaient incliné leur cime. Tout au bout de l'allée,
se détachait le *mas*, c'est-à-dire l'ensemble des
bâtiments du domaine. Il était construit sur un
plateau légèrement renflé et descendant en pentes
rapides de tous côtés, sauf au midi où il continuait
le sol environnant. Et c'étaient, dans la grande
cour d'entrée où se portait toute la vie, d'une part
l'étable, l'écurie, la grange, le logement des
gens, de l'autre, le cellier, le moulin à huile, la
magnanerie. Dans le fond, en face du portail,

s'élevait la grande maison blanche, couverte de tuiles rousses, moitié ferme, moitié château, demeure spacieuse d'où l'horizon était immense, borné seulement au nord par les arbres du jardin, de grands arbres toujours verts, des pins et des chênes, un jardin sombre, sous le ciel clair, avec des allées rectilignes, bordées de buis et glissantes d'aiguilles sèches.

Dès les premiers jours de son arrivée, Cambon fut saisi par la noblesse des choses qui l'entouraient. Ses frères avaient acheté le Terral pendant qu'il était à Paris et c'était, pour lui, un émerveillement chaque jour renouvelé de parcourir, pour le bien connaître, le magnifique domaine qui étendait ses cent hectares, depuis les portes de Montpellier jusqu'aux villages de Lavérune, de Jean de Védas et de Pignan. Il y avait des garrigues plantées de chênes verts ou tout embaumées de thym, de lavande et de romarin, des champs à perte de vue, des vignes dont l'automne avait rougi les feuilles, des oliviers encore couverts de fruits. L'ancien président du comité des Finances allait librement par les chemins pierreux, traversait les terres labourées, entrait dans les vignes dont les sarments tordus, dépouillés de leurs grappes, le frôlaient, l'enlaçaient, semblaient le retenir au terroir.

Les vendanges venaient à peine de se terminer. Le cellier obscur était encore imprégné de l'odeur des moûts, des raisins écrasés, et les deux petites cuves, la grande, les foudres, les tonneaux rangés en ligne, étaient remplis de vin nouveau.

Comme étaient effacés les visages des hommes et

oubliées la férocité des uns, la bassesse des autres! Il semblait que fût aboli un inquiétant passé, que les événements auxquels Cambon avait été mêlé n'eussent été qu'un mauvais songe. Dans son voyage à travers la France, s'était-il rendu compte de l'état misérable auquel cinq ans de Révolution avaient réduit les campagnes ? Les routes étaient défoncées, nombre de champs étaient incultes, de foyers, détruits et abandonnés [1]. Mais le vin valant vingt-quatre francs le litre et la livre de pain vingt-cinq francs [2], les récoltes rentrées au Terral se pouvaient vendre aux plus hauts prix et c'était surtout ce qui, désormais, allait intéresser Cambon. Il était adonné aux travaux de la terre et, comme il l'écrivit à ses amis, il aurait voulu ignorer ce qui se passait à Paris où la débâcle du système financier qu'il avait fait sien allait être officiellement reconnue.

Lorsque la Convention nationale s'était séparée, vingt milliards d'assignats étaient en circulation. Poussé par la nécessité, le Directoire avait dû émettre, chaque mois, pour huit à neuf milliards de devises [3]. « On ne suffisait plus à imprimer dans le cours de la nuit » celles qui étaient « nécessaires aux besoins du lendemain [4]. » Le papier révolutionnaire « achevait d'aller au diable [5] » : « Nous en prendrions si les chevaux voulaient en man-

1. La Revellière-Lépaux, *Mémoires*, tome II.
2. *Arch. nat.* AF^{II} 32.
3. Cf. *Mémoires d'un ministre du Trésor* et Bazot, *Histoire des assignats.*
2. La Revellière-Lépaux, *Mémoires*, tome I.
5. Benjamin Constant, *Correspondance.*

ger », disaient les paysans qui le refusaient. Ainsi était-il inutile de continuer et, le 30 pluviôse an IV [1], le Directoire, n'en pouvant mais, vint brûler, en grande pompe, sur la place ci-devant Vendôme, la planche aux assignats.

Avec ou sans symbole, l'inévitable dénouement ne résolvait pas la crise financière. Les contributions ne rentraient toujours pas. Les caisses de l'État, légalement vidées d'une paperasse inutile, restaient sans aliment. Sur les cendres encore chaudes de la planche à graver, il en fut fabriqué une autre pour tirer un nouveau genre de billets, qu'on appela des mandats territoriaux [2]. Ces mandats avaient, sur les assignats, l'avantage d'être toujours « échangeables contre des parcelles de biens nationaux dont la valeur était établie d'avance ». Le gage étant fixe, le papier, sorti des presses neuves, eut, dans les premiers temps, une cote oscillant entre 16 et 20 pour 100, c'est-à-dire qu'un mandat de cent francs valait seize à vingt francs en numéraire. Mais, comme la monnaie sert à d'autres besoins qu'à acheter des terres, le cours ne tarda pas à tomber à 5 pour 100, puis à 1 pour 100. Il est vrai que les assignats valaient trente fois moins, puisqu'ils n'étaient plus admis qu' « à raison de trente capitaux pour un en échange de mandats territoriaux [3] ».

---

1. 19 février 1796. Quand la décision avait été prise, le 9 pluviôse, il y avait pour 45 milliards 581 millions d'assignats en circulation.

2. Loi votée le 17 frimaire an IV aux Cinq Cents, le 19 frimaire aux Anciens (8 et 10 décembre 1795).

3. Loi du 27 ventôse an IV (18 mars 1796). Cf. *Arch. nat.* BB³ 84.

Dans les lettres de Cambon qui nous ont été conservées, il n'est fait aucune allusion à la catastrophe dont il était le principal auteur. Les républiques sont indulgentes ; elles ne cherchent pas les responsabilités. Cambon avait désarmé. Personne ne songea à lui demander compte de ce qu'il avait fait, de ce qu'il avait dit. Il vivait apaisé, loin des caisses publiques, « jouissant du repos » auprès de sa « chère épouse », « au milieu de ses vignes, de ses champs, de ses oliviers et de ses moutons [1] ».

Hélas ! tant de quiétude ne pouvait durer. Dans la nuit du 3 au 4 floréal, la femme de Cambon, après avoir mis au monde un enfant mort, expirait à trois heures et demie du matin [2]. L'ancien conventionnel voyait brutalement disparaître toutes ses espérances. Ne voulant voir personne ni être vu, il vécut seul au Terral, « comme un ours dans son antre [3] » ; c'est seulement après quelques mois de douloureuse solitude que ses beaux-parents purent le venir voir et essayer de le consoler.

---

1. *Lettre* de Denormandie à Cambon, 16 germinal an IV (5 avril 1796). *Arch.* de M. André Poutingon.

2. « L'an quatrième de la République... et le 4 floréal, Marie-Sophie Hottegindre, âgée de vingt-six ans,..... épouse du citoyen Pierre-Joseph Cambon, fils aîné... et (*sic*) décédé (*sic*), le 4 floréal à trois heures et demie du matin, enterrée dans le cimetière de Jean de Védas, témoins Étienne Ruas... et Jean Murat... et on (*sic*) signé avec nous. »

Murat, agent municipal. »
RUAS-MURAT.

Extrait du registre des Actes de décès de la commune de Saint-Jean-de-Védas pour l'an IVe de la République française une et indivisible.

3. *Lettre* de Denormandie à Cambon, 21 pluviôse an VII (9 février 1799). *Arch.* de M. André Poutingon.

Les pauvres gens « ne vivaient que pour lui, ne pensaient qu'à lui[1] ». Leur affection lui fut d'un grand secours. Peu à peu, le besoin qu'il avait de commander le fit sortir de la maison, puis du jardin, pour s'occuper de ses terres. On le vit surveiller les travaux, conduire les équipes, diriger les gens et les bêtes. Il se remettait aussi à gérer sa fortune, « retirait ses inscriptions de rente », faisait deux mille francs en or de restitution à son père qui avait acheté deux importants domaines nationaux, Launac et Jean de Clapassès [2].

Le soir, parfois, la famille se réunissait dans la grande salle dallée du Terral. Quelques voisins venaient, le ménage Luchaire, Murat, l'officier municipal de Jean de Védas, Subleyras, l'ancien juge au Tribunal révolutionnaire. Malgré qu'on en eût, il fallait bien parler du danger que couraient les *patriotes*. Partout, les églises se rouvraient ; en fructidor, il y avait eu des assassinats en Provence ; en nivôse, on commença, dans le département, d'enrôler pour les royalistes, et, non loin du Terral, à Saussan et à Pignan, les hommes portaient déjà, à leur chapeau, la cocarde blanche et noire de la contre-Révolution [3].

En même temps que ces nouvelles qui l'inquiétaient, Cambon apprenait le définitif écroulement

---

1. *Lettre* de Denormandie à Cambon, 20 frimaire an V (10 décembre 1796) *même dossier.*

2. Cf. *Lettres* du même au même, 2 thermidor an VI, 20 frimaire an V et 21 pluviôse an VII (20 juillet 1798, 10 décembre 1796, 9 février 1799). Cf. aussi *Papiers* de Joseph Cambon (*Arch.* de M. le capitaine de vaisseau Camille Cambon).

3. Cf. Duval-Jouve, *op. cit.*

de son œuvre financière. Le 6 pluviôse an V, « pour se débarrasser de toutes ces broussailles de papier-monnaie qui embarrassent le terrain [1] », et « considérant que leur faible valeur les rend inutiles aux transactions », on abolit le cours légal des assignats et des mandats territoriaux. Après la banqueroute de l'État, c'était une sorte de concordat entre particuliers qui était décrété.

Cambon ne se rendait pas compte. Il avait « l'intime conviction d'avoir rempli son devoir avec courage [2] » et ne se croyait pas responsable de la déroute.

La démonétisation des vignettes républicaines accrut la détresse du Trésor et permit aux menées royalistes de s'accentuer. Des élections nouvelles ont chassé les anciens conventionnels des assemblées [3]. Les lois de proscription sont abrogées. Les émigrés rentrent, obtiennent les faveurs de l'administration contre les acquéreurs de biens nationaux. Le *Journal des départements du Midi* publie des articles de la plus grande violence contre les anciens terroristes. La tempête s'est retournée. On insulte et on frappe les citoyens suspects de Révolution. Les royalistes rôdent en bande dans le pays et poursuivent les républicains [4].

Cambon, de peur de « réveiller contre lui les préventions et les haines », évitait de se montrer

1. Lecoulteux, *Rapport* au Conseil des Anciens (25 janvier 1797).
2. Testament de Cambon. (*Arch.* de M. le capitaine de vaisseau Camille Cambon).
3. Elections de l'an V — sur 216 conventionnels qui se présentaient, 205 furent battus.
4. Duval-Jouve, *op. cit.*

à Montpellier dont « le séjour lui était odieux [1] ».
Mais, comme il était bienfaisant, il ne se croyait
pas en danger dans ses terres. Le 25 thermidor, il
sortit, à une heure de l'après-midi, avec Fermon,
son garde-champs. Un violent orage avait éclaté la
veille et fait déborder le ruisseau de Valcautre.
Comme les deux hommes cheminaient dans un
sentier élevé, non loin du moulin de Tourtourel,
ils aperçurent, sur la grand'route de Toulouse,
une bande de gens armés qui venaient vers eux.
On les appelle. Ils ne répondent pas et sont
couchés en joue : « Si c'est Cambon, dit le chef de
la troupe, tire-lui un coup de fusil. — Ce n'est pas
Cambon, » crie le garde Fermon, qui, entraînant
son maître, se jette à l'eau avec lui, tandis qu'on
fait feu sur eux. A grand peine, ils traversent les
prés inondés et gagnent, sans avoir été atteints, le
village de Lavérune, où Cambon put se réfugier
dans la maison de son frère Auguste [2].

Une plainte fut portée sans résultat. Mais l'ancien conventionnel ne tarda pas à avoir sa revanche. A Paris, les députés de la droite, dans la
nuit du 17 au 18 fructidor, furent arrêtés par les
troupes du général Augereau. On cassa les élections. Le Directoire remanié déporta plus de
trois cents citoyens et 1.700 prêtres, fit fermer les
églises et remit en vigueur les lois contre les émigrés.

---

1. *Lettre* de Cambon à Pons (de l'Hérault), 5 prairial an VI
(24 mai 1798). *Arch.* de M. le capitaine de vaisseau Camille Cambon.
2. *Plainte au citoyen juge de paix, officier de police judiciaire du canton de Saint-Georges d'Orques* (28 thermidor an V),
16 juillet 1797.

Ce coup d'État fut une véritable révolution. Elle permit aux Jacobins tout-puissants d'alléger, par une nouvelle faillite, les charges du Trésor. Quelques jours seulement après le 18 fructidor, Crétet avait dit au conseil des Anciens : « Nous avons à payer 500 millions de rentes ; nous ne pouvons pas ; nous ne paierons que ce que nous pourrons... les engagements envers les rentiers ont été impudents et indiscrets [1] ! » Il y avait seulement cinq ans que Cambon avait solennellement proclamé, du haut de la tribune : « Tous les Français sont responsables du paiement des rentes [2] ! » Mais avait-il tenu ce qu'il avait promis ? Ses successeurs, sous prétexte, comme lui, de « régénérer les finances », firent voter, le 9 vendémiaire an VI [3], la loi qui « raya du Grand Livre les deux tiers de la dette publique ».

La ruine des rentiers était à peu près consommée. Sur cent francs, ils en perdaient effectivement soixante-cinq et les inscriptions de rente de cinq francs furent cotées en bourse sept francs au lieu de cent.

Les élections de l'an VI approchaient. Plus de la moitié du Corps législatif était à remplacer. Cambon, s'il « tint les assemblées électorales [4] », resta à l'écart. Il pensait encore que « la tranquillité des patriotes l'exigeait... qu'il fallait appeler des répu-

---

1. *Rapport de Crétet* (4ᵉ jour complémentaire de l'an V, 20 septembre 1797).

2. *Rapport* de Cambon, 3 avril 1792.

3. 30 septembre 1797.

4. Cambon à Pons (de l'Hérault), 5 prairial an VI (24 mai 1798). *Arch.* de M. le capitaine de vaisseau Camille Cambon.

blicains moins connus [1] ». Cette résignation ne
dura pas et, l'année suivante, il décida que, « sans
qu'on puisse l'accuser d'intrigailler », il pouvait
« paraître aux élections [2] ». Les royalistes s'alliaient
aux « anarchistes » pour renverser un gouvernement que Cambon croyait nécessaire de soutenir
pour « la sauvegarde de la République ». Il se présenta dans l'Hérault avec son ancien collègue
Viennet et son ami, Marc Antoine Bazille, l'orfèvre.
Ils furent battus tous les trois.

« Peu de citoyens s'étaient rendus aux assemblées primaires... L'esprit public était anéanti [3] ».
Le pays était avide d'ordre et de paix, « La paix,
la paix, écrivait Denormandie à son ami Cambon [4],
elle est nécessaire à tous et tout le monde aujour-
d'hui la réclame! » Hélas! c'était encore la guerre
que le gouvernement, ne pouvant se dégager des
méthodes révolutionnaires, déclarait à « la classe
industrieuse » de la nation.

Les successeurs de Cambon s'étaient assimilés
ses méthodes, continuaient d'avoir recours aux expédients sans chercher davantage à répartir justement les impôts et à les faire régulièrement lever.
Aussi, malgré les faillites successives qui avaient
allégé les charges de l'État, la situation s'était ag-
gravée. Un nouvel emprunt forcé [5], « déplorable
ressource », achevait de réduire le pays tout entier

1. Le même au même 3o prairial an VI (18 juin 1798).
2. Denormandie à Cambon 21 pluviôse an VII (9 février 1799).
Arch. de M. Poutingon.
3. BARRAS, *Mémoires*, t. III.
4. Lettre du 27 pluviôse an VIII (15 février 1800).
5. Voté le 10 messidor an VII (29 juin 1799).

à la misère, « en paraissant n'appeler que les riches à la contribution nécessaire [1] ». Le Directoire aux abois était plus que jamais divisé, impopulaire et impuissant, lorsque, poussé par son destin, Bonaparte, revenu d'Égypte depuis quelques semaines, s'empara du pouvoir.

« Il ne restait plus vestige de finances... une misérable somme de 167.000 francs était tout ce que possédait en numéraire le trésor public [2]. » Une réorganisation immédiate s'imposait. Le premier consul fit appeler Gaudin, un ancien employé de la trésorerie, et lui « confia ses idées financières. » Il fut fort étonné lorsque Gaudin l'assura que Cambon était l'homme qui convenait le plus à ses projets. Cambacérès se chargea de pressentir son ancien collègue à la Convention : « Ton patron ne veut qu'un commis, répondit Cambon, je ne puis lui convenir », puis il écrivit : « Les finances de l'État marchent forcément suivant les principes du chef de l'État ; les principes du chef de l'État ne sont pas les miens. Nous ne serions pas plus d'accord en finances qu'en politique. Merci de ton souvenir et de ta bonne pensée [3]. »

Cambon ayant ainsi, par attachement à ses principes, brisé les ponts, resta pendant plus de quinze ans en dehors de la politique. « Enterré tout vivant [4]»

1. GAUDIN, duc de GAËTE, *Mémoires, op. cit.*
2.   Dᵒ
3. *Souvenirs et anecdotes de l'Ile d'Elbe*, par Pons (de l'Hérault), publiés d'après le manuscrit original de la bibliothèque de Carcassonne par Léon G. PÉLISSIER.
4. Denormandie à Cambon, 21 pluviôse an VII (9 février 1799). *Arch.* de M. Poulingon.

au Terral, il « ne voyait presque personne [1] »
et, en dépit d'une résignation apparente, il était
devenu « misanthrope », regrettant « le sacrifice »
qu'il s'était imposé en prenant « la résolution de
ne plus s'occuper que de ses affaires particulières [2] ».

Aussitôt après le refus de Cambon, Bonaparte
avait demandé à Gaudin de prendre le ministère
des Finances. « La fidélité du nouveau gouvernement à remplir les engagements qui n'étaient pas
les siens », ne tarda pas à faire renaître la confiance. La répartition des rôles fut retirée aux municipalités incapables et mal disposées ; les contributions personnelles et mobilières furent régulièrement perçues ; on commença les travaux sur le
cadastre ; des prestations en nature furent établies
pour les chemins ; enfin et surtout, les impôts indirects, imprudemment supprimés par l'Assemblée
constituante, furent rétablis. Dès lors, un nouveau
Grand Livre ayant été créé, le paiement des coupons, put être effectué en numéraire, et la rente,
qui valait à peine sept francs le 18 brumaire, se
négocia à quatre-vingt-huit francs quelques années
après.

« Tous les artifices, a écrit Burke, dans ses *Réflexions sur la Révolution française*, sont d'un
faible secours. Asseyez le pouvoir, enseignez l'o-
béissance : l'ouvrage est fait. »

Quelle que soit la valeur d'un homme, il

1. Cambon à Azéma, 17 oct. 1810, citée par Bornarel, *op. cit.*
2. Cambon à Pons, 30 thermidor an VI (17 août 1798). *Arch.*
de M. le capitaine de vaisseau Camille Cambon.

échouera si les méthodes du gouvernement pour lequel il agit sont mauvaises. Quand le fond ne fait pas défaut, les peuples laborieux, aussi bien que les individus, se sauvent eux-mêmes de la ruine. Il suffit que ceux dont ils dépendent ne fassent pas obstacle à leurs efforts. Gaudin n'était, au vrai, qu'un administrateur expérimenté. Appelé trois mois plus tôt à la tête des Finances, il était voué à un échec. Mais, comme aussitôt en place il lui fut possible de rompre avec les principes de la Révolution, en moins de temps et avec moins de peine qu'il avait fallu pour la déchaîner, fut conjurée la crise financière la plus grave et la plus longue qui avait encore sévi sur notre pays.

Cambon, qui assistait à ce relèvement et en profitait, ne voyait pas qu'il n'avait pu être effectué qu'en prenant le contre-pied de ce qu'il avait fait. La lettre qu'il écrivit à Gaudin en 1801 est la meilleure preuve qui se puisse donner de son inconscience :

« Permettez-moi, citoyen ministre, que je vous témoigne la vive impression qu'a produite sur moi le compte-rendu des finances que vous avez rendu au gouvernement... Vous connaissez mieux que personne le désir que j'avais de maintenir, dans des circonstances difficiles, l'ordre dans la comptabilité et les efforts que j'ai faits pour y réussir... Le premier compte qui ait été rendu depuis que je suis sorti des fonctions publiques est un dédommagement des accusations qui m'ont été imputées... Vous avez débrouillé le chaos... on y trouve méthode, simplicité et clarté... vous avez méprisé de faire de brillants rapports... vous avez rassuré les propriétaires... Vous avez fait beaucoup de bien, mes vœux sont exaucés [1]... »

On ne sait ce que répondit Gaudin, mais Cambon, « enfoncé dans ses idées », méprisant de tout son être les républicains qui se rallièrent à l'Empire et Gaudin lui-même avec lequel il n'eut plus aucune relation, resta « spectateur impassible des événements qu'il réprouvait. » Il ne lisait plus, disait-il, ignorait si l'on avait la paix ou la guerre et s'il était obligé « d'entendre et de voir », il se gardait « d'écrire ou de faire [2] ».

De son passage au pouvoir, il n'avait rien gagné. S'il n'était pas plus riche d'argent, il était aussi pauvre d'idées. Les leçons de l'expérience ne lui avaient pas profité. Le jacobin n'était pas mort en lui. Sa haine de la monarchie et de la religion était aussi vivante qu'aux jours sanglants de la Terreur. Il ne craignait rien tant que le retour des Bourbons en France, mais n'absolvait pas Napoléon d'avoir changé son faisceau contre un sceptre et rétabli la superstition romaine [3].

Il souffrait d'entendre sonner les cloches, n'entrait jamais dans une église, reniait toutes les vertus chrétiennes, même la charité. L'aumône dégradait, à ses yeux, aussi bien celui qui la reçoit que celui qui la fait. Ne voulant pas donner, « il

---

1. *Archives* de M. le capitaine de vaisseau Camille Cambon.

2. Lettres de Denormandie à Cambon, 21 pluviôse an VII (9 février 1799) et 27 pluviôse an VIII (15 février 1800). *Arch.* de M. Poutingon.

3. Cf. *Souvenirs et anecdotes de l'île d'Elbe,* par PONS (de l'Hérault), *op. cit.*

ouvrit des ateliers de travail pour y occuper ceux qui en manquaient [1] », et l'on raconte que, lorsqu'un mendiant venait frapper à sa porte, il le conduisait dans la cour du Terral où, moyennant salaire, il lui faisait inutilement changer de place un tas de pierres. Ainsi avait-il, non pas secouru, mais rétribué son semblable, pour une besogne dont lui-même ne pouvait se reprocher d'avoir tiré profit.

1. Testament de Cambon (*Arch.* de M. le capitaine de vaisseau Camille Cambon).

CHAPITRE III

LA FIN

Les années passaient, monotones et lentes. Cambon vivait bien en retrait du monde, dans le silence et dans l'oubli. Il ne pouvait avoir d'autre
ambition que celle de « faire fructifier sa terre »
et il satisfaisait « le désir qu'il avait toujours eu de
calculer en se rendant un compte minutieux de
ses opérations agricoles [1] ». « Après une vie aussi
active qu'avait été la sienne », il était « heureux
d'avoir trouvé le repos au milieu des agitations de
tous les partis [2] ». Il « ne voyait presque personne,
ne lisait aucun journal ». « Paresseux d'écrire »,
il ne donnait que rarement de ses nouvelles à ses
meilleurs amis et ne « s'absentait du Terral que le
dimanche, pour aller à Montpellier voir son père
et sa mère, qui habitaient le faubourg Boutonnet [3] ».

1. *Lettre* de Cambon à son ancien collègue Azéma (de l'Aude),
17 octobre 1810, citée par F. Bornarel, *loc. cit.*

2. *Lettre* de Denormandie à Cambon, 27 pluviôse an VIII (15 février 1800). *Arch.* de M. Poutingon.

3. Cambon à Azéma, *loc. cit.*, et Denormandie à Cambon,
23 pluviôse, an VIII (23 février 1800). *Arch.* de M. Poutingon.

La maison paternelle était belle et spacieuse. « De grandes améliorations » y avaient été faites contre le gré de madame Cambon « qui éprouvait des désagréments de l'argent que son mari y avait jeté ». Cambon père avait, comme ceux qui ont réussi dans les affaires, trop de goût pour la dépense. Depuis que la fabrique était fermée, il n'avait pu rester inactif. Il aurait voulu reconstituer la fortune que la Révolution lui avait fait perdre. Le démon de la spéculation l'avait précipité dans « un état de gêne bien cruel, quoique rien n'ait été négligé pour l'en faire sortir [1] ».

Il avait acheté deux vastes domaines nationaux, Launac et Saint Jean de Clapassès [2]. L'État accordait, aux acquéreurs de ces biens, de longs délais de paiement, mais chaque année avait son échéance. Quand il n'avait pu y faire face, le père avait eu recours à ses quatre fils aînés qui lui avaient restitué, avec beaucoup de peine, ce qu'il leur avait prêté avant la Révolution. Mais eux aussi, après la liquidation de la maison de commerce, s'étaient trouvés dénués de ressources. Ils étaient « bien attristés » de voir leurs parents « dans la détresse », mais comment venir en aide aux autres quand on n'a rien soi-même qu'une propriété dans l'indivision et grevée aussi, par l'État, d'une hypothèque ? Joseph Cambon n'était plus député, ses économies avaient disparu. « Il vendit son mobi-

---

1. *Lettre* de Cambon à sa sœur, madame Theule, 23 pluviôse an VIII (12 février 1800). *Arch.* de M. le capitaine de vaisseau Camille Cambon.

2. En communauté avec Tandon et Marc-Antoine Bazille.

lier et fit des opérations commerciales pour donner
de l'argent à sa mère qui en manquait absolument [1] ».

Deux de ses frères, Jean et Pierre, avaient bien
essayé de rouvrir la fabrique [2]. Leur tentative n'a-
vait pas réussi et Jean était retourné à Ganges, chez
son beau-père, tandis que Pierre s'était fait « admettre au nombre des employés de la trésorerie
dans l'armée d'Orient ». Embarqué, le 28 floréal
an VI, sur un navire danois, le *Jean-et-Marguerite*,
il était arrivé à Alexandrie le 16 messidor [3]. A peine
avait-il rejoint son poste que « le général Menou
l'avait chargé de porter une dépêche importante
à Bonaparte. La barque qui portait le messager fut
attaquée par les Égyptiens qui le tuèrent [4] ». Il venait d'avoir quarante ans.

On aurait voulu « laisser ignorer » à madame
Cambon, « de peur qu'elle ne puisse pas y sur-
vivre, un coup aussi sensible à son cœur [5] ».
Mais Pierre avait, avant de quitter la France, donné
sa procuration à son frère Jean et abandonné à son
père les droits qu'il avait sur le Terral. Pour que
ce don fût valable, l'acquiescement de tous les

---

1. *Papiers* de Joseph Cambon (*Arch.* de M. le capitaine de vaisseau
Camille Cambon).

2. **Acte** d'association, (Messidor an V), étude de Me Bonfils.
Arch. de M. le capitaine de vaisseau Camille Cambon.

3. Extrait du journal de bord du capitaine Steiberg, même
dossier.

4. Certificat du trésorier général Estève, approuvé par Ber-
thier, 22 messidor an VI (10 juillet 1798). *Arch.* de M. le capitaine
de vaisseau Camille Cambon.

5. *Lettre* de Cambon père à sa fille, madame Theule, 6 pluviôse an VIII (26 janvier 1800) et *Lettre* de Denormandie à Cambon, 30 frimaire an VII (20 décembre 1799).

héritiers était nécessaire. L'un d'eux refusa, Theule,
au nom de sa femme, qui était la sœur du défunt.
Il fallut dévoiler à la mère la mort de son fils et
l'instruire des difficultés soulevées par son gendre.
« Elle ne cessait de pleurer, un tremblement nerveux la secouait toute, elle était inconsolable. » Le
père « s'emportait d'une manière très violente ».
Cambon, en sa qualité d'aîné, écrivit à sa sœur
plusieurs lettres affectueuses et fit si bien qu'il obtint le consentement qu'elle n'avait pas voulu donner [1]. Quelque temps après, du reste, il faisait con-
clure un arrangement de famille, grâce auquel,
après une longue vie de labeur, son père et sa mère,
déchargés de tout souci, étaient assurés de finir
leurs jours dans l'aisance [2].

Depuis longtemps, Cambon fils aîné s'était éver-
tué pour reconstituer la fortune familiale. Il menait
une vie strictement modeste, économe et frugale,
faisait d'heureuses opérations agraires [3]. D'année
en année, sa situation s'améliorait. En 1812, le
Terral était fini de payer et en pleine production.
Cambon s'était attaché à ce coin de terre qui les

---

1. *Lettres* de Cambon à sa sœur, madame Theule, les 4, 6, 12
et 23 pluviôse an VIII. Lettres de madame Theule à son père,
4 et 10 pluviôse, et à son frère 111, 4 et 20 pluviôse (janvier et
février 1800).

2. Cet arrangement eut lieu en frimaire an X. Cambon fils
aîné achetait, avec son frère César, Saint-Jean de Clapassès à leur
père, pour la somme de 41.481 francs (*Arch.* de M. le capitaine de
vaisseau Camille Cambon).

3. Il avait acheté, le 24 nivôse an VI, plusieurs terres à Cas-
telnau de Guers. (*Vente des biens nationaux du département de
l'Hérault*, nᵒˢ 27 et 28.) En l'an VIII, il avait défriché 36 hectares
de garrigues, planté 14 hectares de vignes. (*Déclaration des gens
qui veulent éviter la contribution foncière*). Arch. de M. le capitaine de vaisseau Camille Cambon.

avait sauvés tous de la ruine. Il comptait y terminer une vie sans avenir, mais aussi sans tracas, lorsque les événements politiques faillirent, pour une première fois, l'en chasser.

On était en 1814. L'étoile de l'Empereur « pâlissait ». Les armées alliées avaient pénétré au cœur du pays. La lassitude était générale, « le feu sacré s'était éteint ». On disait ouvertement que Napoléon était un obstacle à la paix et l'on commençait à souhaiter un changement de régime.

Dans les premiers jours d'avril, on apprit à Montpellier l'entrée des ennemis à Paris et la signature de la capitulation. Déjà, dans les rues, était arborée la cocarde blanche. Les Bourbons se trouvaient substitués, comme par la force des choses, à l'Empereur vaincu. Il n'y avait eu ni combat, ni résistance; mais tous ceux qui avaient été mêlés à la Révolution tremblaient pour leur personne et pour leurs biens. Il était question de guillotiner les anciens conventionnels qui avaient voté la mort du roi, de rétablir les corvées et la dîme, de restituer, à leurs anciens propriétaires, les biens nationaux.

Malgré la promesse solennelle que le roi Louis XVIII avait faite, dans la *Déclaration de Saint-Ouen*, avant de rentrer à Paris, les possesseurs de ces biens n'étaient pas rassurés. Des menaces favorisaient leurs terreurs ; les émigrés, « sortis de dessous les pavés », réclamaient leurs terres, leurs maisons, leurs châteaux passés en des mains étrangères. Après quinze ans d'efforts, Cambon allait-il se voir dépossédé du Terral et réduit, avec tous les siens, à la misère ?

Le nouveau maire, M. Dax d'Axat, détestait les républicains et le vicomte d'Osmont avait été envoyé à Montpellier, par le comte d'Artois, pour y faire de la contre-révolution. Cambon eut à supporter de leur part toutes sortes de vexations et fut soumis à une surveillance tracassière. La plupart de ses compatriotes lui tournaient maintenant le dos ; quelques-uns de ses parents ne lui parlaient plus. Le vieux jacobin refusait de s'incliner sous « la bannière des lis ». Il était prêt à tout endurer, mais prévoyait la fin du drame. Son ami le plus cher, Pons (de l'Hérault), avait suivi Napoléon à l'île d'Elbe. Il y reçut, de Montpellier, une lettre significative où Cambon, « s'épanchant dans l'amitié, parlait avec son âme de feu. Les opinions politiques de l'ancien conventionnel étaient diamétralement opposées au système impérial. Toutefois, il n'insultait pas à la chute de l'Empereur, loin de là, il professait beaucoup de respect pour cette immense infortune. Il disait que l'Empereur ne serait pas tombé s'il avait eu autant d'amour pour la liberté qu'il en avait pour la patrie... qu'il s'était fait une fausse patrie de grandeur monarchique au lieu de se faire une patrie de grandeur plébéienne ; que maintenant il devait bien se repentir d'avoir changé un faisceau pour un sceptre... Cambon ajoutait : « Nous avions expulsé les Bourbons de France, maintenant ils s'expulsent eux-mêmes du cœur des Français. Ce sont des esclaves de l'Angleterre, ils n'ont de vie que par et pour l'Angleterre. Cela ne peut pas durer. »

Cette lettre fut montrée à l'Empereur. « Cela

ne peut pas durer » lui parut une prophétie. « C'est
du « cela ne peut pas durer » de Cambon que s'é-
chappa la première pensée du départ de l'île
d'Elbe [1]. »

En février 1815, cette pensée s'était réalisée. Le
1er mars, Napoléon débarquait à Cannes; le 20,
il rentrait aux Tuileries. « Arrachez ces couleurs
que la nation a proscrites, arborez la cocarde tricolore que vous portiez dans nos grandes journées, » avait dit l'Empereur, dans sa proclamation,
et le peuple, dont les admirations successives et
parfois simultanées sont incompréhensibles, avait
partout remplacé le drapeau blanc par le drapeau
tricolore.

> Nous la tenons, cette triple couleur,
> Gage assuré de notre gloire,

chantait-on à Montpellier, où le baron d'Alfonse
et le maire Granier avaient supplanté le vicomte
d'Osmont et M. Dax d'Axat [2].

Par la lettre qu'il avait écrite à Pons, Cambon,
s'il ne s'était rallié à l'Empire, avait, dans sa haine
des Bourbons, indirectement incité Napoléon à les
venir chasser.

Aussi bien, l'Empereur semblait avoir changé de
face. Il se présentait comme « le soldat de la Révolution », concédait une tribune et une presse
libres, avait appelé Fouché et Carnot au ministère.
Autour de Carnot, le parti patriote se groupait.
Nombre de libéraux, d'anciens membres des assem-

1. Pons (de l'Hérault), *op. cit.*
2. *Le Véridique* du 3 mai 1815.

blées révolutionnaires étaient candidats aux élections. « On lui prépare une Chambre des députés où il y aura de tout, ma foi, disait Fouché, je ne lui épargnerai même pas Barère et Cambon [1]... » Cambon se présenta dans l'Hérault et fut élu avec Granier, le maire de Montpellier et Valantin, le maire de Lunel [2].

La session du Corps législatif s'ouvrit le 7 juin. Dans la salle du Palais Bourbon, où il n'avait jamais siégé, Cambon vit entrer avec lui des « terroristes extrêmes, des conventionnels oubliés depuis vingt ans : Félix Lepelletier, Merlin, Drouet, Poulain-Grandpré, Garat, Garnier de Saintes, Barère [3] ». Le premier acte de cette nouvelle « assemblée de romains » fut de décréter qu'elle avait mission de donner une constitution à la France et, lorsqu'arriva la nouvelle de la catastrophe de Waterloo, elle se déclara en permanence et s'empara du pouvoir exécutif.

Cambon ne désespérait pas du salut de la patrie. Il le voyait toujours par les mêmes moyens et, comme vingt ans auparavant, il chercha à mettre de l'ordre dans les finances, préconisa le régime républicain, s'attaqua à la religion. Après le vote du 22 juin, qui obligea Napoléon à abdiquer, il demanda que fût établi, le plus vite possible, l'équilibre du budget. Le 30 juin, il fit des réclamations pour que l'on inscrivît dans l'adresse aux Français que jamais les Bourbons ne seraient rappelés.

<hr>

1. VILLEMAIN, *Les Cent Jours*.
2. *Le Véridique* du 18 mai 1815.
3. *L'Indépendant*, du 4 mai 1815, cité par L. MADELIN, *Fouché*.

Enfin, le 5 juillet, il s'éleva avec violence contre le privilège demandé en faveur du culte catholique. Le retour de Louis XVIII mit fin à ce beau zèle retrouvé et, tandis que, « renouant la chaîne des temps », le roi rentrait à Paris, Cambon partait pour Montpellier.

Quand il y arriva, la ville entière était « dans un état de joie indescriptible ». Le drapeau blanc flottait aux édifices publics ; toutes les maisons étaient pavoisées. M. Dax d'Axat « était accouru de son exil pour reprendre ses fonctions de maire » et avait assisté, le 23 juillet, au *Te Deum* qui fut chanté à la cathédrale pour célébrer « le règne heureux des lis » et fêter la dissolution de la Chambre de représentants [1]. Le lendemain, le marquis de Montcalm, revenu comme commissaire extraordinaire de S. A. R. Mgr le duc d'Angoulême, faisait arrêter Cambon et mettait ses biens sous séquestre. Mais, si Napoléon était tombé, Fouché était de nouveau ministre ; il se souvint de son ancien collègue à la Convention nationale et révoqua l'ordre de Montcalm [2].

De nouvelles élections eurent lieu à Montpellier, le 27 août. Elles furent précédées et suivies de terribles représailles. Un homme fut tué sur l'esplanade, on jeta en prison un grand nombre d'ouvriers comme « fauteurs de désordre », les maisons des républicains furent mises au pillage. Les « chevaliers du brassard » s'avancèrent, en troupe,

1. Cf. *Le Véridique* des 16, 17, 23 juillet 1815.
2. Cf. Desmazes, *Le Petit Thalamus* et *Arch.* de Montpellier I 1/1 cités par Bornarel, *op. cit.*

jusqu'au Terral, où un neveu de Cambon dut se cacher pour échapper à leurs coups.

Celui que ses compatriotes avaient, trois mois auparavant, élu par acclamation à la Chambre des représentants, était maintenant exécré. « Dans une chanson entendue, il était question d'abattre des quilles avec la tête de Cambon » et le refrain du *Cri du Midi* le vouait à l'enfer et l'accusait d'assassinats [1].

Les députés qui furent élus étaient animés des passions les plus vives. Ils étaient résolus de faire un grand exemple des conventionnels régicides qui, « au mépris d'une clémence presque sans bornes », avaient servi « l'usurpateur » pendant les Cent Jours. La loi du 12 janvier 1816, appelée par dérision loi d'amnistie, frappa d'un exil perpétuel ces hommes, la plupart sur le déclin de l'âge, et les contraignit de s'expatrier dans le délai d'un mois.

Cambon avait à peine le temps de mettre en ordre ses affaires. Il quitta précipitamment le Terral pour Paris, où, le 10 janvier 1816, entre neuf heures et onze heures du soir, il dictait à M° Barat, notaire, son testament [2].

1. Cf. *Le Véridique* et La *Terreur blanche à Montpellier* (fragments du journal d'un habitant de Montpellier). *Revue de la Révolution française*, juin 1890.

2. « Je nomme et j'institue pour mon héritier et légataire universel mon frère Jean Cambon, je désire qu'il imite l'exemple que nos père et mère nous ont donné d'un partage égal de leur actif entre tous leurs enfans sans distinction. Je pourrais bien lui imposer cette obligation pour ce qui concerne mon hérédité, mais je préfère me reposer sur ses principes qui me sont connus, notre père nous ayant inspiré dès notre enfance et transmis le sentiment du mépris, 1° contre ceux qui ayant fait éprouver des pertes à

Le 2 février, il se fit délivrer, par le ministre de
la police, un passeport pour les Pays-Bas. On ignore

leurs créanciers, jouissent ensuite d'une fortune sans se libérer,
2º contre ceux qui jouissent d'un capital provenant de leurs
ancêtres qui ont été ou qui se trouvent dans le cas de faire
éprouver des pertes à leurs créanciers...

... Mon intention aurait été de donner à chacune de mes deux
sœurs le cinquième de l'usufruit de mon hérédité, mais considérant : 1º les frais d'un partage très momentané, 2º les inconvé-
niens graves d'un usufruit qui tend à paraliser l'industrie et à
détériorer les propriétés foncières, les difficultés que mes sœurs
éprouveraient pour utiliser leurs portions d'usufruit, la perte
que la famille éprouverait par les droits de succession rapprochés
qui n'auraient aucune utilité réelle, puisque, d'après mes principes, mes héritiers doivent être ceux de mes sœurs qui n'ont
pas d'enfans ni l'espoir d'en avoir, ceux de mon frère Jean
étant jusqu'à présent les seuls succédans que la nature nous ait
donnés, animé du désir de conserver la fortune acquise par notre
Père à ses descendans et d'éviter autant qu'il est en mon pouvoir
qu'elle passe à des personnes étrangères à la famille, je modifie
ma résolution ; en conséquence je donne et lègue à chacune
de mes deux sœurs, Marie-Marguerite Cambon, épouse Theule, et
Marie-Adélaïde Cambon, sœur de la Charité, six mille francs
payables sans intérêts l'anniversaire du jour de mon décès. J'es-
père que mes deux sœurs prenant en considération les motifs
qui me dirigent seront convaincues que je leur conserve un
attachement fraternel. La loi oblige le légataire universel de payer
les dettes de l'hérédité qui sont constatées, j'en ai une qui n'existe
que dans mon opinion, mais qui n'est pas moins sacrée, il est
de mon devoir d'en assurer le payement en évitant une liquidation
impossible puisqu'il n'existe pas de Cases certaines ; pour tout
concilier, je donne et lègue à ma belle-mère Marie-Catherine-Ga-
brielle Chandellier, veuve de Guillaume Hottegindre, dix mille
francs payables sans intérêts à l'anniversaire de mon décès ; je
considère cette somme comme un faible dédommagement des
dépenses extraordinaires qu'elle a faites pour des objets me concernant...

... Ma belle-mère a acheté divers meubles et effets qui se
trouvent depuis longtemps confondus avec les miens, je lui donne
tous effets mobiliers qui, à l'époque de mon décès, se trouveront
dans le logement que nous occuperons ensemble ou dans ceux
qu'elle occuperait seule...

Je lègue à Noël Subleyras, avoué à Montpellier, mes livres et
brochures, faible témoignage de mon souvenir et de mon sincère
attachement.

Six cents francs à Félix Avignon pour preuves de l'attachement

où il vécut pendant les premiers mois de l'année 1816. Ce n'est que le 19 octobre qu'il arriva à

et du dévouement qu'il m'a donnés. S'il est mon débiteur, je lègue ce qu'il me devra à lui ou à son épouse Sophie Salque.

A François Murat de Saint-Jean-de-Védas six cents francs... en raison de l'attachement de la famille Murat pour tout ce qui m'a concerné, du zèle qu'elle a mis lorsque j'ai réclamé ses services et des désagréments que ce zèle lui a occasionnés.

A Antoine Labarre, ancien contremaître dans les manufactures de ma famille, six cents francs et, en cas de prédécès, à ses enfants mâles.

Mon légataire universel affectera quinze mille francs : 1º en créations de rentes viagères en faveur de nos parents qu'il jugera être dans le cas d'en avoir besoin à l'époque de mon décès ; 2º en libéralités aux personnes à mes gages en ayant besoin ou les ayant méritées ; 3º enfin en actes de bienfaisance. Je me repose entièrement sur la loyauté et la libéralité de mon légataire universel qui fera seul la répartition... Il ne sera pas obligé d'en rendre compte. Je me bornerai seulement à lui indiquer des bases pour fixer son opération : 1º pour les rentes viagères, garder le capital en ses mains pour faire produire un intérêt viager proportionnel à l'âge.... en observant qu'il ne soit jamais au-dessous de 10 pour cent l'an ; 2º pour les libéralités aux personnes... admettre indépendamment celles employées à mon service personnel ou à l'exploitation de mon domaine, suivant l'importance et l'ancienneté des services, infirmités, vieillesse, nombre d'enfans hors d'état de travailler... Je ne pourrais en ce moment lui indiquer que Fermon, mon gardechamp depuis vingt-cinq ans, et Antoine Baume, maître ouvrier depuis vingt ans. Cette indication n'établit aucun droit en leur faveur, il fera pour eux ce qu'il jugera convenable ; 3º il affectera le solde de quinze mille francs, s'il y a lieu, en actes de bienfaisance, je lui observerai que pendant ma résidence au Terral, j'ai toujours préféré ouvrir des ateliers de travail pour y occuper ceux qui en manquaient que de faire des aumônes. Enfin il aura à s'occuper des secours à domicile pour les infirmes de la commune de Saint-Jean-de-Védas... Ce ne sont que conseils, ma confiance en lui me fait espérer qu'il remplira dignement cette mission. Il me fera plaisir de n'employer aucun intermédiaire pour la distribution... Il trouvera dans son cœur et dans son jugement les moyens nécessaires d'en faire l'emploi conformément à mes intentions. Je veux surtout éviter la publicité de mes dons et l'ostentation dont elle semblerait m'accuser et je le prie de n'employer aucun fonctionnaire public ni conseil particulier pour le diriger dans son choix, m'en rapportant à ce qu'il aura jugé à propos de faire.

Mon intention étant que mes legs particuliers soient exempts

Bruxelles, accompagné de son ami Florent Guiot, qui avait, comme député de la Côte-d'Or à la Convention nationale, voté aussi la mort du roi.

Après être resté plusieurs jours à l'auberge, Cambon s'était installé dans un modeste appartement de deux chambres, au premier étage d'une maison située dans une petite rue, la rue des Aveugles, non loin du Marché au Bois [1]. Mais, ce logement trop

de tous frais et droits, mon légataire universel sera tenu à les payer.

Je désire qu'il ne soit fait aucune cérémonie religieuse relative à mon inhumation ou à ma mémoire et que mes parens qui me conserveront leur estime ne portent aucun deuil extérieur ; ayant été appelé par des circonstances extraordinaires à des fonctions publiques où il m'aurait été facile d'acquérir une fortune colossale, par des moyens que la société autorise, mais que ma délicatesse n'admettait pas, je laisse à mes descendans l'intime conviction que j'ai rempli mon devoir avec courage et désintéressement, je ne m'y suis jamais occupé de mon intérêt personnel ni de celui de ma famille, toujours à la poursuite de ceux qui voulaient s'enrichir aux dépens de la fortune publique, j'ai été calomnié dans ma probité, je méprise la calomnie au point de n'y pas répondre. On trouvera dans mes livres et cartons les divers comptes que j'ai rendus à diverses époques de l'état de ma fortune, des notes qui prouveraient son origine et son accroissement. Elle provient : 1º des cinquante-quatre mille francs que j'ai retirés des hoiries de mes père et mère ; 2º des opérations agricoles que j'ai faites pendant ma résidence au Terral ; 3º enfin de la modicité de mes dépenses personnelles. J'invite mon légataire universel de conserver ces renseignements pour les transmettre à nos succédans, mais il est inutile de leur donner de la publicité, ma conviction et celle des personnes qui me resteront attachées suffisent à ma mémoire.

Je révoque tous testaments et codiciles que j'ai faits précédemment et déclare m'en tenir expressément au présent Testament qui seul contient mes dernières volontés. »

Après avoir donné une date certaine en décembre 1815, ces dispositions testamentaires ont été transcrites sur les registres de Mᵉ Barat, notaire à Paris, en date du 10 janvier 1816, de neuf heures à onze heures du soir.

(*Arch.* de M. le capitaine de vaisseau Cambon.)

1. Section 7 nº 1323. Cambon avait, le 25 juin 1817, signé pour trois ans un bail qu'il résilia quelques mois après.

étroit et sans air, Cambon le quitta au bout de quelques mois et, pour pouvoir offrir l'hospitalité à Florent Guiot qui était dénué de ressources, il loua à bail, le 14 janvier 1818, pour une durée de neuf années, une « jolie maison de rentier » placée hors de la ville, à une centaine de mètres de la porte de Louvain, dans le village de Saint-Josse-ten-Noode [1].

L'ancien conventionnel vivait très retiré et, comme toujours, d'une manière très simple. Son seul luxe consistait à recevoir du vin de son domaine du Terral et à en donner aux bannis qui n'étaient pas assez riches pour le lui payer.

De nombreux exilés — plus de soixante — s'étaient réfugiés à Bruxelles. La Belgique était un véritable champ d'asile, « ressemblant à l'émigration de Coblentz [2] ». Dans les premiers temps, les proscrits restèrent unis et groupés. Mais l'inégalité des situations, les différences de caste, la diversité des opinions, ne tardèrent pas à les séparer. Il en était de riches qui menaient une vie fastueuse et de si pauvres que Ramel dut organiser pour eux un comité de secours. Quelques-uns restaient attachés à l'Empire qui les avait élevés, d'autres, repentants, imploraient déjà la clémence royale.

---

1. Cette habitation était cotée n° 10 section Nord.

Des renseignements précieux et inédits sur l'exil et la mort de Cambon m'ont été obligeamment fournis par M. Paul Duvivier, avocat à la Cour de Cassation de Bruxelles. M. Duvivier a publié déjà et prépare, sur le séjour des conventionnels dans son pays, à l'époque de la Restauration, des études d'une documentation minutieuse et puisée aux meilleures sources.

2. BAUDOT, *Notes historiques.* L'auteur était un des exilés.

Cambacérès, « montrant une grande circonspection, craignait d'être compromis par les incartades de ses compagnons d'infortune. Il logeait à l'hôtel Wellington où il payait cent francs par jour [1] », assistait régulièrement aux offices de Sainte-Gudule et ne voyait guère son compatriote Cambon qui, l'ayant entendu appeler altesse, lui dit en bougonnant : « Il n'y avait pas d'altesses à la Convention [2] ! »

Le prince archichancelier de l'Empire avait sa cour ordinaire, composée du *comte* Siéyès, d'Ornano, de Gérard, de David, du *comte* Merlin et ses chambellans, le *baron* Chazal et Granet. Hourier-Eloi ne voulait connaître que des nobles titrés, Choudieu se faisait appeler du Verger, Jean de Bry tenait à la particule de son nom [3]. Ces *magnats*, comme on disait, se détournaient, quand ils rencontraient, dans une allée du Parc ou dans la rue Royale, des jacobins impénitents, les *abstinents*, ainsi qu'ils appelaient Cambon, Barère et Buonarotti, Guiot et Vadier.

Ceux-là n'avaient pas changé. « Il leur restait bien des préjugés, a écrit un témoin [4], les vieilles haines de 1794 n'étaient pas mortes dans leur cœur... Le sang avait pu rougir, mais jamais l'ar-

---

1. *Arch. nat.* F7 6711.

2. Cf. LÉONCE PINGAUD, *Les derniers Conventionnels.* (*Revue de Paris*, 15 février 1896.)

3. Les préjugés nobiliaires étaient si grands parmi ces anciens révolutionnaires que, dans l'acte de décès de Cambon, Chazal, qui signa comme témoin avec Guiot, fit donner à Cambon le nom de Cambon du Terral.

4. **A. BARON**, *Les exilés français à Bruxelles* (*Revue du Midi*, 1845.)

gent n'avait sali leurs mains. Jamais je n'ai pu surprendre, chez l'un d'eux, un seul moment de repentir, un seul mot de composition. »

Ils se réunissaient, le plus souvent, en été, dans la maison de Cambon qui avait un petit jardin, ou, en hiver, après leur promenade au Parc, dans la chambre encombrée de livres et de papiers épars, que Barère occupait, au deuxième étage d'une modeste maison, dans la rue de la Montagne. Ils avaient tant de souvenirs communs qu'ils restaient silencieux. Parfois Buonarotti, qui était musicien, se mettait au piano. Un soir, tandis qu'avec son harmonieuse voix d'italien, il chantait *la Marseillaise*, « de grosses larmes coulaient le long des joues de ses compagnons [1] ».

Peu à peu, ces réunions s'espacèrent. Barère devenait dévot et Cambon était tombé malade. Il était si oublié, en France, qu'une seule note le concernant existe aux archives de la Préfecture de police : « Cet individu, était-il dit, vit dans un village des environs de Bruxelles. Il y est même dans un état continuel de maladie [2]. »

Il y avait plusieurs années, en effet, que des troubles nerveux, semblables à ceux dont avait souffert sa mère, lui « procuraient des fièvres ardentes et de grandes douleurs dans la tête ». Il n'avait jamais voulu avoir recours à la médecine, « confiait son sort à la nature [3] », et, le mal empirant, il suc-

---

1. A BARON, *op. cit.*

2. Ces renseignements avaient été donnés à l'auteur de la note de police par Durand-Fajon, député de l'Hérault, cousin germain de Cambon.

3. Cf. *Lettre de Cambon à Azéma*, 17 oct. 1810. *Loc. cit.*

comba, le 15 février 1820, à sept heures, le soir du mardi-gras [1].

Avant de mourir, il avait demandé qu' « aucun deuil extérieur ne fût porté par ses parents qui lui conservaient leur estime » et défendu qu'il fût « fait aucune cérémonie religieuse relative à son inhumation ou à sa mémoire ».

Tous les conventionnels, alors présents à Bruxelles, assistèrent aux obsèques civiles de leur ancien collègue qui fut enterré, selon sa volonté, dans la partie du cimetière de Saint-Josse-ten-Noode réservée aux personnes appartenant à la religion protestante. Sur sa tombe, fut placée une simple pierre plate à pans coupés. Elle portait seulement son nom, la date de sa naissance et celle de sa mort [2].

1. Les journaux belges consacrèrent à Cambon quelques articles nécrologiques. En France, sa mort passa inaperçue.

2. La maison où mourut Cambon a subsisté sans changement jusqu'au début du xxe siècle. Elle a été démolie en 1904 et remplacée par une construction à l'usage du commerce.

Depuis longtemps déjà le village de Saint-Josse ten Noode avait été incorporé à Bruxelles et, en 1832, le cimetière où reposait Cambon avait été déplacé.

TABLE DES MATIÈRES

QUATRIÈME PARTIE

LA CHUTE

E. GREVIN — IMPRIMERIE DE LAGNY — 1926.